성경통독을 통해 만난
하나님의 사람들
(구약편)

● 노우호 지음

도서
출판

노우호

장신대 신학대학원 졸업.
샤론교회 담임목사. 에스라성경연구원 원장.
1977년 여름 지리산 순두류목장에서 우리나라 최초로
성경통독사경회를 개최한 이래 지금까지 매년
성경통독사경회를 인도해오고 있다.
지은 책으로『숲도 보고 나무도 보는 성경통독집』
『하나님의 사람들』(신약편)『쉽게 이해되는 요한계시록』
『신구약 중간사』『생명 사명 계명』등이 있다.

샤론교회: 경남 창원시 마산회원구 석전북16길 8(석전동)
     (전화. 055-224-0691)
에스라하우스: 경남 산청군 단성면 석대로 365번길 39 (전화. 055-972-77
홈페이지: www.ezrahouse.org

성경통독을 통해 만난
하나님의 사람들(구약편)
노우호 지음

초 판 1쇄 발행 / 1994. 11. 1.
초 판 8쇄 발행 / 2007. 6. 20.
개정판 1쇄 발행 / 2009. 1. 2.
개정판 4쇄 발행 / 2014. 5. 30.

발 행 처 / 도서출판 하나
발 행 인 / 전광규

등록번호 / 제 16-620호
등록일자 / 1992. 12. 7.

서울시 동대문구 제기로 18 (우편번호 130-060)
전화 923-2745, 팩스 923-2744

인쇄처 / 우리글문화(469-8623)
총 판 / (주)기독교출판유통
      전화 031-906-9191, 팩스 0505-365-9191

한권 값 8,000원
ISBN 89-8283-019-7 04230

성경통독을 통해 만난
하나님의 사람들
(구약편)

머 리 말

　성경은 우리에게 많은 인물들을 소개하여줍니다. 그 중에는 우리가 힘쓰고 애써서 본을 받아야 할 인물들이 많이 있습니다. 반대로 잘못된 사람들도 많이 있습니다. 이는 우리들에게 감계(鑑戒)가 되게 하신 것입니다. 하나님께서 우리들에게 이러한 여러 사람들의 이야기를 들려주시는 것은 우리가 객관적으로 보고 판단하고 결단하여 스스로 악을 버리고, 스스로 선을 택하기를 원하시기 때문입니다. 이렇게 다른 사람들의 선한 것을 보고 본받는 사람을 하나님께서 기뻐하십니다. 그리고 다른 사람들의 악을 보고 깨닫는 마음을 하나님께서 기뻐하시는 것입니다. 그래서 하나님께서는 여러 사람들의 삶을 보여주고 있습니다.
　그리고 특별히 인물 중의 인물이시며 만주의 주시요 만왕의 왕이신 예수님을 우리에게 보여 주신 것입니다.

　성경은 자주 이런 말을 합니다.
　"…가 그 부친 …를 본받아 여호와 보시기에 악을 행하였더라."
　선한 왕이 선정을 하면 "그 조상 다윗을 본받아 선을 행하였더라" 이런 말씀이 자주 나오게 됩니다. 하나님께서는 인간들을 기계적으로 만들지 않으시고 인격으로 만드셨습니다. 그러므로 인격이 인격의 감화를 받으며 좋은 본을 스스로 본받아 선을 배우며 악을 멀리하는 것을 기뻐하시는 것입니다. 그러므로 역사가 필요하고 교사가 있어야 하고 모범적인 인물이 필요한 것입니다.
　전능하신 하나님의 능력으로만 하시는 것이라면 벌써 끝날 수 있는 일이었습니다. 그러나 하나님께서 인격을 다루시는 방법은 힘이나 능으로만 하시는 것이 아닙니다. 만약 그렇게 힘으로나 능력으로 되는 것이라면 60억의 인격을 하나님께서 한순간에 다 변화시켜버릴 수 있을 것입니다. 그러나 그렇다면 인간은 인격이 아니라 한낱 하나님의 장난감에 불과하거나 기계에 불과한 존재가 되고 말 것입니다.

하나님의 방법을 몇가지로 정리할 수 있습니다.
첫째, 말씀으로 하시는 것입니다. 가장 인격적인 방법이 대화를 통하여 이해하는 것입니다. 우리가 만약 사람이고 인격이라면 우리는 대화가 가능한 것입니다. 그러므로 말이 통하지 않고 의사가 전달될 수 없다면 이해는 어려운 것입니다. 그래서 하나님의 방법은 하나님의 말씀을 전하는 선지자나 전도자를 통하여 하나님의 뜻을 전달하고 그 말씀을 듣고 믿어 이해하고 결단하여 실천하는 사람을 통하여 또 다른 사람이 감화와 감동을 받고 하나님께로 나오게 하는 방법입니다.
둘째, 말씀으로 순조로운 대화가 되지 않을 때는 율법과 계명을 통하여 사람들의 삶을 규제하시거나 약속을 하여 그들이 체험하게 하시는 것입니다. 사람들이 하나님의 말씀을 순종하여보면 잘 되고 거역하여보면 잘 안 되는 체험을 하게 하시는 것입니다. 그 결과 인간들이 그 역사를 돌아보고는 깨달아 하나님께 자복하고 돌아오기를 기다리시는 것입니다. 이러한 방법이 바로 이스라엘의 역사 곧 성경의 역사였던 것입니다.
셋째, 교육을 통하여 어려서부터 바로잡아 가는 것입니다. 사람들은 교육을 통하여 교정될 수 있는 기회가 상당히 길게 책정되어 있음을 볼 수 있습니다. 교육에도 사실 규범교육과 모범교육이 있습니다. 하나님께서는 이 두가지를 다 겸하여 사용하셨습니다. 어려서부터 어린아이를 가르치게 하신 것입니다. 그리고 어른들의 모범을 통하여 어린아이들이 본을 받아 배우는 모범교육을 하게 하신 것입니다. 교육이란 매우 중요한 것입니다. 교회의 사명 중 가장 중요한 것이 바로 이 교육이라는 것을 우리가 명심해야 합니다. 교사의 중요성은 아무리 강조해도 부족할 정도입니다. 주님의 지상 명령이 "내가 너희에게 분부한 모든 것을 가르쳐 지키게 하라" 하신 것입니다.

  이러한 원리는 신구약을 막론하고 계속된 하나님의 방법이었습니다. 앞으로도 이러한 방법은 하나님의 변함없는 방법입니다. 이러한 방법을 통해서만 인간이 하나님께 인격적으로 응답할 수 있는 것입니다.

  법으로 되는 것이면 성경이 온통 법으로만 가득차 있었을 것입니다. 유대인들은 실제로 율법을 강화하면 될 수 있을 것으로 착각을 하여 율법을 강화하고 확대하고 세분화하는 데 온갖 정성을 다 쏟아부었습니다. 그러나 그러한 방법은 사람을 질식시키는 것뿐이었습니다. 설사 순종을 했다고 하더라도 수동적이요 피동적인 것이 되고 불순종하면 바로 거역한 것이 되는 것입니다.

  성경을 자세히 읽어보면 거기에는 역사와 인물들이 많이 등장합니다. 그것은 우리가 본받기를 바라시는 하나님의 말씀인 것입니다.

  하나님은 영이 유여(裕餘)하실지라도 오직 한 사람을 지으셨습니다.
  흙이 모자라서도 아닙니다.
  영이 부족해서도 아닙니다.
  땅이 비좁아서도 아닙니다.
  능력이 없어서도 아닙니다.
  피곤하셔서도 아닙니다.
  그것은 좋은 본을 보면서 자라게 하시려고 하신 것입니다.
  아담과 하와만이 성인으로 출발하였고 다른 모든 사람들은 모두가 어린

아이로 출발하게 하신 것입니다. 그리고 다른 동물에 비하여 성장하는 기간이 유난히도 길게 하신 것을 알 수 있습니다. 그것은 교육되고 교정될 수 있는 기간을 충분하게 주신 것입니다. 그리고 아버지, 어머니, 형님, 누나, 동생 사이에서 자라게 하신 것입니다. 이것은 매우 중요한 것입니다.
 좋은 학교, 명문 대학을 나오는 것도 중요합니다.
 그러나 그보다 더 중요한 것은 좋은 가정에서 자라나는 것이 매우 중요한 것입니다. 하나님은 성경을 통해 좋은 사람들만 보여주시는 것이 아니라 악한 사람들도 많이 보여주시고 있습니다. 그리고 그들의 결말을 우리에게 보여주시고 있습니다.
 처음 조상인 아담의 실수를 보여주시고 있습니다.
 그 후예들의 삶을 또한 보여주시고 죄얼(罪孼)이 자녀손들에게 어떻게 유전되고 어떻게 증가되고 증폭되는지를 밝히 보여주시고 있습니다.
 우리는 이 모든 것을 예사로 보아서는 안됩니다.
 그 모든 사건들은 다 교육적인 의미를 가진 것입니다.
 진리는 역사 안에 있고 윤리 안에 있습니다.
 그것은 하늘 끝에 있는 것이 아닙니다.
 그것은 바다 속에 있는 것이 아닙니다.
 네 마음에 있고 네 입술에 있다고 하였습니다.

 우리가 경건히 살기를 바란다면 먼저 우리 주위의 좋은 모범을 잘 본받아야 합니다. 그리고 무엇보다 성경 안에서 위대한 사람들을 인격적으로 만나서 배워야 합니다. 그들은 항상 성경 안에서 우리를 기다리고 있습니다.

주후 1994년 10월 30일
지리산 기슭에서 노우호

차 례

머리말 · 4
처음 사람 아담 · · · · · · · · · · · · · · · · · · 11
당대의 의인 노아 · · · · · · · · · · · · · · · · · 20
열국의 아버지 아브라함 · · · · · · · · · · · · · 26
순종과 양보의 사람 이삭 · · · · · · · · · · · · · 41
악착같이 움켜쥐는 야곱 · · · · · · · · · · · · · 45
동방의 의인 욥 · · · · · · · · · · · · · · · · · · 56
꿈을 가진 사람 요셉 · · · · · · · · · · · · · · · 61
장자의 명분을 얻은 유다 · · · · · · · · · · · · · 66
청지기의 표본 다메섹 엘리에셀 · · · · · · · · · 71
하나님의 사람 모세 · · · · · · · · · · · · · · · · 75
믿음의 장군 여호수아 · · · · · · · · · · · · · · · 79
안목있는 여리고 기생 라합 · · · · · · · · · · · · 83
한결같은 신앙인 갈렙 · · · · · · · · · · · · · · · 90
겸손한 사사 기드온 · · · · · · · · · · · · · · · · 95
후덕하고 유력한 사람 보아스 · · · · · · · · · · 98
효성과 신앙이 지극한 룻 · · · · · · · · · · · · 101
실패하는 나실인 삼손 · · · · · · · · · · · · · · 106
올바른 나실인 사무엘 · · · · · · · · · · · · · · 110
초대 임금 사울 · · · · · · · · · · · · · · · · · 117
아름다운 친구 요나단 · · · · · · · · · · · · · · 122
하나님의 마음에 합한 사람 다윗 · · · · · · · · 127
지혜와 평화의 왕 솔로몬 · · · · · · · · · · · · 132
폐부를 찌르는 선지자 나단 · · · · · · · · · · · 139

충직한 관리 브나야 · · · · · · · · · · · · · · · · · 143
경건한 궁내대신 오바댜 · · · · · · · · · · · · · · · 145
마음이 넓은 사람 여호사밧 · · · · · · · · · · · · · 149
갈멜산 선지자 엘리야 · · · · · · · · · · · · · · · 153
집념있는 선지자 엘리사 · · · · · · · · · · · · · · 159
문둥병을 치유 받은 나아만 · · · · · · · · · · · · · 167
니느웨를 회개시킨 요나 · · · · · · · · · · · · · · 172
정의의 선지자 아모스 · · · · · · · · · · · · · · · 177
정신나간 임금 아하스 · · · · · · · · · · · · · · · 182
겸손한 임금 히스기야 · · · · · · · · · · · · · · · 187
개혁에 힘쓰던 요시야 · · · · · · · · · · · · · · · 195
눈물의 선지자 예레미야 · · · · · · · · · · · · · · 201
사자도 알아보는 다니엘 · · · · · · · · · · · · · · 207
계시 일지를 쓴 에스겔 · · · · · · · · · · · · · · · 212
하나님의 종 고레스 · · · · · · · · · · · · · · · · 217
강직한 유대인 모르드개 · · · · · · · · · · · · · · 223
일사각오를 한 에스더 · · · · · · · · · · · · · · · 229
구약시대의 부흥사 학개 · · · · · · · · · · · · · · 233
학사겸 제사장인 에스라 · · · · · · · · · · · · · · 238
흔들리지 않는 지도자 느헤미야 · · · · · · · · · · 244
소년 선지자 스가랴 · · · · · · · · · · · · · · · · 249
마지막 선지자 말라기 · · · · · · · · · · · · · · · 254
사랑이란 무엇인가 · · · · · · · · · · · · · · · · 259
헬레니즘의 전도자 알렉산더 · · · · · · · · · · · · 266

처음 사람
아 담

아담은 하나님께서 지으신 최초의 인간이었다. 우리는 아담의 삶에 대하여 실제로 많이 알 수가 없다. 그는 하나님께서 친히 창조하신 사람으로서 어머니가 없는 사람이었다. 그는 어린 시절이 없었던 사람이었다. 여러 가지 면에서 우리와는 다른 사람이었다. 그는 흙으로 지음을 받은 후에 하나님께서 생기를 그 코에 불어넣으시자 생령이 되었다고 기록되어 있다.

하나님께서 흙으로 사람을 만드셨다는 기사를 읽을 때 우리는 마치 하나님께서 흙장난을 하신 것처럼 생각하기 쉽다. 그러나 실제로는 지금도 사람은 흙에서 난 것을 먹고 살기 때문에, 인간의 육체는 사실상 흙으로 빚어지고 있는 것이다.

하나님께서 흙으로 사람을 만드셨다는 것은 인간의 육체 부분을 먼저 만드시고 거기에 생명이 되는 생기를 불어넣으셨다는 것으로 이해하면 쉽다. 우리가 사람의 죽은 것을 보면 창조의 역순으로 진행되는 것을 분명히 볼 수 있다. 생기가 되는 영혼을 먼저 불러가시고 흙으로 지어진 육체가 다시 흙으로 돌아가는 것을 볼 수 있기 때문이다.

아담에게 있어서 한가지 약점이 있었다면 경험이 없고 역사책이 없었다는 것이다. 역사와 경험이 없이 출발하는 길은 항상 불안한 출발이 될 수 있다. 우리가 자신의 경험과 역사와 상식을 가지고 살아간다는 것이 얼마나 소중한 것인지를 깊이 생각하게 된다.

"여호와 하나님이 동방의 에덴에 동산을 창설하시고 그 지으신 사람을 거기 두시고 여호와 하나님이 그 땅에서 보기에 아름답고 먹기에 좋은 나무가 나게 하시니 동산 가운데에는 생명나무와 선악을 알게 하는 나무도 있더라"(창 2:8-9).

사람들에게 묻기를 동산 중앙에 무슨 나무가 있었느냐고 물으면 한결같은 대답이 선악과 나무가 있었다고 대답하는 것을 본다. 그러나 성경을 자세히 보면 거기에는 생명나무와 선악을 알게 하는 나무가 있었다. 분명히 생명나무가 먼저 나오는데 어찌된 영문인지 사람마다 생명나무는 보지 못하고 선악을 알게 하는 나무만 보고 있는 것이다.

하나님께서 아담에게 말씀하시기를 동산 각종 실과는 임의로 먹되 동산 중앙에 있는 두 나무 중에서 선악을 알게 하는 나무의 실과는 먹지 말라고 하셨다.

"여호와 하나님이 그 사람을 이끌어 에덴 동산에 두사 그것을 다스리며 지키게 하시고 여호와 하나님이 그 사람에게 명하여 가라사대 동산 각종 나무의 실과는 네가 임의로 먹되 선악을 알게 하는 나무의 실과는 먹지 말라 네가 먹는 날에는 정녕 죽으리라 하시니라"(창 2:15-17).

아담은 이 말을 들을 때 어떻게 들었는지 잘 알 수는 없지만 이해하지 못한 부분이 있었을 것이다. "먹는 날에는 정녕 죽으리라." 죽는다는 것은 무엇을 의미하는가? 죽음이란 무엇인가? 이러한 의문은 지금까지도 사람들이 완전히 이해할 수 없는 일이다. 아담은 아직 죽음을 경험해본 일이 없었다. 이러한 때 아담이 할 수 있는 일은 하나님께 여쭈어보는 일이다.

죽는다는 것은 어떻게 된다는 뜻이며 그 다음은 어떻게 되는지 질문을 해볼 수 있는 것이다. 그러나 아담은 알지도 못했으면서 묻지도 않았다.

하나님께서는 아담을 지으시고 그 아담 안에서 하와 즉 돕는 배필을 지으셨다. 그리하여 아담과 하와는 서로 그리워하고 가까와지려 하고 끌리게 하셨다. 하와는 처음부터 아담과는 다른 아름다움으로 지으셨던 것 같다. 하나님께서 하와를 이끌어 아담에게 소개하자 아담의 입에서 "이는 내 살 중의 살이요 뼈 중의 뼈"라는 표현이 나왔다. 그리고 남자에게서 취하였으므로 여자라고 불렀다.

하나님께서 선악과를 먹지 말라고 한 것은 하와가 지음을 받기 전이었다. 그래서 하와는 모르고 있었는데 아담이 자기 아내 하와에게 이야기를 하기는 했던 것 같다. 그러나 아담도 하와도 이 문제를 그렇게 심각한 것으로 받아들이지 않았던 것 같이 보인다. 아담과 하와가 사단에게 꾀임을 받게 된 것은 그럴만한 이유가 있다고 할 수 있다.

첫째, 아담과 하와는 아무런 경험이 없었다. 죽음이 무엇인지도 알지 못했을 것이다. 역사도 없으니 전례가 없었던 것이다.

둘째, 뱀이 누구인지, 어떠한 존재인지를 전혀 알지 못하고 있었다. 사실 현대인들도 거의 대부분은 창세기의 뱀이나 사단이 무엇인지를 모르고 있다. 따라서 그러한 사람들은 여전히 사단에게 속아서 살고 있는 것이다.

사람들은 창세기의 뱀을 사단으로 해석하면 비약적인 해석인 줄 알고 의아스러워한다. 어떤 사람들은 이러한 이야기는 신화로 보아야 하며 아예 역사적인 사실이 아니라 초역사적인 사건이라고 얼버무리려 한다. 그러나 이 문제는 신구약을 망라하여 가장 핵심이 되는 문제이다. 왜냐하면 인간의 모든 문제는 근본적으로 이 문제로부터 출발하고 있기 때문이다.

성경의 기자가 사단을 뱀으로 묘사한 데는 그럴 만한 이유가 있다. 실제로 사단은 뱀이나 용을 자신의 상징으로 활용하고 있다. 우리가 세상에서 그러한 예는 얼마든지 목격할 수 있다. 불신자들이 좋은 꿈이라고 하는 꿈은 대개 용꿈이거나 돼지꿈이거나 큰 뱀을 보는 꿈 등이다. 세상 사람들은 그러한 꿈을 길몽으로 생각한다. 그리고 세상의 종교나 민간신앙이 거의 용의 권세 아래 있음을 볼 수 있다. 불교의 사원이나 사찰의 건축 양식을 자세히 살펴보면 거기에는 도처에 용의 위용을 부각시키고 있다. 불교 미술의 단청이나 탱화, 벽화 등에는 흔하게 용이 등장하고 있는 것이다. 그러한 용이 실제 생물학적으로는 존재하지 않지만 놀랍게도 용의 문화는 적어도 세계적인 것이다.

그리고 중국을 비롯한 동양 문화권에서는 임금이 된다는 것은 그 권세가 용으로부터 비롯되는 것이다. 그래서 왕자를 잉태할 때는 반드시 용꿈을 꾸게 되고 임금으로 등극하게 되면 곤룡포(袞龍袍 = 곤색 옷을 입는데 거기에는 용의 휘장이 그려지게 되어 있었다)를 입도록 되어 있었다. 그리고 왕이 앉는 의자는 용상(龍床)이라 하였고 왕의 얼굴은 용안(龍顔)이라 하였다. 황후의 비녀는 용의 머리를 새겨 만들고 용잠(龍簪)이라 불렀다. 왕의 죽음은 용어(龍馭)라 하였다. 왕의 수염은 용수(龍鬚)라 하였다. 왕의 부채는 용선(龍扇)이라 하였다. 왕의 눈물은 용루(龍戾)라고 하였다. 왕의 수레는 용가(龍駕)라 하였다. 왕은 무의식 중에 이 모든 권세는 용에게 달려 있는 것으로 세뇌되어 있었고 또 사실이기도 했다.

우리가 용의 그림을 자세히 살펴보면 그 머리는 돼지 머리에 사슴뿔을 달고 봉황이나 닭의 발을 가지고 있고 몸은 뱀의 몸을 가지고 있다. 온갖 짐승의 특성을 살린 묘한 모습을 가지고 있는 것이다. 이러한 생물은 지구상에 존재하지 않지만 그러한 형상의 실상은 바로 사단이라는 것을 우리가 잘 알고 있어야 한다. 하나님은 보이지 않으시지만 하나님의 형상은 볼 수 있다. 그것은 하나님께서 인간을 창조하실 때 하나님의 형상으로 창조하셨기 때문이다. 한편 사단은 자기의 형상을 묘하게 고안하였다.

사람은 하나님의 형상이요 용은 사단의 형상이다. 인간이 만약 용에게 절을 한다면 이는 곧 하나님의 형상이 사단의 형상에게 절하는 꼴이 되는 것이다. 우리가 이 사실을 알아야 우상숭배가 무엇인지, 또 하나님께서 그것을 왜 금하셨는지를 이해할 수 있을 것이다. 하나님은 진정한 경배의 대상이다. 그러나 사단은 우리가 대적해야 할 존재이다. 인간들이 그 앞에서

절을 한다는 것은 하나님을 모독하는 행위가 되는 것이다. 사단은 사람으로부터 절 받는 것을 무척이나 즐기고 있는 것이다. 이 사단은 심지어 예수님께까지 절하라고 꾀고 있는 것을 볼 수 있다.

창세기에서 이러한 점을 바르게 인식하지 못하고 성경을 읽어나가게 되면 우리는 많은 사실을 간과하게 될 것이다. 그런데 성경을 읽다가 "그렇지만 뱀이 어떻게 여자와 언어가 통할 수 있느냐?"하고 질문을 하는 사람들이 흔히 있다.

필자가 1977년도 7월 10일에 처음으로 복음을 전하기 위하여 경남 사천군 정동면에 부임하여 한 여인에게 전도했던 일이 있었다. 필자가 다녀간 그날 밤 이 여인에게는 큰 뱀이 들어왔다는 것이다. 그 여인은 딸만 다섯을 낳고 아들을 낳지 못하여 절간에 가서 몇년을 살다시피 하면서 불공을 드려서 결국 아들을 낳기는 했는데 그 후로부터 이 여인은 성격이 이상해지기 시작했다는 것이다. 그날 밤 그 뱀은 그녀의 몸을 완전히 휘감고는 그 무서운 혀를 날름거리면서 말하기를, "너 이년 만약 예배당에 나가기만 하면 네 머리부터 내가 부수어 먹어버릴 것이다!"하고 말을 하더라는 것이다. 그리고 그녀는 숨이 막힌 채 말문을 닫고 눈만 뜬 채 누워 있었다. 그 후 그녀는 교회에 나와 모든 성도들이 보는 앞에서 예수님의 이름의 권세 앞에 귀신이 쫓겨나고 온전한 사람이 되었고 그 사실을 간증하게 되었던 것이다.

우리는 구약성경의 여러 곳에서 하나님께서 이상 중에 말씀하셨다는 것을 읽을 수 있다. 하와가 뱀의 음성을 들은 것이 생시에였는지 이상 중에 들었는지도 우리는 알 수 없다. 다만 하와는 그러한 뱀의 말을 듣고 호기심에 끌리고 욕심에 끌려 결국 그 과일을 따서 먹었다는 것이 중요한 문제이다.

우리가 만약 하와의 입장이 되었어도 결과는 비슷했을 것 같다. 왜냐하면 하와든지, 누구든지 그러한 갈등은 겪을 수밖에 없는 상황이었다는 것을 알 수 있다.

하나님께서는 말씀하시기를, "먹지 말아라! 먹는 날에는 정녕 죽으리라!" 하셨다. 뱀은 하와에게 말하기를, "먹어라 결코 죽지 아니하리라 먹는 날에는 너의 눈이 밝아져 하나님처럼 될 것이라는 것을 하나님이 아시고 그것을 금하신 것이니라" 한 것이다. 이렇게 되면 누구든지 유혹을 받게 되어 있다.

둘 중 어느 한 쪽은 분명이 거짓임이 분명한 것이다. 그런데 아무리 생각해도 하나님의 말은 기분이 나쁘고 사단의 말이 훨씬 더 친절한 것 같이 들리게 된 것이다. "먹지 말아라!" 우선 듣기에 부정적이고 먹어보지도 못하게 한 것이 상당히 기분이 좋지 않았던 것이다.

그러나 사단은 "먹어라! 먹는 날에는…?!?"

하와의 갈등은 여기에서 출발된 것이다. 그리고 그녀는 그 금단의 열매를 유심히 바라보았다. 보암직도 하고 먹음직도 하며 지혜롭게 할 만큼 탐스럽게 보여서 과연 하나님과 같이 될 것 같은 생각이 들었다. '하나님이든지 뱀이든지 어차피 둘 중의 하나는 거짓이렸다! 그까짓 것 속을 때 속더라도 먹을 때는 먹어나 보고 속아야지!…' 하면서 그 열매를 따서 먹었다.

그 결과 여자가 정말 죽었다면 역사는 달라졌을 것이다. 문제는 그 열매를 먹었으나 여자가 죽지 않았다는 것이다. 적어도 그 순간 하와의 마음은 하나님이 아니라 뱀의 말이 진실로 믿어졌을 것이다. 그 결과 그녀는 그 열매를 아담에게 주며 먹으라고 했다.

아담이 "먹는 날에는 정녕 죽으리라" 하신 하나님의 말씀과 먹고도 죽지 않은 하와의 말을 두고 어떤 갈등을 했는지는 모른다. 그러나 여자가 담대하게 그것을 먹고도 죽지도 않았고 멀쩡하게 살아서 건네주는 과일인지라 그도 먹었다. 문제는 여기서 끝나지 않다. 아담이 먹어도 죽지 않았을 뿐만 아니라 "이에 눈이 밝아 벌거벗은 줄을 알게 되었다"고 기록하고 있는 것이다.

놀랍게도 사람이 일단 한쪽으로 기울어지고 나면 역시 그쪽이 실제로 옳은 것처럼 느껴지는 것이 사실이다. 제 삼자가 보면 도저히 용납할 수 없는 것도 거기에 빠지고 치우쳐 있는 사람은 전혀 깨닫지 못하는 것은 오늘날도 마찬가지이다.

이렇게 하여 결국 인간은 하나님을 믿지 않고 뱀의 말을 믿음으로 출발하고 있는 것이다. 그 후로는 하나님께서도 인간들에게 당신의 진실을 이해시키기가 여간 어려운 일이 아니었던 것이다. 인간들이 하나님을 믿느냐 믿지 않느냐 하는 문제가 바로 에덴 동산에서부터 시작된 본질적이고도 근본적인 문제였다는 것을 우리가 바로 인식할 수 있어야 신앙이 가능하고 신학이 시작될 수 있다.

아담과 하와가 금단의 열매를 먹은 후에는 인간이 하나님을 찾은 것이 아니라 하나님께서 아담을 부르시며 찾고 있는 장면을 볼 수 있다. 그러나 아담과 하와는 하나님을 반가와하지 않았다. 그들은 곧 부끄러움과 두려움에 사로잡혀 있었다. 사람에게 있어서 부끄러움과 두려움이 함께 작용하는 심리는 바로 죄의식이었던 것이다. 하나님께서 아담에게 책임을 물었으나 아담은 책임을 회피하고 전가하였다.

"그들이 날이 서늘할 때에 동산에 거니시는 여호와 하나님의 음성을 듣고 아담과 그 아내가 여호와 하나님의 낯을 피하여 동산 나무 사이에 숨은지라 여호와 하나님이 아담을 부르시며 그에게 이르시되, 네가 어디 있느냐 가로되 내가 동산에서 하나님의 소리를 듣고 내가 벗었으므로 두려워하여 숨었나이다 가라사대 누가 너의 벗었음을 네게 고하였느냐 내가 너더러 먹지 말라 명한 그 나무 실과를 네가 먹었느냐 아담이 가로되 하나님이 주셔서 나와 함께 하게 하신 여자 그가 그 나무 실과를 내게 주므로 내가 먹었나이다 여호와 하나님이 여자에게 이르시되 네가 어찌하여 이렇게 하였느냐 여자가 가로되 뱀이 나를 꾀므로 내가 먹었나이다 여호와 하나님이 뱀에게 이르시되 네가 이렇게 하였으니 네가 모든 육축과 들의 모든 짐승보다 더욱 저주를 받아 배로 다니고 종신토록 흙을 먹을지니라 내가 너로 여자와 원수가 되게 하고 너의 후손도 여자의 후손과 원수가 되게 하리니 여자의 후손은 네 머리를 상하게 할 것이요 너는 그의 발꿈치를 상하게 할 것이니라 하시고 또 여자에게 이르시되 내가 네게 잉태하는 고통을 크게 더하리니 네가 수고하고 자식을 낳을 것이며 너는 남편을 사모하고 남편은 너를 다스릴 것이니라 하시고 아담에게 이르시되 네가 네 아내의 말을 듣고 내가 너더러 먹지 말라 한 나무 실과를 먹었은즉 땅은 너로 인하여 저주를 받고 너는 종신토록 수고하여야 그 소산을 먹으리라 땅이 네게 가시덤불과 엉겅퀴를 낼 것이라 너의 먹을 것은 밭의 채소인즉 네가 얼굴에 땀이 흘러야 식물을 먹고 필경은 흙으로 돌아가리니 그 속에서 네가 취함을 입었음이라 너는 흙이니 흙으로 돌아갈 것이니라 하시니라"(창 3:8-19).

우리가 무심코 넘어가기 쉬운 위의 대화는 하나님과 아담과 하와와 뱀이 함께 한 대화였다. 표면에 노출이 되지는 않았지만 이러한 대화 중에 가장 놀란 것은 아마도 뱀이었을 것이다. 왜냐하면 뱀이 그토록 집요하게 금단의 열매를 먹도록 꾀인 것은 아담과 하와가 죽을 줄 알고 그렇게 먹이려고 한 것인데 정작 죽지도 않았을 뿐만 아니라 여자에게서 후손이 날 것이라고 하는 이상한 말씀을 사단은 알 수도 없고 경험도 없었으니 사단의 충격은 이만 저만이 아니었을 것이다. 게다가 여인의 후손이 뱀의 머리를 상하게 할 것이라는 말씀을 듣고는 사단이 온다간다는 인사도 없이 어디론가 사라져버린 것을 볼 수 있다.

그 후에 아담과 하와가 어떻게 하여 하나님을 믿었는지는 모르지만 결국에 가서는 하나님을 믿었던 것 같다. 그들이 나중에 동침하여 아들을 낳게 되자 하와가 감격하여 이르기를, "내가 여호와로 말미암아 득남하였다" 하고 말하는 것을 볼 수 있다.

그러나 그 후 어디론가 사라졌던 사단은 아무도 모르게 가인에게 접근하여 그 속에 들어갔던 것 같다. 그리고 가인은 그날부터 이상한 사람으로 성장하였고 마침내 그의 아우 아벨을 죽이게 된다.

"자녀들아 아무도 너희를 미혹하지 못하게 하라 의를 행하는 자는 그의 의로우심과 같이 의롭고 죄를 짓는 자는 마귀에게 속하나니 마귀는 처음부터 범죄함이니라 하나님의 아들이 나타나신 것은 마귀의 일을 멸하려 하심이니라 하나님께로서 난 자마다 죄를 짓지 아니하나니 이는 하나님의 씨가 그의 속에 거함이요 저도 범죄치 못하는 것은 하나님께로서 났음이라 이러므로 하나님의 자녀들과 마귀의 자녀들이 나타나나니 무릇 의를 행치 아니하는 자나 또는 그 형제를 사랑치 아니하는 자는 하나님께 속하지 아니하니라 우리가 서로 사랑할지니 이는 너희가 처음부터 들은 소식이라 가인 같이 하지 말라 저는 악한 자에게 속하여 그 아우를 죽였으니 어쩐 연고로 죽였느뇨 자기의 행위는 악하고 그 아우의 행위는 의로움이니라"(요일 3:7-12).

하나님께서는 사단이 알지 못했던 방법, 즉 남자에게서 여자가 나오고 남자와 여자 사이에서 어린아이가 태어나는 신기한 방법을 준비하셨던 것이다. 이러한 방법은 지금은 일반화된 사실이지만 사단은 전혀 경험이 없었던 방법이었던 것이다. 아담은 그 후 셋을 낳았고 셋을 낳은 후 다시 800년을 지내며 자녀를 낳았다. 아담은 930세를 향수하고 죽었다.

"정녕 죽으리라." "결코 죽지 아니하리라." 결론은 하나님의 말씀이 진실이었고, 뱀의 말은 처음에는 맞는 것 같았으나 결국에 가서 보면 맞지 않았다.

당대의 의인
노 아

노아는 '휴식' '위안' 이라는 뜻이다. 아담의 9대손으로(눅 3:36), 셋의 자손인 라멕의 아들(창 5:28-29)로 태어났다. 노아는 당세에 완전한 의인이며 하나님과 동행한 자로 하나님의 특별한 은혜를 입은 사람이다(창 6:8-9).

죄악이 관영하던 시대에 하나님은 인류를 위한 마지막 유예기간을 선언하셨는데 그 기간은 노아가 방주를 예비하는 동안이었다. 하나님께서는 노아에게 방주에 대한 청사진을 주셨다. 그리고 이를 준비하라고 하셨다(창 6:14-16).

"노아는 의인이요 당세에 완전한 자라 그가 하나님과 동행하였으며"(창 6:8-9)라고 기록되어 있듯이, 당시 죄악이 관영하던 세상 속에서 노아는 여호와 앞에서 정직하고 경건하게 살려고 노력한 참 믿음을 가진 사람이었다. 온 세상이 패괴하고 죄악이 관영하는 때 혼자 의롭게 살아간다는 것이 그리 쉽지 않았을 것이다.

하나님께서 노아에게 명하신 일들은 방주를 만드는 것과 동물들을 방주에 태우는 것과 그 동물들과 사람들을 위하여 식량을 저축하라는 것이었다. 노아는 하나님께서 자기에게 명하신 대로 다 준행하였다. 청명한 하늘을 보면서 방주를 준비하고 식량을 비축하는 일은 분명 주위의 비웃음과 조롱으로 인해 어려운 일이었지만 이를 인내와 믿음으로 수행한 순종의 인물이었다. 믿음으로 방주를 예비하였고 믿음으로 순종한 사람이었다.

그가 "얼마나 훌륭한가" 하는 것은 그 자녀들을 보면 알 수 있다. 아버지가 평소에 신실하지 못했다면 엉뚱한 일을 추진하는 아버지의 말을 자녀들이 듣지 않았을 것이다. 그러나 노아의 세 아들과 그 자부들은 아버지를 도와서 방주를 만들었다. 이 엄청난 사역은 노아 혼자서는 도저히 이룩할 수 없는 일이었다.

노아는 자녀도 상당히 늦게 두었다. 성경은 노아가 500세 이후에 셈, 함, 야벳을 낳았다고 기록하고 있다. 그리고 홍수는 600세 되던 해에 났으니까 홍수가 났을 때 셈의 나이가 아마 100살 정도 되었을 것이다.

노아는 600세 되던 해 2월에 방주에 들어갔고, 그 이후 40주야에 걸쳐 계속 비가 내림으로 모든 세상이 다 물에 잠기게 되었다(창7:1-24, 8:1-17).

노아가 601세 되던 해 정월 1일, 지면에서 물이 걷히고(창 8:13), 7주 후인 2월 27일에는(8:14) 그들이 마른 땅에 내려서게 되었는데, 그곳은 아마도 지금의 터어키 동부의 반(Van)호수 근방이라고 볼 수 있다.

필자는 1993년 초에 터어키의 아라랏산 밑 반 (VAN)시 근교를 돌아보게 되었는데 지리적으로 보아서 노아가 처음에 정착한 곳이 지금의 터어키 동부 아라랏산 아래 반 시 근방이었다는 것을 짐작할 수 있었다.

노아는 결국 새로운 세상의 시조가 된 셈이다. 홍수 이전의 열 족장들 중 마지막 족장으로, 대홍수의 주인공이자 홍수 이후 인류의 조상이 된 것이다.

지금은 우리가 홍수 사건에 대하여 무관심할 수 있다. 그러나 자세히 살피면 홍수 사건은 노아의 가족들만 구원받은 것이 아니라 바로 우리가 구원받은 사건이었다. 왜냐하면 우리 모두가 노아의 후손이기 때문이다. 만약 노아가 하나님을 믿지 않았다면 우리는 지금 존재할 수도 없었을 것이다. 우리가 지금 존재하는 것은 노아가 하나님의 말씀을 들었을 때 믿고 순종하여 방주를 만들었기 때문이다.

우리는 하나님의 구원하시는 은혜를 예수님으로부터만 받은 줄로 알기 쉽다. 그러나 실상을 알고 보면 노아를 통하여 우리가 구원받기 시작한 것을 알 수 있다.

우리는 지구의 환경이 노아의 홍수 이전과 이후에 많은 차이가 나게 된 것을 알아야 한다. 홍수 이전의 사람들은 약 1,000년 정도의 수명을 누렸다. 제일 오래 산 사람은 므두셀라인데 그는 969세를 살았다. 그리고 노아도 상당히 오래 산 편인데 노아는 950세를 살았다. 노아는 홍수 후에도 350년을 더 살았다.

사람들이 성경을 읽다가 사람이 900살 정도 살았다고 하는 기록을 보고는 이를 사실로 받아들이려 하지 않고 하나의 신화로 여기는 경우가 있다. 그러나 성경은 하나의 신화가 아니다. 노아의 일생에 일어난 사건을 기록한 내용은 역사적 사실로 확인되고 있다. 지구과학을 연구하는 사람들은 지구의 환경이 지금과 다른 시대가 존재하였다는 사실을 발견하게 된다. 그것은 우선 화석연료인 석탄과 석유의 존재를 통하여 알 수 있다. 석탄과 석유는 분명히 어느 시대에 식물들과 동물들이 갑자기 매몰되면서 생겨난 것이기 때문에 언젠가는 그러한 식물들과 동물들이 살았던 시대와 한꺼번에 멸망된 역사적 사실이 있었다는 것을 알 수 있는 것이다.

지금과 같은 환경에서 자라고 죽고 하는 식물로서는 그러한 석탄층이 생겨날 수는 없을 것이다. 지금 지구상에 자라고 있는 정도의 식물 가지고는 그런 엄청난 양의 석탄이 만들어질 가능성은 희박하다. 뿐만 아니라 지금과 같은 환경에서는 온 지구상에 살아 숨쉬는 모든 동물들이 한꺼번에 죽어서 매몰된다 해도 석유가 될 수는 없을 것이다. 왜냐하면 그 양이 너무 작기 때문에 흙에 묻히면 그냥 흙에 스며서 흙이 되고 말 정도밖에 안되기 때문이다. 실제로 우리가 살고 있는 현실세계에서 생물들의 유체들은 그냥 흙이 되고 만다. 오늘날 동식물들의 유체들이 석유나 석탄으로 화할 수 없다는 것은 삼척동자라도 알 수 있다.

그렇다면 우리가 날마다 쓰고 있는 이 엄청난 양의 석탄과 석유는 어느 때 얼마나 많은 생물들이 어떻게, 왜, 매몰되었을까 하는 것이 중요한 열쇠가 된다. "그렇게 큰 몸집을 가진 공룡들이 언제부터 왜 멸종되었을까?" 하는 것은 많은 생물학자 지구과학자들이 알고 싶어하는 것이다.

학자들은 빙하시대가 있었다고들 말한다. 그러나 왜 빙하시대가 있었는지를 설명하지 못하고 있다. 그러나 그러한 빙하시대가 있었다는 것까지는 알고들 있다. 학자들은 빙하시대가 왜 생기게 되었는가 하는 이유를 약 60여가지로 주장한다. 그러나 이러한 것들은 다 가설이라는 것을 학자들도 인정을 하고 있는 것이다. 그리고 아직도 정설은 없는 것으로 되어 있다. 어떤 학자들은 태양의 복사열 양의 변화에 의한 천문설을 주장하고, 어떤 학자들은 지구의 궤도나 축에 주기적인 변동이 있었을 것으로 보는 기하설을 주장하기도 했다.

학자들은 빙하의 기간을 일반적으로 4기로 나누어 생각한다.
귄츠빙기, 민델빙기, 리스빙기, 뷔름빙기로 나누고 그 빙기와 빙기 사이에는 비교적 온난한 간빙기의 시기가 있었다고 주장한다.
일반적으로 빙하기 중에 홍적세가 있었다는 것을 인정하고 있다.
홍적세(洪績世 = Diluval Age)란 사실 홍수에 의한 퇴적이 이루어진 시기를 말한다. 일반적으로 사람들이 이 사실을 잘 모르고 있지만 홍적세란 바로 노아시대의 홍수에 의하여 생겨난 지질연대를 말하고 있는 것이다. 그 홍수는 분명하지만 문제는 그 홍수 이전의 생태계가 어떠했는지를 사람들이 알지 못하기 때문에 많은 오해를 하게 된 것이다.
대부분의 화석들은 이 홍수시대의 퇴적에 갑자기 매몰됨과 아울러 지진과 화산, 그리고 지각의 융기와 침강으로 이어지는 조산운동으로 생겨난 것이다. 그 이전 세계에서도 심한 지각변동이 있었던 곳에서는 혹 화석이 형성될 수는 있지만 그러한 것은 희귀한 것이고 대부분의 화석은 홍수에 의하여 한꺼번에 형성된 것이다. 원시동물 내지 원생동물들이 물론 맨 먼저 매몰되었을 것이다. 그리고 조류나 기타 고등동물은 맨 나중에 매몰되었을 것이다. 그러한 화석은 거의 같은 시기에 매몰되었지만 순서가 생긴 것에 불과한 것이다. 이를 두고 마치 몇 천만년의 간격이 있었던 것으로 가설을 세우게 되면 우리는 영원히 역사를 왜곡시키게 될 것이다.

 홍수 이전의 세계는 생명으로 충만한 세계였던 것 같다. 지금보다 더 많은 사람이 살았던 것으로 볼 수 있다. 지금보다 훨씬 더 많은 동물이 더 좋은 환경에서 더 우람한 체격으로 더 오래 살 수 있었던 것으로 보인다. 그리고 지금보다 더 울창한 삼림이 우거져 있었으며, 키가 적어도 500미터가 넘는 나무들이 울창하게 있었던 것 같다.

 동물들도 지금보다 더 많은 종류가 존재했던 것으로 보인다.

 기후가 지금의 지구보다 더 온화하고 남극이나 북극, 적도의 온도가 별 차이가 없었던 것 같다. 지금의 대기권 상층에 수분으로 된 수막이 있었던 것같이 보인다. 그때는 그 수막이 있어서 태양광선이 직사광선으로 들어오지 않고 수막을 통과하여 부드러운 분사광이 되어 지구를 모든 유해 광선으로부터 지켜주었던 것으로 볼 수 있다. 육지의 면적이 지금보다 훨씬 넓었을 것이다. 지금의 대륙붕이라고 하는 것은 당시에는 육지였고 거기에는 수많은 생물들이 살고 있었던 것으로 볼 수 있다.

 당시의 기압은 지금보다 훨씬 높아서 호흡이 용이하고 동물들의 수명이 현재의 열배가 넘었던 것으로 볼 수 있다. 동물들 중에 산소를 필요로 하지 않는 동물은 거의 없다. 울창한 숲에 의하여 탄소 동화작용이 원활하여 공기는 한없이 맑고 신선하였기 때문에 코로 숨을 쉬는 모든 동물은 지금보다 열배 이상 장수하였고 따라서 사람들의 수명도 800년에서 900년을 넘게 살았던 것으로 볼 수 있다.

 동물들과 인간들의 기골이 지금보다 훨씬 장대하였고 아름다웠던 것을 알 수 있다. 우리는 창세기를 읽을 때 이러한 세계가 분명히 있었다는 것을 알 수 있다. 그러나 홍수 이후에는 이 모든 것은 불과 1년 남짓 되는 기간에 궁창위에 있던 수막이 약 40일 간에 걸쳐 쏟아지는 홍수에 의하여 사라지게 되었다. 태양 광선은 적도 주위에 직사광선으로 쏟아지게 되고 남과 북의 극지방은 얼음으로 뒤덮이고 기압은 현저하게 떨어지고 숲은 거의 사라졌다. 큰 체격을 가진 동물들은 다 홍수에 떠밀려 어딘가에 매몰되어 '홍적세'라고 하는 지층을 이루게 되었다.

곳곳에서는 화산이 터지고 지각은 심한 융기와 침강으로 새로이 형성되었다. 노아는 새로운 세계의 시조가 되었던 것이다. 그리고 그의 세 아들 셈, 함, 야벳의 후손들이 온 세계를 향하여 퍼져나갔던 것이다. 그 후로는 사람들이 하나님의 홍수 심판을 기억하고 큰 비만 오면 다시 두려워했을 것이다. 큰 비가 오면 다시 방주를 만들려고 했을 것이다. 그리고 높은 탑을 쌓아서 그리로 대피하겠다는 대책을 세우기도 했다.

하나님께서 노아를 불러서 언약을 세우시고 다시는 인간을 홍수로 멸하지 않겠다는 약속의 증표로 노아에게 무지개 언약을 주셨다(창 9:20).

그럼에도 불구하고 인간들은 다시 하나님의 약속을 믿지 않고 바벨탑을 쌓았다. 노아는 홍수 후 350년을 살고, 950세를 향년으로 죽어 하나님께로 갔다(창 9:28-29).

홍수 심판은 단지 인류를 멸절시키려는 하나님의 진노라기보다는 부패한 인류를 정화하여 당신이 의도하시는 새로운 역사를 만들어가기 위한 하나님의 계획이었다. 그런 의미에서 하나님은 죄악이 범람하는 오늘날에도 노아와 같이 당신의 뜻을 추구해가며 거룩히 살아가고자 하는 성도들을 통해 하나님의 나라를 건설하고 계시는 것이다. 이처럼 하나님은 인간에게 무조건 죄에 대한 보응을 실행하지 않으시고, 인간들이 자신들의 죄를 깨닫고 회개할 수 있도록 모든 여건과 기회를 주셨던 것이다.

노아는 하나님께서 자기에게 명하신 명령에 대해 모든 난관을 극복하고 순종했다. 이런 노아의 행동은 우리가 본받아야 할 신앙생활의 근본이 되는 것이다. 홍수 심판의 예언에 따라 노아가 방주를 예비한 것은 그의 신앙에서 비롯된 것이다. 어제나 오늘이나 변함없이 하나님의 말씀은 반드시 이루어지게 된다. 이렇게 하나님의 말씀이 이루어져가는 것이 마침내 믿는 자에게는 구원이요 축복이지만, 믿지 않는 자에게는 무서운 심판이 되는 것이다(고전 1:18).

열국의 아버지
아브라함

하나님께서 아브라함을 부르신 것은 갈대아 우르에서가 아니라 하란에서였다. 그는 처음에 하나님께서 왜 자신을 부르셨는지를 알지 못하였다. 그리고 어디로 가게 되는지도 알지 못하였다. 자신의 사명이 무엇인지를 알게 된 것은 상당한 세월이 흐른 후였을 것이다.

"여호와께서 아브람에게 이르시되 너는 너의 본토 친척 아비 집을 떠나 내가 네게 지시할 땅으로 가라 내가 너로 큰 민족을 이루고 네게 복을 주어 네 이름을 창대케 하리니 너는 복의 근원이 될지라 너를 축복하는 자에게는 내가 복을 내리고 너를 저주하는 자에게는 내가 저주하리니 땅의 모든 족속이 너로 인하여 복을 얻을 것이니라 하신지라 이에 아브람이 여호와의 말씀을 좇아 갔고 롯도 그와 함께 갔으며 아브람이 하란을 떠날 때에 그 나이 칠십 오세였더라"(창 12:1-4).

그는 특별히 목숨을 걸고 위험을 무릅쓰면서 사역을 하기 위하여 부르심을 받은 것은 아닌 것 같다. 그의 일생은 하나님을 믿는 것이 그의 사명이었던 것 같다. 왜냐하면 갈대아 우르는 물론 세상 어디에서도 하나님을 믿는 사람의 삶을 모델로 볼 수 있는 기회가 없었기 때문이다.

아브라함은 실로 하나님을 믿는 사람들의 모범이요 순종하는 삶의 표본이 될 만한 인물이었다. 바로 그러한 삶의 모델로 사는 것이 아브라함의 사명이었다. 그리고 하나님께서는 아브라함과의 교제를 통하여 아브라함을 보여주시는 것 뿐만 아니라 오히려 하나님 자신의 인자하신 모습을 보여 주신다.

결코 하나님이 무섭기만 한 분이 아니라는 사실이 아브라함과의 교제를 통하여 드러나고 있는 것이다. 아브라함의 믿음이 무슨 표적을 행한 것이 아니라 아브라함이 하나님을 믿을 때 하나님께서 어떤 일을 할 수 있는지를 보여주시고 있다.

노아를 통하여 비쳐진 하나님은 두려운 하나님이었던 것 같다. 이제 아브라함을 통하여 복 주시는 하나님이심을 보여주시려고 하시는 모습을 볼 수 있다. 그리고 이제는 심판을 해도 악하고 패역한 도시만을 심판하신다는 것을 보여주시는 것이다. 하나님께서 아브라함을 선택하신 이유는 하나님의 능력을 보여주실 뿐만 아니라 하나님은 만복의 근원이시며 좋으신 하나님이심을 보여주시려고 하시는 것이다. 아브라함이 무슨 일을 하는 것이 중요한 것이 아니라 아브라함의 생애를 통하여 하나님의 선하심과 인자하심과 전능하심과 신실하심을 보여주시려고 하신 것이다. 이러한 일에는 무엇보다도 절대적인 신뢰와 순종이 필요하다.

"여호와께서 가라사대 나의 하려는 것을 아브라함에게 숨기겠느냐 아브라함은 강대한 나라가 되고 천하 만민은 그를 인하여 복을 받게 될 것이 아니냐 내가 그로 그 자식과 권속에게 명하여 여호와의 도를 지켜 의와 공도를 행하게 하려고 그를 택하였나니 이는 나 여호와가 아브라함에게 대하여 말한 일을 이루려 함이니라"(창 18:17-19).

사람이 복을 받으려면 역시 아브라함을 알아야만 참 복을 받을 수 있다. 세상에서 아무리 부귀영화를 누렸다고 해도 아브라함을 모른다면 그는 결코 복을 받은 사람이라 할 수 없다. 왜냐하면 영원한 생명을 약속받은 사람치고 아브라함을 모를 사람은 없을 것이기 때문이다. 우리를 구원하신 예수님은 아브라함의 자손이요, 다윗의 자손이기 때문에 아브라함을 모르는 사람이면 다윗도 알 수 없고 따라서 예수님도 알 수 없을 것이다. 천하 만민이 바로 아브라함과 다윗의 자손 예수 그리스도를 통하여 진정한 복을 받을 것이 미리 약속되었던 것이다.

한 사람의 이름으로서는 가장 많은 사람들에게 알려진 이름이 아브라함이라는 것은 거의 의심의 여지가 없다. 그는 참으로 열국의 아버지가 되었고 과연 복의 근원이 되었다. 하나님께서는 약속대로 아브라함의 이름을 창대케 해주신 것이다.

아브라함은 무엇보다 우리의 모범으로서의 사명을 잘 감당한 사람이었다. 아브라함은 우리 모두의 모범이었다. 그는 실로 아름다운 생애를 살았다. 우리가 흔히 선한 사람을 보면 "그 사람은 법이 없어도 살 수 있는 사람이다"라고 말한다. 아브라함이야말로 정말 법이 필요하지 않은 사람이었다. 율법은 아브라함에게 주어진 것이 아니라 아브라함 이후 약 500년이 지나서 이스라엘 자손들에게 주어진 것이다. 어느 시대라도 아브라함처럼 믿음으로 사는 사람들에게는 율법은 아무 것도 요구할 것이 없을 것이다.

그는 하나님의 부르심을 받았을 때 곧 순종하였다. 성경 안에서 하나님의 뜻대로 부름심을 받은 사람들은 참으로 복이 있는 사람들이었다. 아브라함처럼 단번에 응답하고 순종한 사람들을 다 복을 받았다. 베드로가 그렇고 안드레가 그렇다. 야고보와 요한이며 빌립과 나다나엘, 세리 마태가 그렇다. 하나님의 부르심을 받았을 때 단번에 응답한 사람들은 다 복이 있는 사람들이었다.

아브라함은 하나님의 말씀에 순종하여 풍성한 복을 받은 사람이다. 사람이 하나님의 말씀을 믿고 순종하면 복을 받는다는 사실이 아브라함의 생애를 통하여 나타나고 있는 것이다.

"아브람이 애굽에서 나올새 그와 그 아내와 모든 소유며 롯도 함께 하여 남방으로 올라가니 아브람에게 육축과 은금이 풍부하였더라 그가 남방에서부터 발행하여 벧엘에 이르며 벧엘과 아이 사이 전에 장막 쳤던 곳에 이르니 그가 처음으로 단을 쌓은 곳이라 그가 거기서 여호와의 이름을 불렀더라 아브람의 일행 롯도 양과 소와 장막이 있으므로 그 땅이 그들의 동거함을 용납지 못하였으니 곧 그들의 소유가 많아서 동거할 수 없었음이라"(창 13:1-6).

믿음과 순종은 복을 받는 지름길이었다. 신명기에서 다시 인간이 복을 누리며 사는 길을 말씀하셨다.

"네가 네 하나님 여호와의 말씀을 삼가 듣고 내가 오늘날 네게 명하는 그 모든 명령을 지켜 행하면 네 하나님 여호와께서 너를 세계 모든 민족 위에 뛰어나게 하실 것이라 네가 네 하나님 여호와의 말씀을 순종하면 이 모든 복이 네게 임하며 네게 미치리니 성읍에서도 복을 받고 들에서도 복을 받을 것이며 네 몸의 소생과 네 토지의 소산과 네 짐승의 새끼와 우양의 새끼가 복을 받을 것이며 네 광주리와 떡반죽 그릇이 복을 받을 것이며 네가 들어와도 복을 받고 나가도 복을 받을 것이니라 네 대적들이 일어나 너를 치려 하면 여호와께서 그들을 네 앞에서 패하게 하시리니 그들이 한 길로 너를 치러 들어왔으나 네 앞에서 일곱 길로 도망하리라

여호와께서 명하사 네 창고와 네 손으로 하는 모든 일에 복을 내리시고 네 하나님 여호와께서 네게 주시는 땅에서 네게 복을 주실 것이며 네가 네 하나님 여호와의 명령을 지켜 그 길로 행하면 여호와께서 네게 맹세하신 대로 너를 세워 자기의 성민이 되게 하시리니 너를 여호와의 이름으로 일컬음을 세계 만민이 보고 너를 두려워하리라 여호와께서 네게 주리라고 네 열조에게 맹세하신 땅에서 네게 복을 주사 네 몸의 소생과 육축의 새끼와 토지의 소산으로 많게 하시며 여호와께서 너를 위하여 하늘의 아름다운 보고를 열으사 네 땅에 때를 따라 비를 내리시고 네 손으로 하는 모든 일에 복을 주시리니 네가 많은 민족에게 꾸어줄찌라도 너는 꾸지 아니할 것이요 여호와께서 너로 머리가 되고 꼬리가 되지 않게 하시며 위에만 있고 아래에 있지 않게 하시리니 오직 너는 내가 오늘날 네게 명하는 네 하나님 여호와의 명령을 듣고 지켜 행하며 내가 오늘날 너희에게 명하는 그 말씀을 떠나 좌로나 우로나 치우치지 아니하고 다른 신을 따라 섬기지 아니하면 이와 같으리라"(신 28:1-14).

그는 소유물로 인한 문제가 발생했을 때 양보하였다. 사람이 양보할 줄 아는 자세가 중요한다. 아브라함은 양보하는 정신이 있었다. 양떼와 소떼가 너무 많아 조카 롯과는 동거하기가 어려웠다. 이때 아브라함은 선택의 권리와 기회를 먼저 조카에게 주고 자기가 양보하는 것을 볼 수 있다. 우리가 아브라함의 신앙과 야곱의 신앙을 대조하여 보면 현저한 차이가 있음을 알 수 있다. 그 중에 특별한 것은 아브라함의 다투지 않는 정신이요 양보하는 정신이라고 할 수 있을 것이다. 하나님께서는 바로 이러한 사람을 기뻐하시고 사랑하시며 복을 주시는 것이다.

그는 언제나 예배를 소중하게 여겨 단을 쌓기를 게을리하지 않았다. 아브라함이 어떻게 예배하는 것을 배웠는지 알 수는 없지만 그는 장막을 치는 곳마다 거기서 제단을 쌓고 하나님께 제사를 드렸다. 하나님께서는 이렇게 예배하는 사람들을 찾으시는 것이다. 누가 시키거나 강요해서가 아니라 스스로 하나님께 감사의 제사를 드린 것이다. 감사로 제사를 드리는 자가 하나님을 영화롭게 하는 것이다(시 50:23). 아브라함은 모레 상수리 나무 수풀근처에 우거할 때나 헤브론에서나 브엘세바에서나 하나님 앞에 제단을 쌓고 거기 제사를 드리면서 하나님을 섬겼다.

그는 용기와 담력이 있는 사람이었다. 사람들은 기독교를 마음 약한 사람들이나 믿는 종교로 생각한다. 그러나 하나님을 믿고 따르는 데는 용기와 담력이 필요하다. 겁쟁이는 결코 하나님을 따라가지 못한다. 성경의 말씀을 믿고 순종하려는 사람은 담력이 있어야 한다. 기독교는 아브라함의 종교요 여호수아와 갈렙의 종교요 다윗의 종교요 스데반과 바울의 종교이다. 지극히 강하고 담대한 사람만이 믿음으로 승리할 수 있는 것이다.

"당시에 시날 왕 아므라벨과 엘라살 왕 아리옥과 엘람 왕 그돌라오멜과 고임 왕 디달이 소돔 왕 베라와 고모라 왕 비르사와 아드마 왕 시납과 스보임 왕 세메벨과 벨라 곧 소알 왕과 싸우니라 이들이 다 싯딤 골짜기 곧 지금 염해에 모였더라 이들이 십이년 동안 그돌라오멜을 섬기다가 제 십삼년에 배반한지라 제 십사년에 그돌라오멜과 그와 동맹한 왕들이 나와서 아스드롯 가르나임에서 르바 족속을 함에서 수스족속을 사웨기랴다임에서 엠 족속을 치고 호리 족속을 그 산 세일에서 쳐서 광야 근방 엘바란까지 이르렀으며 그들이 돌이켜 엔미스밧 곧 가데스에 이르러 아말렉 족속의 온 땅과 하사손다말에 사는 아모리 족속을 친지라 소돔 왕과 고모라 왕과 아드마 왕과 스보임 왕과 벨라 곧 소알왕이 나와서 싯딤 골짜기에서 그들과 접전하였으니 곧 그 다섯 왕이 엘람 왕 그돌라오멜과 고임 왕 디달과 시날 왕 아므라벨과 엘라살왕 아리옥 네 왕과 교전하였더라 싯딤 골짜기에는 역청 구덩이가 많은지라 소돔 왕과 고모라 왕이 달아날 때에 군사가 거기 빠지고 그 나머지는 산으로 도망하매 네 왕이 소돔과 고모라의 모든 재물과 양식을 빼앗아가고 소돔에 거하는 아브람의 조카 롯도 사로잡고 그 재물까지 노략하여 갔더라 도망한 자가 와서 히브리 사람 아브람에게 고하니 때에 아브람이 아모리 족속 마므레의 상수리 수풀 근처에 거하였더라. 마므레는 에스골의 형제요 또 아넬의 형제라 이들은 아브람과 동맹한 자더라 아브람이 그 조카의 사로잡혔음을 듣고 집에서 길리고 연습한 자 삼백십팔인을 거느리고 단까지 쫓아가서 그 가신을 나누어 밤을 타서 그들을 쳐서 파하고 다메섹 좌편 호바까지 쫓아가서 모든 빼앗겼던 재물과 자기 조카 롯과 그 재물과 또 부녀와 인민을 다 찾아왔더라"(창 14:1-16).

담력이 없이는 이러한 일을 할 수가 없었을 것이다. 여호수아와 갈렙, 그리고 다윗과 요나단 등 믿음이 있노라 하고 담력이 없었던 사람은 아무도 없다. 믿음은 위험을 당할 때 담력과 용기로 나타난다.

그는 살렘왕이요 제사장인 멜기세덱에게 십일조를 드린 사람이다. 십일조의 제도가 언제부터 생겼는지에 대하여 학자들의 견해가 분분한다. 그러나 성경에서는 아브라함이 멜기세덱에게 드린 것이 처음이었다. 이것은 율법이 생기기 500년 전에 아브라함이 드린 것이다. 하나님께서 아브라함을 하필이면 가나안 땅으로 인도하셨을까 하는 의문도 있지만 이 사건을 통하여 볼 수 있는 것은 거기에 하나님의 제사장 멜기세덱이 있었기 때문이라고 볼 수 있을 것이다.

"아브람이 그돌라오멜과 그와 함께 한 왕들을 파하고 돌아올 때에 소돔 왕이 사웨 골짜기 곧 왕곡에 나와 그를 영접하였고 살렘 왕 멜기세덱이 떡과 포도주를 가지고 나왔으니 그는 지극히 높으신 하나님의 제사장이었더라 그가 아브람에게 축복하여 가로되 천지의 주재시요 지극히 높으신 하나님이여 아브람에게 복을 주옵소서 너희 대적을 네 손에 붙이신 지극히 높으신 하나님을 찬송할지로다 하매 아브람이 그 얻은 것에서 십분 일을 멜기세덱에게 주었더라"(창 14:17-20).

그는 손님 접대를 잘한 사람이다. 사람이 사람을 반가와하고 손님을 맞이하여 잘 접대하는 사람은 복을 받을 만한 사람이다. 사람이란 누구든지 집을 나서면 고생이 되는 법인데 그러한 길손을 영접하여 잘 대접하는 사람이라면 선량한 것은 말할 것도 없고 그 품성까지 다 드러나는 것이다.

또 이렇게 살아가려고 하면 아내의 협력과 동의가 없이는 불가능했을 것이다. 아브라함의 아내 사라가 아브라함을 존경한 것도 사실이지만 이는 아브라함이 존경받을 만한 성품을 가졌기 때문이었다. 사라와 같은 후덕한 여인을 아내로 맞이한 것부터 하나님께 복을 받은 것이었다. 아브라함이 손님을 잘 접대한 것은 이스라엘 사람들과 오늘 그리스도인들이 한결같이 본받아야 할 아름다운 미덕이다. 특히 주를 믿는 모든 여성들이 본받아야 할 미덕이다.

아브라함이 항상 그렇게 살았기 때문에 그의 조카 롯도 그 삶을 배워서 비록 소돔성에 살았지만 손님 접대하는 것을 잊지 않았고 그로 말미암아 소돔이 불탈 때 구원을 받게 된 것을 볼 수 있다.

"형제 사랑하기를 계속하고 손님 대접하기를 잊지 말라 이로써 부지중에 천사들을 대접한 이들이 있었느니라"(히 13:1-2).

"여호와께서 마므레 상수리 수풀 근처에서 아브라함에게 나타나시니라 오정 즈음에 그가 장막 문에 앉았다가 눈을 들어 본즉 사람 셋이 맞은편에 섰는지라 그가 그들을 보자 곧 장막 문에서 달려나가 영접하며 몸을 땅에 굽혀 가로되 내 주여 내가 주께 은혜를 입었사오면 원컨대 종을 떠나 지나가지 마옵시고 물을 조금 가져오게 하사 당신들의 발을 씻으시고 나무 아래서 쉬소서 내가 떡을 조금 가져오리니 당신들의 마음을 쾌활케 하신 후에 지나가소서 당신들이 종에게 오셨음이니이다 그들이 가로되 네 말대로 그리하라 아브라함이 급히 장막에 들어가 사라에게 이르러 이르되 속히 고운 가루 세 스아를 가져다가 반죽하여 떡을 만들라 하고 아브라함이 또 짐승 떼에 달려가서 기름지고 좋은 송아지를 취하여 하인에게 주니 그가 급히 요리한지라 아브라함이 뻐터와 우유와 하인이 요리한 송아지를 가져다가 그들의 앞에 진설하고 나무 아래 모셔 서매 그들이 먹으니라 그들이 아브라함에게 이르되 네 아내 사라가 어디 있느냐 대답하되 장막에 있나이다 그가 가라사대 기한이 이를 때에 내가 정녕 네게로 돌아오리니 네 아내 사라에게 아들이 있으리라 하시니 사라가 그 뒤 장막 문에서 들었더라 아브라함과 사라가 나이 많아 늙었고 사라의 경수는 끊어졌는지라 사라가 속으로 웃고 이르되 내가 노쇠하였고 내 주인도 늙었으니 내게 어찌 낙이 있으리요 여호와께서 아브라함에게 이르시되 사라가 왜 웃으며 이르기를 내가 늙었거늘 어떻게 아들을 낳으리요 하느냐 여호와께 능치 못한 일이 있겠느냐 기한이 이를 때에 내가 네게로 돌아 오리니 사라에게 아들이 있으리라 사라가 두려워서 승인치 아니하여 가로되 내가 웃지 아니하였나이다 가라사대 아니라 네가 웃었느니라 그 사람들이 거기서 일어나서 소돔으로 향하고 아브라함은 그들을 전송하러 함께 나가니라 여호와께서 가라사대 나의 하려는 것을 아브라함에게 숨기겠느냐 아브라함은 강대한 나라가 되고 천하 만민은 그를 인하여 복을 받게 될 것이 아니냐 내가 그로 그 자식과 권속에게 명하여 여호와의 도를 지켜 의와 공도를 행하게 하려고 그를 택하였나니 이는 나 여호와가 아브라함에게 대하여 말한 일을 이루려 함이니라"(창 18:1-19).

그는 중보의 기도를 드린 사람이다. 아브라함이 자기 자신을 위하여 그렇게 애를 태우며 하나님께 매어달린 경우는 볼 수가 없다. 그러나 멸망당할 소돔에 혹시라도 있을 의인들을 위하여 하나님께 간절한 간구를 드리고 있는 모습을 볼 수 있다.

"여호와께서 또 가라사대 소돔과 고모라에 대한 부르짖음이 크고 그 죄악이 심히 중하니 내가 이제 내려가서 그 모든 행한 것이 과연 내게 들린 부르짖음과 같은지 그렇지 않은지 내가 보고 알려 하노라 그 사람들이 거기서 떠나 소돔으로 향하여 가고 아브라함은 여호와 앞에 그대로 섰더니 가까이 나아가 가로되 주께서 의인을 악인과 함께 멸하시려나이까 그 성중에 의인 오십이 있을지라도 주께서 그곳을 멸하시고 그 오십 의인을 위하여 용서치 아니하시리이까 주께서 이같이 하사 의인을 악인과 함께 죽이심은 불가하오며 의인과 악인을 균등히 하심도 불가하니이다 세상을 심판하시는 이가 공의를 행하실 것이 아니니이까 여호와께서 가라사대 내가 만일 소돔성 중에서 의인 오십을 찾으면 그들을 위하여 온 지경을 용서하리라 아브라함이 말씀하여 가로되 티끌과 같은 나라도 감히 주께 고하나이다 오십 의인 중에 오인이 부족할 것이면 그 오인 부족함을 인하여 온 성을 멸하시리이까 가라사대 내가 거기서 사십 오인을 찾으면 멸하지 아니하리라 아브라함이 또 고하여 가로되 거기서 사십인을 찾으시면 어찌하시려나이까 가라사대 사십인을 인하여 멸하지 아니하리라 아브라함이 가로되 내 주여 노하지 마옵시고 말씀하게 하옵소서 거기서 삼십인을 찾으시면 어찌하시려나이까 가라사대 내가 거기서 삼십인을 찾으면 멸하지 아니하리라 아브라함이 또 가로되 내가 감히 내 주께 고하나이다 거기서 이십인을 찾으시면 어찌하시려나이까 가라사대 내가 이십인을 인하여 멸하지 아니하리라 아브라함이 또 가로되 주는 노하지 마옵소서 내가 이번만 더 말씀하리이다 거기서 십인을 찾으시면 어찌하시려나이까 가라사대 내가 십인을 인하여도 멸하지 아니하리라 여호와께서 아브라함과 말씀을 마치시고 즉시 가시니 아브라함도 자기 곳으로 돌아갔더라"(창 18:20-33).

그는 신실한 삶을 살았다. 이러한 삶의 모습을 지켜보던 아비멜렉과 군대장관 비골이 찾아와 평화의 조약을 맺았다. 아브라함의 거룩한 생활 가운데 하나님께서 함께 하심을 볼 수 있었던 아비멜렉은 상호 불가침조약을 맺고 화평의 조약을 맺기 위하여 스스로 찾아왔던 것이다.

"때에 아비멜렉과 그 군대 장관 비골이 아브라함에게 말하여 가로되 네가 무슨 일을 하든지 하나님이 너와 함께 계시도다 그런즉 너는 나와 내 아들과 내 손자에게 거짓되이 행치 않기를 이제 여기서 하나님을 가리켜 내게 맹세하라 내가 네게 후대한 대로 너도 나와 너의 머무는 이 땅에 행할 것이니라 아브라함이 가로되 내가 맹세하리라 하고 아비멜렉의 종들이 아브라함의 우물을 늑탈한 일에 대하여 아브라함이 아비멜렉을 책망하매 아비멜렉이 가로되 누가 그리하였는지 내가 알지 못하노라 너도 내게 고하지 아니하였고 나도 듣지 못하였더니 오늘이야 들었노라 아브라함이 양과 소를 취하여 아비멜렉에게 주고 두 사람이 서로 언약을 세우니라 아브라함이 일곱 암양 새끼를 따로 놓으니 아비멜렉이 아브라함에게 이르되 이 일곱 암양 새끼를 따로 놓음은 어찜이뇨 아브라함이 가로되 너는 내 손에서 이 암양 새끼 일곱을 받아 내가 이 우물 판 증거를 삼으라 하고 두 사람이 거기서 서로 맹세하였으므로 그곳을 브엘세바라 이름하였더라 그들이 브엘세바에서 언약을 세우매 아비멜렉과 그 군대 장관 비골은 떠나 블레셋 족속의 땅으로 돌아갔고 아브라함은 브엘세바에 에셀나무를 심고 거기서 영생하시는 하나님 여호와의 이름을 불렀으며 그가 블레셋 족속의 땅에서 여러 날을 지내었더라"(창 21:22-34).

그는 사람을 기를 줄 아는 사람이었다. 사람를 기르는 사람이야말로 복된 일을 하는 것이다. 왜냐하면 그 일이 곧 하나님의 일이기 때문이다. 사람은 혹 양을 기르거나 소를 기르고 닭을 기르며 가축을 길러 기업을 삼는다. 그러나 사람을 기르는 것은 하나님의 기업인 것이다. 아브라함이 후덕하고 신의가 있고 믿음과 담력이 있어서 지도력이 있으므로 그 주위에 사람들이 모여들게 되었다. 아브라함은 그들을 기르고 연습시켜서 용사가 되게 하였다. 아브라함이 기르고 연습시킨 사람의 수가 318명이었다고 한다. 그러면 그에 따르는 여인들과 또 어린이들을 합하면 벌써 1천명을 넘었을 것이다. 아브라함이 하나님께로부터 복을 받아 상당히 큰 부족의 족장이 된 것이다. 이것은 아브라함이 선교적인 사명을 착실히 수행하고 있는 모습을 보여주는 것이다.

그는 사람을 믿어주고 맡기는 사람이었다. 아브라함의 수하에는 엘리에셀이라는 충직한 청지기가 있었다. 그는 얼마나 충직했던지 아브라함이 자기의 상속자로 삼으려 했을 정도였다. 아브라함이 그 엘리에셀에게 맡긴 것은 두번 다시 묻지도 않을 만큼 믿어주고 맡길 수 있는 사람이었다. 신실한 사람의 그늘에서 신실한 사람이 자라나는 것이다. 아브라함은 이렇게 충성스러운 청지기 다메섹 엘리에셀을 믿어주었고 그러한 주인의 신임을 받고 있는 엘리에셀은 주인의 신의를 저버리지 않고 책임감 있게 일을 하고 있는 것을 볼 수 있다. 아브라함은 이렇게 충성스러운 다메섹 엘리에셀에게 가정의 대소 공사를 다 맡겨도 될 정도였다. 그것은 아브라함의 영광이자 하나님의 영광이었다. 우리는 그 엘리에셀이 어떤 사람이었는지 상세하게 알 수는 없지만 그가 이삭을 위하여 밧단아람으로 가서 리브가를 만나고 라반을 만나는 장면을 보면 그의 신앙이 아브라함 못지 않은 것을 볼 수 있다.

그는 공짜를 바라지 않고 준가를 지불하는 사람이었다. 아브라함의 아내 사라가 먼저 세상을 떠나게 되었을 때 아브라함은 아내의 매장지 때문에 어려움이 있었다. 그때 그는 헷 족속에게로 가서 자신의 고충을 털어놓았다. 아브라함의 말을 들은 그들은 흔쾌히 허락하되 값없이 매장지를 제공하려고 했다. 하지만 아브라함은 기어이 준가를 지불하고 그 밭을 사서 자기 아내를 위한 묘로로 삼았는데 그 묘실은 후에 이삭과 야곱의 대대로 이어지는 묘실이 되었던 것이다(창 23장).

그는 전리품으로 치부하지 않는 사람이었다. 아브라함이 사로잡혔던 소돔사람들을 되찾고 빼앗겼던 물건들을 모두 되찾아왔을 때 소돔 사람들은, "사람들이 돌아왔으니 물품은 아브라함 당신이 가지라"고 권했다. 그러나 아브라함은 전쟁으로 횡재하였다는 말을 듣고 싶지 않았다. 그래서 그는 일절 사양하였던 것이다. 사람이 부를 누리되 하나님께서 허락하시고 기뻐하시는 것을 누려야 한다. 그리고 떳떳한 것을 누리면서 하나님께 감사하는 것이 마땅한 것이다.

그는 믿을 수 없는 일도 하나님의 말씀이라면 믿는 사람이었다. 아브라함은 믿을 수 없는 것을 믿고 바랐던 것을 볼 수 있다.

"믿음으로 아브라함은 부르심을 받았을 때에 순종하여 장래 기업으로 받을 땅에 나갈새 갈 바를 알지 못하고 나갔으며 믿음으로 저가 외방에 있는 것 같이 약속하신 땅에 우거하여 동일한 약속을 유업으로 함께 받은 이삭과 야곱으로 더불어 장막에 거하였으니 이는 하나님의 경영하시고 지으실 터가 있는 성을 바랐음이니라 믿음으로 사라 자신도 나이 늙어 단산하였으나 잉태하는 힘을 얻었으니 이는 약속하신 이를 미쁘신 줄 앎이라 이러므로 죽은 자와 방불한 한 사람으로 말미암아 하늘에 허다한 별과 또 해변의 무수한 모래와 같이 많이 생육하였느니라 이 사람들은 다 믿음을 따라 죽었으며 약속을 받지 못하였으되 그것들을 멀리서 보고 환영하며 또 땅에서는 외국인과 나그네로라 증거하였으니 이같이 말하는 자들은 본향 찾는 것을 나타냄이라 저희가 나온 바 본향을 생각하였더면 돌아갈 기회가 있었으려니와 저희가 이제는 더 나은 본향을 사모하니 곧 하늘에 있는 것이라 그러므로 하나님이 저희 하나님이라 일컬음 받으심을 부끄러워 아니하시고 저희를 위하여 한 성을 예비하셨느니라"(히 11:8-16).

그는 가장 소중한 것이라도 하나님께서 원하실 때 드릴 수 있는 사람이었다. 하나님께서 아브라함을 시험하신 사건은 너무 유명한 사건이어서 모르는 사람이 없을 정도이다. 이 시험에서 아브라함이 백살에 얻은 독생자 이삭을 하나님께 바치게 되었다. 아브라함은 오직 하나님의 말씀을 믿었는데 그가 믿은 말씀은 "네 자손이라 칭할 자가 이삭으로 말미암아 태어나는 자가 될 것이라" 하고 말씀하신 것을 믿은 것이다. 그러한 믿음을 가지려면 과거에 하신 말씀도 믿어야 하고 지금 하시는 말씀도 믿어야 하는데 그 두 가지 말씀이 서로 상충되어도 둘 다 믿어야 하는 시험에 빠지게 된 것이다. 이삭의 아들이 태어나지도 않았는데 지금 이삭을 죽여서 제사를 지내라고 하시는 말씀과 그의 자손이 있으리라 한 말씀을 어떻게 조화시켜서 믿었는지는 하나님만 아실 것이다.

하여간 아브라함은 믿었고 순종을 했다. 그 결과 하나님께서는 아브라함을 당신의 벗이라고까지 하셨던 것이다. 그리고 하나님께서는 아브라함의 자손을 위하여 하나님 당신의 독생자를 보내어 십자가에 죽게 하사 아브라함처럼 하나님을 믿는 사람들의 죄를 속량하여주신 것이다. 아브라함과 하나님 사이는 독생자라도 서로 내어놓을 수 있는 사이가 된 것이다.

"아브라함은 시험을 받을 때에 믿음으로 이삭을 드렸으니 저는 약속을 받은 자로되 그 독생자를 드렸느니라 저에게 이미 말씀하시기를 네 자손이라 칭할 자는 이삭으로 말미암으리라 하셨으니 저가 하나님이 능히 죽은 자 가운데서 다시 살리실 줄로 생각한지라 비유컨대 죽은 자 가운데서 도로 받은 것이니라"(히 11:17-19).

그는 자녀교육을 성실히 했던 사람이다. 아브라함이 평소에 언행심사가 바르지 못했다면 아들 이삭이 아버지 아브라함의 말을 듣고 제물이 되려고 순종하지 않았을 것이다. 그러나 평소에 아브라함이 이삭과 그의 가족들 앞에서 성실하고 진실한 신앙의 교육을 해왔었기에 아브라함의 말을 아무도 거역하지 않았던 것이다. 자기 자신도 잘 해야 하지만 자녀에게 잘 가르치는 것이 매우 중요한다.

"이는 곧 너희 하나님 여호와께서 너희에게 가르치라 명하신 바 명령과 규례와 법도라 너희가 건너가서 얻을 땅에서 행할 것이니 곧 너와 네 아들과 네 손자로 평생에 네 하나님 여호와를 경외하며 내가 너희에게 명한 그 모든 규례와 명령을 지키게 하기 위한 것이며 또 네 날을 장구케 하기 위한 것이라 이스라엘아 듣고 삼가 그것을 행하라 그리하면 네가 복을 얻고 네 열조의 하나님 여호와께서 네게 허락하심 같이 젖과 꿀이 흐르는 땅에서 너의 수효가 심히 번성하리라 이스라엘아 들으라 우리 하나님 여호와는 오직 하나인 여호와시니 너는 마음을 다하고 성품을 다하고 힘을 다하여 네 하나님 여호와를 사랑하라 오늘날 내가 네게 명하는 이 말씀을 너는 마음에 새기고 네 자녀에게 부지런히 가르치며 집에 앉았을 때에든지 길에 행할 때에든지 누웠을 때에든지 일어날 때에든지 이 말씀을 강론할 것이며 너는 또 그것을 네 손목에 매어 기호를 삼으며 네 미간에 붙여 표를 삼고 또 네 집 문설주와 바깥 문에 기록할지니라"(신 6:1-9).

그는 집안의 모든 사람들에게 모범을 보여 다 자기처럼 믿게 하였다. 우리는 아브라함에게 무슨 특별한 교육 프로그램이 있었는지는 알 수 없다. 그러나 분명한 것은 그의 삶이 평소에 모범이 되었다는 것을 알 수 있다. 아브라함의 가족들은 말할 것도 없고 그의 주위에 모여든 모든 사람들이 아브라함의 하나님을 믿고 섬김에 있어서 아브라함의 본을 따르고 있는 것을 볼 때 우리는 아브라함의 신앙과 생활을 알 수 있게 되는 것이다.

우리가 만약 아브라함에 대하여 알아보려면 먼저 그 집의 청지기 다메섹 엘리에셀의 말을 들어보면 잘알 수 있을 것이다. 그 교회 목사님을 알려면 그 교회 사찰집사님에게 물어보라고 하는 말이 있다.

뿐만 아니라 조카인 롯에게 물어볼 수 있다. 사람이 타인에게는 잘하면서 일가 친척이나 가족에게 잘하기란 쉽지 않다. 가까운 일가 친척에게 존경받는 사람은 참으로 존경할 수 있는 사람이다.

아들 이삭에게 물어 볼 수 있다. 남에게 존경받기도 힘드는 일이지만 자기 아들에게 존경받는 아버지는 실로 위대한 사람이라고 할 수 있다. 아브라함이 이삭에게 존경받았다고 하면 아브라함의 인품을 우리가 인정하지 않을 수 없을 것이다.

맨 나중에 아브라함의 아내 사라에게 물어볼 수 있다. 먼 데 사람에게 존경받는 것도 어렵지만 사실 가까운 사람에게 존경받는 것은 더욱 어려운 것이다. 아브라함의 아내 사라가 아브라함의 말을 순종하고 마치 종이 주인을 섬기듯이 섬긴 것을 보면 아브라함의 신앙과 생활을 알 수가 있는 것이다.

아브라함은 가까운 데 사람에게는 물론이요 먼데 사람인 우리 모두의 존경을 받는 사람이다. 하나님께서 아브라함을 자기의 벗이라고 하셨는데 과연 아브라함은 그럴 만한 인물이었다.

아브라함이 백살에 얻은 아들 이삭이라도 하나님께 내어놓는 것을 보시고 하나님께서는 '네가 네 아들 독자를 아끼지 않고 나를 위하여 내어놓았으므로 나도 너와 너의 후손을 위하여 내 독생자를 내어 놓겠노라!" 하신 것이다.

　이러한 아브라함이었기에 하나님께서 아브라함을 모든 믿는 자의 조상이 되게 하신 것이다. 그는 진실로 우리 믿는 자의 모범이다.

　그는 75세에 하나님의 부르심을 받아서 175세까지 100년을 하나님과 동행하였다. 아브라함의 믿음은 100년을 하루같이, 한결같이 하나님을 섬기며 살았던 것이다. 문화의 도시 갈대아 우르를 떠나서 낯선 땅에 일하면서 고향 생각이 많이 났겠지만 결코 과거로 돌아가지 않았다. 그가 나온 바 본향을 사모하였다면 돌아갈 기회는 얼마든지 있었다. 그러나 그는 그 나온바 본향이 아니라 하늘의 본향을 바라보고 살았다. 그는 한번 갈대아 우르에서 떠나온 후에는 다시는 바벨론으로 가지 않았다. 여행삼아 아니면, 추억삼아, 구경삼아 가볼 만도 한데 다시는 그쪽으로 가지 않았던 것이다. 아브라함은 모든 선교사의 조상이었다. 오늘날 선교사들도 한번 파송을 받은 후에는 그곳에 자신의 뼈를 묻고 다시는 고향땅을 바라보지도 않고 하늘의 본향을 바라보고 선교하는 자세가 필요한다.

　믿음의 조상 아브라함, 그는 실로 믿음으로 살았다. 그리고 바벨론의 추억이나 과거에 매이지 않고 언제나 미래의 소망을 가지고 살았다. 그리고 그는 하나님을 사랑하면서, 사람을 사랑하면서 살았다. "하나님께서 그런 사람들을 위하여 한 성을 예비하였으니 곧 하늘에 있는 것이라."

　이러므로 낙원을 가리켜 아브라함의 품이라고 하는 것이다.

　아브라함은 오고 오는 세대에 모든 믿는 사람, 모든 성도, 모든 선교사의 표상이다.

순종과 양보의 사람
이 삭

하나님은 유모어 감각이 뛰어나신 분이신 듯하다.
아브라함이 일생 동안 흠없이 살다가 아내의 말을 듣고 여종 하갈을 취하여 이스마엘을 낳은 후 하나님께서 아브라함의 집에 심방을 오셨다.
그때 아브라함의 나이는 99세였다.
하나님께서 아브라함에게 말씀하시기를 "나는 전능한 하나님이라 너는 행하여 완전하라 내가 내 언약을 나와 너 사이에 세워 너로 심히 번성케 하리라" 하셨다.
이에 아브라함이 송구스러워하면서 엎드렸다. 그리고 아브람의 이름을 아브라함으로 고쳐주셨다. 뿐만 아니라 가나안 땅의 일경을 아브라함과 그의 후손에게 주실 것을 약속하셨다.
그리고 할례를 명하시고 사래의 이름도 사라로 고쳐주셨다. 사라에게서 아브라함의 아들이 나도록 하시겠다는 말씀을 하셨다.
이때 아브라함이 하나님의 말씀을 듣고 엎드리어 웃었다.
아브라함이 심중에 이르기를 '백세 된 사람이 어찌 자식을 낳을까 사라는 90세가 되는데 어찌 생산을 하리요!?' 하고, "아이구 하나님 이스마엘이나 하나님 앞에서 살기를 바라나이다" 라고 말했다.
하나님께서 가라사대, "아니라 네 아내 사라가 정녕 네게 아들을 낳으리니 너는 그 이름을 이삭이라 하라" 하시고 이스마엘에게도 복을 주어 생육이 중다하게 될 것이라고 하셨다.
 그 날에 아브라함은 하나님의 말씀을 믿고 순종하여 자기와 가족이 할례를 행했다. 그때 아브라함의 나이는 99세였고 이스마엘의 나이는 13세였다.

 그 후에 마므레 상수리나무 아래로 하나님께서 지나가시게 되었다. 그때는 소돔과 고모라를 심판하시기 위하여 가시는 길에 잠깐 들르셨다.
 89세나 되어 생리가 다 끊어지고 완전히 포기해버린 사라의 몸에서 아브라함의 후사가 될 아들이 태어날 것이라고 하셨을 때 사라가 장막문에서 듣고 어이가 없어 속으로 웃었다고 한다. 하나님께서 진심으로 말씀하시는데 여자가 못믿어 하며 속으로 웃었다는 것은 사실 불경스러운 일이었다.
 그러나 인자하신 하나님께서는 크게 나무라지 않으시고, "여호와께 능치 못한 일이 있겠느냐 기한이 이를 때에 내가 네게로 돌아오리니 사라에게 아들이 있으리라" 하셨고, 이에 대하여 사라는 두려워하며 승인치 아니하여 가로되 "내가 웃지 아니하였나이다" 했다.
 하나님께서는 "아니라 네가 웃었느니라"고 하셨다.
 하나님과 사라가 '웃었다' '웃지 않았다' 하는 문제를 가지고 승강이를 하기까지 하는 장면을 보면서 하나님은 참 유모어가 있다는 생각이 든다. 100살 된 아브라함이 자식을 낳을 것이라고 하실 때 아브라함이 웃었고 90세 된 사라에게 자식을 낳을 것이라고 하셨을 때 사라도 웃었다.
 그래서 하나님께서는 아들을 낳거든 너는 그 이름을 '웃음' 이라고 하라 하셨다.
 약속대로 사라가 아들을 낳으니 사라가 말하기를 하나님은 참으로 웃기시는 분이라고 말하면서 듣는 사람이 다 웃을 것이라고 했다.

 참으로 하나님은 웃기시는 하나님이시다.
 하나님께서 창조하신 어떤 동물은 보기만 해도 웃음이 저절로 나오는 동물들이 있다. 우리들이 어린아이들을 즐겁게 해주려고 동물원을 만드는 것과 같이 하나님께서도 우리들의 삶을 재미있게 하시려고 애쓰신 흔적이 얼마든지 있다.

하나님께서는 세상을 창조하실 때 아름답게 창조하실 뿐만 아니라 재미있게 창조하신 것이 분명한다.

이렇게 태어난 이삭은 거룩한 아버지 어머니 밑에서 훌륭한 아들로 잘 자라났다. 아버지의 믿음과 어머니의 순종을 배워서 이삭은 순종의 사람으로 자라났다. 이삭은 효자였다. 아브라함이 하나님께 번제로 드리려 했을 때 그의 아버지께 죽기까지 순종한 것이다.

이 장면은 우리에게 많은 것을 교훈하고 있다.

아브라함의 순종을 보여준다.

그리고 아브라함이 평소에 이삭을 어떻게 교육했는가를 생각하게 된다.

그리고 우리는 이삭의 순종을 배우게 된다. 진정으로 죽이려는 아버지를 뿌리치지 않고 순종한 것이다. 여기서 우리는 그의 효성을 보게 된다.

부모을 공경한다는 것이 무엇인지를 보여주는 사건으로 이삭은 우리의 모범이다.

부모를 공경하면 "땅에서 잘 되고 장수 하리라" 하신 말씀대로 이삭은 일생 동안 범사가 잘 되었으며 수명도 180세가 되도록 살았다.

이삭은 아브라함의 덕성을 그대로 다 닮았다고 보면 틀림이 없다. 아브라함 당시에 흉년이 들었던 것과 같이 이삭의 때에 또 흉년이 들었다. 그는 점점 남쪽으로 내려가서 블레셋 왕 아비멜렉에게 이르렀다.

하나님께서는 "애굽으로 내려가지 말고 내가 너에게 지시하는 땅에 거하라 그리하면 내가 네게 복을 주리라" 하셨다. 이삭은 이번에도 믿고 순종하였다.

이삭이 그 해 농사를 지었더니 백배나 얻었다.

마침내 거부가 되었다.

그러자 블레셋 사람들이 그를 시기하여 시비를 걸어왔다.

아브라함 때 팠던 우물을 메우고 핍박하여 결국 그곳을 떠나게 되었다.
이삭은 다투지 않고 그곳을 떠나서 그랄지방으로 갔다.
그러나 블레셋의 아비멜렉의 군사들이 거기까지 따라와서 시비를 걸고 우물을 메웠다. 그러나 이삭은 이번에도 다투지 아니하였다.
이삭의 종들이 또 옮겨서 다른 우물을 팠다.
그랬더니 또 그랄 목자들이 와서 시비를 걸었다.
그러나 이삭은 다투지 않았다.
이삭은 또 다른 우물을 팠다.
그들이 또 따라와서 시비를 걸었다.
그러나 이삭은 다투지 않았다.
그는 일생 동안 남과 다투지 않았다.
그는 항상 양보하였다.
이삭은 거기서부터 브엘세바로 올라갔다.

거기에서 하나님께서 그에게 나타나셔서 말씀하시기를, "두려워 말라 내 종 아브라함을 위하여 내가 너와 함께 있어서 네게 복을 주어 네 자손으로 번성케 하리라" 하셨다. 이에 이삭은 그곳에서 단을 쌓고 하나님의 이름을 불러 기도하면서 살았다. 이를 지켜본 블레셋의 왕 아비멜렉이 그 친구 아훗삿과 군대장관 비골로 더불어 그랄에서부터 이삭에게로 찾아와 평화의 조약을 요청하였다.
이삭은 이런 원수들을 위하여 잔치를 배설하였다.
이삭의 생활은 선교사로서의 모범적인 삶을 보여준다.

악착같이 움켜쥐는
야 곱

창세기에 나오는 네 사람의 족장 중에 가장 험악한 일생을 산 사람이 야곱이었다. 야곱은 그의 조부 아브라함이나 그의 부친 이삭과는 판이한 사람이었다. 그는 양보라고는 일절 모르는 사람이었다. 그는 다투기는 좋아했던 것 같다. 그는 어머니 리브가의 뱃속에서부터 형 되는 에서와 다투었다고 기록되어 있다.

그는 형 에서로부터 장자의 명분을 팥죽 한그릇으로 산 후로부터 아마 에서를 형이라고 부르지도 않았는지 모른다. 에서와 야곱은 2란성 쌍둥이였던 것으로 보인다.

체형이나 성격이나 하나도 같은 데가 없다.

그는 마침내 어머니 리브가와 짜고는 눈이 어두운 아버지 이삭을 속여서 장자가 받을 축복을 가로챘다.

너그러운 에서도 이번에는 통곡을 하면서 통분히 여겼다.

리브가도 걱정이 되었다.

하는 수 없이 밧단아람의 자기 친정으로 야곱을 보내게 되었다.

그때의 야곱은 나이가 70여세나 되었지만 그때까지 장가도 들지 못했다. 마침 외삼촌 라반의 양을 치다가 외삼촌 눈에 들어 외삼촌의 둘째 딸 라헬을 아내로 약속받은 야곱은 7년 간을 봉사하여 장가를 들었다. 라반이 야곱을 믿었다면 딸부터 주어서 결혼시킨 후에 봉사해도 될 일이었다. 라반이 야곱을 보니 도무지 미덥지가 않았던지 기어이 7년 봉사를 마치는 것을 보고야 결혼을 시켰던 것이다.

야곱이 어여쁜 라헬을 사모하면서 7년 간을 봉사하고 결혼을 했는데 자고 나서 보니 엉뚱하게도 라헬이 아니라 라헬의 언니인 레아였다. 야곱은 항의했지만 어쩔 수가 없었다. 그 지방의 풍속이 동생을 언니보다 먼저 결혼시키지는 못한다는 것이었다.

남을 속이는 사람들은 속이기도 하지만 속기도 하는 법이다. 야곱은 다시 7년을 봉사하기로 하고 라헬까지 취하여 아내로 삼았다.

야곱은 두 아내를 얻기 위하여 14년을 보내야만 했다.

믿음이 좋은 이삭은 가만히 앉아서 기도하고 묵상하는 가운데 리브가를 얻었다. 그런데 야곱은 자기 아내를 얻기 위하여 14년 간을 죽을 고생을 해야만 했다. 이삭은 아버지 아브라함으로부터 은혜롭게 유산을 유업으로 받았다. 그런데 야곱은 양떼를 위하여 또 6년을 고생하였다. 아내들과 양떼를 얻기 위하여 20년이란 세월을 보내고 거기에서 나올 때도 평안한 작별도 못하고 도망치듯이 나오게 되었다.

야곱의 이러한 처신은 아내들과 아이들 눈에 결코 아름답게 보이지는 못했을 것이다. 야곱에게는 외가이기도 하고 처가이기도 한 그곳에서 도망치듯이 나오는 모습은 자녀들 앞에서 교육적으로도 바람직하지는 못했을 것이다.

야곱이 얍복강 나루에서 들은즉 형 에서가 400인을 거느리고 맞으러 나온다는 것이었다. 이 소식을 들은 야곱은 반가운 것이 아니라 겁이 나기 시작했다.

죄는 바로 이런 것이다.

죄는 사람과 사람 사이를 가로막는 것이다. 죄는 하나님과 사람 사이를 멀어지게 하였다. 친형제 간이요 쌍둥이였지만 죄는 둘 사이를 갈라놓게 된 것이다. 야곱은 얍복강을 건널 용기가 없었다. 그래서 밤이 맞도록 기도하고 있었다. 하나님께서 긍휼히 여기사 천사를 보내셨는데 야곱이 천사를 만나자 그만 붙들고 늘어진 것이다.

야곱의 은사는 붙들고 늘어지는 것이다.

그것은 그야말로 타고난 은사였다.

사람들은 그날 아침 천사가 야곱에게 축복해주었기 때문에 에서의 마음이 풀어진 것이라고 생각하지만 사실 에서는 벌써 용서했던 것이다. 야곱이 혼자 겁을 먹고 있었던 것이다. 도대체 에서는 그런 문제를 가지고 20년 간이나 이를 갈고 있을 그런 졸장부가 아니었다. 그러나 죄를 지은 야곱은 용서를 받은 일이 없기 때문에 두려워한 것이다.

이런 모습은 언제나 있는 것이다. 그 후에 있었던 일이긴 하지만 이와 비슷한 경우는 또 있었다. 요셉은 자기를 팔아먹은 형들의 죄를 벌써 용서했지만 그 형들은 죄를 지었기 때문에 22년이 지나서도 어려운 일에 봉착하면 우리가 동생 요셉에게 못된 짓을 해서 그렇게 된 것이라고 두려워 하였다. 야곱이 죽고 나서 그 형들은 다시 요셉의 보복이 두려웠다. 그래서 또 용서를 빌었다. 요셉은 그 말을 들었을 때 울었다고 기록되어 있다. 벌써 용서한 것을 이제 와서 용서해달라고 하는 형님들을 향하여 한 말을 들어보면 우리가 종종 범하는 실수와도 같은 것이다. 예수님께서 우리의 죄를 위하여 십자가에 달려서 우리의 죄 문제를 다 해결해놓으셨는데 우리는 자꾸만 죄를 용서받지 못한 줄 알고 불안해 하는 것이다(창 50:15-21).

누가복음의 탕자도 마찬가지이다. 아버지는 돌아온 사실만으로도 너무 기뻐서 옛날의 죄와 허물은 생각지도 않으시고 다 용서하였다. 그러나 탕자는 연신 아버지 앞에 죄인 된 자신은 아버지의 아들 될 자격은 없으니 이제 품군의 하나같이 밥이나 먹여주시기를 엎드려 빌고 있었다. 그러나 아버지의 마음은 지금 잔치할 마음밖에 없었다(눅 15:11-32).

오늘 우리들도 하나님 아버지 앞에 죄를 용서해달라고 애를 태우는 사람들이 있다. 그것도 아주 어린아이 시절 어머니 젖꼭지 깨물은 죄까지 되풀이해서 용서해달라고 빌고 또 비는 사람들이 있다. 그 순진함은 좋으나 복음의 의미를 깨닫지 못한 사람들의 딱한 모습이다.
　예수님께서 세상 죄를 지시고 십자가에서 우리 죄를 위하여 대속의 피를 흘리셨음을 믿는 사람들은 믿지 않을 때 알지 못하고 지은 죄를 이미 다 용서하셨다는 것을 믿어야 한다. 우리의 믿음이 꼭 야곱처럼 되어 있지 않은지 살펴보아야 한다.

　에서는 야곱을 보자 달려가서 끌어안고 눈물을 흘렸다. 에서는 야곱이 밤새도록 철야하면서 눈이 충혈되고 먼지를 뒤집어쓰고 다리는 절고 하는 것을 보고는 측은히 여겨서 말하기를, "우리가 떠나가자 내가 너의 앞잡이가 되리라."
　야곱이 그에게 이르되, '내 주도 아시거니와 자식들은 유약하고 내게 있는 양떼와 소가 새끼를 데렸은즉 하루만 과히 몰면 모든 떼가 죽으리니 청컨대 내 주는 종보다 앞서 가소서 나는 앞에 가는 짐승과 자식의 행보대로 천천히 인도하여 세일로 가서 내 주께 나아가리이다."
　에서가 가로되, "내가 내 종자 수인을 네게 머물리라."
　야곱이 가로되, "어찌하여 그리 하리이까? 나로 내 주께 은혜를 얻게 하소서" 하매 이 날에 에서는 세일로 회정하고 야곱은 숙곳에 이르러 자기를 위하여 집을 짓고 짐승을 위하여 우릿간을 지은 고로 그 땅 이름을 숙곳이라 불렀다.
　야곱이 이때도 형 에서의 말을 듣고 따라갔으면 아무 일이 없었을 것이다. 그러나 야곱은 전에 축복을 가로챈 그 일을 형 에서가 다시 거론할 것 같아 지레 겁을 먹고는 따라가기를 꺼리게 되었다. 그러다가 결국은 그의 딸 디나가 놀러나가 강간을 당하고 돌아오게 되었던 것이다.

　"레아가 야곱에게 낳은 딸 디나가 그 땅 여자를 보러 나갔더니 히위 족속 중 하몰의 아들 그 땅 추장 세겜이 그를 보고 끌어들여 강간하여 욕되게 하고 그 마음이 깊이 야곱의 딸 디나에게 연련하며 그 소녀를 사랑하여 그의 마음을 말로 위로하고 그 아비 하몰에게 청하여 가로되 이 소녀를 내 아내로 얻게 하여 주소서 하였더라 야곱이 그 딸 디나를 그가 더럽혔다 함을 들었으나 자기 아들들이 들에서 목축하므로 그들의 돌아오기까지 잠잠하였고 세겜의 아비 하몰은 야곱에게 말하러 왔으며 야곱의 아들들은 들에서 이를 듣고 돌아와서 사람 사람이 근심하고 심히 노하였으니 이는 세겜이 야곱의 딸을 강간하여 이스라엘에게 부끄러운 일 곧 행치 못할 일을 행하였음이더라

하몰이 그들에게 이르되 내 아들 세겜이 마음으로 너희 딸을 연련하여 하니 원컨대 그를 세겜에게 주어 아내를 삼게 하라 너희가 우리와 통혼하여 너희 딸을 우리에게 주며 우리 딸을 너희가 취하고 너희가 우리와 함께 거하되 땅이 너희 앞에 있으니 여기 머물러 매매하며 여기서 기업을 얻으라 하고 세겜도 디나의 아비와 남형들에게 이르되 나로 너희에게 은혜를 입게 하라 너희가 내게 청구하는 것은 내가 수응하리니 이 소녀만 내게 주어 아내가 되게 하라 아무리 큰 빙물과 예물을 청구할지라도 너희가 내게 말한 대로 수응하리라

야곱의 아들들이 세겜과 그 아비 하몰에게 속여 대답하였으니 이는 세겜이 그 누이 디나를 더럽혔음이라 야곱의 아들들이 그들에게 말하되 우리는 그리하지 못하겠노라 할례 받지 아니한 사람에게 우리 누이를 줄 수 없노니 이는 우리의 수욕이 됨이니라 그런즉 이같이 하면 너희에게 허락하리라 만일 너희 중 남자가 다 할례를 받고 우리 같이 되면 우리 딸을 너희에게 주며 너희 딸을 우리가 취하며 너희가 함께 거하여 한 민족이 되려니와 너희가 만일 우리를 듣지 아니하고 할례를 받지 아니하면 우리는 곧 우리 딸을 데리고 가리라

그들의 말을 하몰과 그 아들 세겜이 좋게 여기므로 이 소년이 그 일 행하기를 지체치 아니하였으니 그가 야곱의 딸을 사랑함이며 그는 그 아비 집에 가장 존귀함일러라 하몰과 그 아들 세겜이 성문에 이르러 그 고을 사람에게 말하여 가로되 이 사람들은 우리와 친목하고 이 땅은 넓어 그들을 용납할 만하니 그들로 여기서 거주하며 매매하게 하고 우리가 그들의 딸들을 아내로 취하고 우리 딸들도 그들에게 주자 그러나 우리중에 모든 남자가 그들의 할례를 받음 같이 할례를 받아야 그 사람들이 우리와 함께 거하여 한 민족 되기를 허락할 것이라 그리하면 그들의 생축과 재산과 그 모든 짐승이 우리의 소유가 되지 않겠느냐 다만 그 말대로 하자 그리하면 그들이 우리와 함께 거하리라 성문으로 출입하는 모든 자가 하몰과 그 아들

세겜의 말을 듣고 성문으로 출입하는 그 모든 남자가 할례를 받으니라 제 삼일에 미쳐 그들이 고통할 때에 야곱의 두 아들 디나의 오라비 시므온과 레위가 각기 칼을 가지고 가서 부지중에 성을 엄습하여 그 모든 남자를 죽이고 칼로 하몰과 그 아들 세겜을 죽이고 디나를 세겜의 집에서 데려오고 야곱의 여러 아들이 그 시체있는 성으로 가서 노략하였으니 이는 그들이 그 누이를 더럽힌 연고라 그들이 양과 소와 나귀와 그 성에 있는 것과 들에 있는 것과 그 모든 재물을 빼앗으며 그 자녀와 아내들을 사로잡고 집 속의 물건을 다 노략한지라 야곱이 시므온과 레위에게 이르되 너희가 내게 화를 끼쳐 나로 이 땅 사람 곧 가나안 족속과 브리스 족속에게 냄새를 내게 하였도다 나는 수가 적은즉 그들이 모여 나를 치고 나를 죽이리니 그리하면 나와 내 집이 멸망하리라 그들이 가로되 그가 우리 누이를 창녀같이 대우함이 가하니이까"(창 34:1-31).

 이렇게 되어 야곱은 인근 사람들 사이에 평판이 아주 좋지않게 되었다. 그리고 아들들이 다 자랐지만 통혼할 사람들이 없어서 르우벤과 시므온이 나이가 들어도 장가를 보내지 못하고 있었다. 부모로서 과년한 자식을 두고 결혼을 시키지 못하면 마음이 편할 수가 없었을 것이다.
 야곱이 한때는 라헬에게서 자녀가 태어나지 않는 것을 인하여 상심했던 것으로 보인다. 라헬은 라헬대로 야곱을 보고 자기도 아기를 갖게 해달라고 졸라댔다. 후에 요셉을 얻기는 했지만 4명의 아내들 틈에서 야곱의 처신은 원만하지 않았다. 게다가 라헬이 둘째 아들 베냐민을 낳다가 그만 세상을 떠나고 만다.
 외모가 아름답다고 사랑했던 라헬인데 하나님께서 불러가버렸다.
 그리고 그 질투하던 3명의 어머니들 틈에서 자라나는 요셉과 베냐민의 어린 시절이 어떠했을 것인지는 충분히 상상할 수 있다. 요셉이 꿈이야기만 해도 형들이 기분을 상하였다. 그럴수록 야곱의 측은지심이 요셉과 베냐민에게 기울어지니 형제들의 심기는 여간 불편한 게 아니었다.
 그 후에도 요셉과 베냐민은 아버지 야곱의 편애와 함께 질투하는 형들과 계모의 눈칫밥을 먹으면서 자라났다.

하루는 요셉을 심부름 보냈는데 형들이 요셉을 잡아서 애굽의 대상들에게 팔아치우고 그 옷을 벗겨서 염소피에 적셔가지고 야곱에게 가져왔다.

야곱이 그 옷을 보니 틀림없는 요셉의 옷이었다. 야곱은 실신하다시피 하였다. 식음을 전폐하고 슬피 울며 음부에라도 내려가겠다고 몸부림쳤다.

그런 상처가 다 아물기도 전에 르우벤이 또 자기 어머니 이불 밑에서 못된 짓을 하게 되어서 야곱의 마음은 말로 다할 수 없는 괴로움을 겪게 되었다. 나이가 들도록 결혼을 못시킨 야곱으로서는 르우벤을 어떻게 할 수가 없었다. 그러나 장자로서 못된 짓을 한 이상 그 장자의 명분은 상실하게 되었던 것이다. 그리고 그 아래로 시므온과 레위가 있었지만 그들도 세겜과 그 부족에게 행한 일로 인하여 장자의 명분을 줄 수는 없었다.

그래서 넷째 아들인 유다에게 기대를 했지만 유다는 요셉을 애굽에 팔아넘기는 데 앞장을 섰던 터이라 부친 야곱이 그 사실을 알지는 못했지만 상심하는 부친을 볼 때마다 가슴이 아팠던지 결국은 집을 나가버리고 말았다. 그는 아둘람 사람 히라에게로 내려가 거기서 가나안 사람 수아의 딸을 취하여 아내를 삼았다. 그리고는 야곱과 거리를 두고 살았던 것 같다. 그러나 유다는 그 후 계속하여 불행한 일을 당하게 되었다. 유다의 아내는 장자 엘을 낳고 둘째 오난을 낳았지만 그 둘이 연이어 죽었던 것이다. 그리고 셋째 셀라를 낳고는 그녀 자신도 세상을 떠나고 말았다.

한편 야곱은 그러한 날들을 보내면서 그 아들들 10명을 결혼시키느라고 얼마나 괴로움을 겪었는지 말로 다 표현할 수가 없다. 그런 대로 다 결혼을 시켜서 한숨 돌릴 수 있으려니 했는데, 문제는 식구가 늘어나자 그 땅에 흉년이 들기 시작한 것이다. 처음 1년을 그냥 어려운 대로 절약하면서 버티어보았다. 그러나 다음 2년째 흉년이 들자 도저히 견뎌낼 수가 없었다. 그래서 아들들을 불러서 금 은 패물들과 있는 돈을 다 모아서 양식을 구해오라고 했다. 그런데 오랜 세월이 걸려서 식량을 가져오기는 했는데 알고 보니 돈을 주고 양식을 사온 것이 아니라 시므온을 볼모로 잡히고 양식을 가져온 것이었다.

사정을 모르는 야곱의 입장에서 보면 틀림없이 돈은 그냥 가져오고 아들 시므온을 종으로 팔아서 양식을 사온 것이 틀림없는 것이다.

식량은 얼마 안가서 떨어지게 되었고 70명의 자녀손들은 배고프다고 칭얼거리며 졸라대기 시작하였다. 야곱은 다시 아들들을 불러서 양식을 구해오라고 명령을 하였다. 그러나 아들들은 서로 눈치만 보면서 꾸물거리고 있었다.

야곱은 바른 말을 하라고 다그쳤다. 아들들의 말인즉 이번에는 베냐민을 데리고 가야만 한다는 것이었다.

야곱은 하늘이 아득하였다. 야곱이 인간적으로 애착을 가지고 있는 모든 것이 하나하나 없어지고 이제 베냐민 하나만 남아 있는데 그 아들마저 잃게 되는가 하고 생각하니 눈 앞이 캄캄하였다. 사실 야곱은 한번 움켜쥐면 놓을 줄 모르는 성미였다.

어려운 형편에 자녀들을 기르고 결혼시키고 하는 가운데 마음의 여유가 있을 리도 없지만 한번도 후하게 선을 행한 일도 없이 살아 왔다.

라헬, 요셉, 베냐민, 그리고 양떼, 소떼, 은, 금 모두가 다 애착을 가지고 있었던 것인데 하나님께서 그 모든 것을 다 야곱의 손에서 빼앗아가셨다. 며칠 동안 식음을 전폐하고 누워서 고민을 하고 있는데 70명이나 되는 대가족이 굶주림으로 인하여 기진맥진하여갔다.

하는 수 없이 야곱이 일어나 "내가 베냐민을 잃으면 잃으리로다" 하고 허락이 떨어졌다. 그리고 그들은 애굽으로 갔다.

요셉이 베냐민을 보는 순간 눈물이 앞을 가려서 울 곳을 찾아서 실컷 울고 나와서 동생과 함께 형님들을 모시고 22년만에 12형제가 한자리에 앉아서 식사를 하였다.

그러나 요셉의 마음 속에는 한가지 더 어두운 생각이 떠나지 않았다.

'그래 살려두기는 했다 하더라도 베냐민을 또 얼마나 미워하면서 구박을 했을까' 하고 생각이 들자 마지막으로 한가지를 더 시험하기로 마음을 먹은 것이다.

그렇게 해서 만약 화목하지 못한 사실이 드러나면 베냐민을 빼어돌리려는 심산이었다. 그래서 베냐민의 꾸러미에 은잔을 숨겨서 적발되게 하는 방식을 취한 것이다.

요셉에게서 순간적으로 나오는 지혜를 보면 그 지혜가 과연 하나님의 지혜임을 알 수 있다. 이 시험을 통하여 확인된 것은 우리가 잘 아는 대로 형제가 화목할 뿐만 아니라 이제는 아버지의 마음을 헤아리는 성숙한 사람들이 된 것이 확연한 것이었다.

요셉은 감격하여 마지 않았다.

사실 옛날에 요셉을 팔아먹자고 제안했던 유다가 그동안 많이 달라졌다.

유다는 그 일이 있은 후 여러 가지 어려운 일을 당하게 되었다. 창세기를 기록하는 사람은 37장에서 요셉을 팔아먹은 사건을 다룬 후에 바로 38장에서 '그 후에' 요셉을 팔아먹자고 제안했던 유다에게 어떠한 일들이 일어났는지를 다루고 있다. 유다는 아버지가 장가들게 해줄 때까지 기다리지도 않고 아둘람으로 내려가서 거기서 아둘람 사람 히라에게로 내려가 아버지의 낯을 보지 않으려고 한 것으로 보인다. 그리고 거기서 그냥 가나안 여인을 취하여 아들을 낳았다.

그 여인은 엘, 오난, 셀라 3형제를 낳고 죽어버렸다.

유다는 아내가 죽은 후 어미 없는 자식을 길러보면서 비로소 아버지 야곱이 라헬이 죽고 그 마음이 얼마나 아팠는지를 조금씩 깨달을 수 있었을 것이다. 그리고 아들 엘과 오난이 연달아 죽게 될 때에야 자기 아버지 야곱의 마음이 어떠했겠는지를 깨달은 것이다.

장자 엘을 결혼시켰으나 그는 여호와 보시기에 악하여 하나님께서 죽여버렸다.

둘째 오난으로 하여금 형수에게 들어가 그 후사를 얻게 하라고 하였으나 이를 순종치 않으므로 오난도 여호와께서 죽이셨다. 유다의 가정이 이렇게 될 때 유다는 하나 하나 깨닫고 새사람이 되어가는 것이다. 자기도 자식을 길러보니까 아버지의 마음을 어느 정도 헤아리게 되었다.

그러나 그 일로 끝이 난 것이 아니었다.
창녀인 줄 알고 어느 집에 들어가서 자고 나왔는데 이것이 그의 자부 다말이었다. 그 일로 인하여 부끄러움을 당하고 거기서 아기가 태어났으니 이게 아들도 아니고 손자도 아니고, 참 이상한 일들이 벌어진다. 유다는 생각해보았다.
며느리가 밉기도 했으려니와 자기 자신을 생각해보니 그래도 자기보다는 며느리가 더 옳았다고 생각이 들었다. 그 일이 있은 후로는 유다가 깊이 겸손해지게 되었고 아마도 아버지 곁으로 가서 야곱을 잘 모신 것 같다.

효도라는 것이 사실 철들면 기회가 다 지나가버리는 것이다.
모처럼 효도 좀 해보려고 마음 고쳐먹고 막 집에 들어왔는데 그만 또 흉년이 들어서 효도는 커녕 큰 짐이 되었을 뿐이었다.
거기다가 지난번에 요셉을 팔아먹을 때 앞장을 섰던 유다가 이번에 또 베냐민을 데리고 가겠다고 제안 설명을 해야 했으니 유다의 마음은 심히 괴로왔을 것이다.
그런데 공교롭게도 총리가 그 베냐민을 딱 붙잡고는 놓아주지 않으려고 했다. 가뜩이나 걱정하고 있을 아버지의 마음을 생각할 때 유다는 하늘이 아득하였을 것이다. 이에 유다는 "제발 그 아이만은 돌려보내 달라"고 애원을 하였던 것이다. 유다는 일생을 통하여 깨어지고 회개하고 겸손해지고 진실해지고 성화되어간다.
유다의 모든 죄는 이러한 과정을 통하여 정화되어왔기 때문에 결정적인 순간에 와서 요셉의 시험에 합격하게 된 것이다. 덕망은 하루 이틀에 생기지 않는다. 유다의 이러한 변화는 요셉도 미처 상상도 못했던 일이다.
이때 요셉의 머리를 스치고 지나가는 영감이 있었다.
'나를 이곳으로 보낸 것은 형님들이 아니라 하나님이시구나! 오, 할렐루야.'
그 꿈을 미리 보여주신 하나님 그분이 우리와 뭇사람의 생명을 구하시려고 나를 앞서 여기로 보내셨다는 것을 깨닫게 된다.

요셉은 자기 아버지 야곱을 모셔오기 위하여 황금수레를 보냈다.

야곱은 애굽으로 내려가보았다. 거기 가보니 그동안 잃어버린 모든 것이 거기 다 있었다. 야곱이 왔다는 소식을 들은 바로 왕은 야곱을 초대하였다. 야곱이 애굽의 왕 바로 앞에 초대를 받았다.

바로가 물었다.

"그대의 나이가 몇살이뇨?"

그동안 어렵사리 지내 오느라고 얼마나 늙고 또 늙었던지 아마도 바로왕의 눈에는 야곱이 한 500살은 되는 것 같았다.

야곱의 대답은 "내 나그네 길의 세월이 130년이니이다. 나의 연수가 우리 조상의 나그네 길의 세월에 미치지 못하나 험악한 세월을 보내었나이다."

누구 탓이겠는가? 다 자기 탓이다. 사람은 다 자기 꾀에 배부르게 된다고 하신 말씀이 있다. "그러므로 자기 행위의 열매를 먹으며 자기 꾀에 배부르리라"(잠 1:31). 하나님의 은혜와 사람의 축복이란 쟁취함으로 얻어지는 것이 아니라 하나님의 때가 되면 하나님의 방법으로 이루어지는 것이다. 하나님의 사람들은 하나님의 은혜를 사모하되 하나님의 때를 기다릴 줄 알아야 한다.

약속하신 은혜라도 하나님의 때가 되어서 하나님의 방법, 곧 하나님의 은혜로 이루어져야 하는 것이다.

동방의 의인
욥

욥 은 인류 역사에 나타난 3대 의인 중 한 사람이었다.
욥기는 문학적으로는 희곡이라고 할 수 있다.
 빅톨 위고는 "욥기야말로 인간의 마음에 대하여 쓴 최대의 걸작"이라고 말했다. 필립 샤프는 말하기를 "욥기는 앞선 것이나 경쟁하는 것도 없이 문학사의 피라밋처럼 우뚝 서 있다"고 말했다.
 토마스 카알라일는 말하기를 "나는 이 책을 최대의 걸작이라고 믿는다. 인간의 운명과 하나님의 섭리 등 영원한 세계의 문제를 처음으로 다룬 책이며 이처럼 문학적 가치를 지닌 책은 없다"고 말했다.

 욥은 역사적인 인물이었으나 욥기는 욥 자신이 쓴 것이 아니라 그의 의로운 삶과 그가 의로운 사람임에도 불구하고 당한 환난을 주제로 다른 사람이 쓴 것 같다.
 저자는 확실치 않으나 메시지는 분명하다.
 저자가 확실하지 않기 때문에 기록된 연대에 대해서도 확정을 지을 수가 없다. 그러나 욥의 시대는 아브라함과 이삭과 야곱의 시대였을 것으로 본다.
 저자도, 기록 연대도 불확실하지만 그 주제는 확실하다.
 그것은 의인의 고난이다.

이스라엘 백성들이 의인의 고난에 대하여 의문을 제기한 것은 바벨론 포로기간 중의 일이다.
하박국 선지자도 그와 같은 질문을 했다.
시편 73편의 기자도 같은 질문을 한다.
예레미야의 비서였던 바룩도 비슷한 의문을 제기하였다.
욥기의 저자가 우리에게 가르치려고 하는 것은 이 세상에서 의인이라도 고난을 받을 수가 있는데, 그것은 인간이 벌받을 만한 무슨 죄가 있어서가 아니라 사탄의 참소에 의하여 의인이라도 고난을 받게 되고 또 어떤 때는 의인이기 때문에 오히려 사탄의 공격 목표가 된다는 것이다.
이럴 때 필요한 것은 주님의 영광을 위하여 묵묵히 고난을 참는 것이 사탄의 기대를 무너지게 하고 하나님께 영광을 돌리는 길이라는 것을 보여준다.
그리고 인간들의 말에 너무 신경을 쓰다가는 도리어 영적으로 손해를 보게 되고 자칫하다가는 말로 실언을 하게 된다는 것을 보여준다.
뿐만 아니라 욥기는 옛날 사람들이 어느 정도의 철학을 가지고 있었는지를 보여주는 작품이다. 욥기의 신학 역시 상당한 수준의 신학을 가진 분이 이 글을 썼다는 것을 증거 하는 것이다.

욥의 인격과 신앙과 사상과 윤리와 덕망과 그 삶을 보기 위하여 우리는 욥기의 31장 욥의 자기 변호에 귀를 기울이는 것이 좋을 것이다. 왜냐하면 욥의 친구들이 처음에는 다 동정하는 마음으로 찾아왔으나 시간이 흐름에 따라 그들이 다 욥의 위로자가 아니라 대적자처럼 군박하였던 것이다. 욥을 변호하는 사람은 한 사람도 없었다. 부득불 욥은 스스로 자신을 변호하였다.

"내가 내 눈과 언약을 세웠나니 어찌 처녀에게 주목하랴
그리하면 위에 계신 하나님의 내리시는 분깃이 무엇이겠으며
높은 곳에서 전능자의 주시는 산업이 무엇이겠느냐

불의자에게는 환난이 아니겠느냐 행악자에게는 재앙이 아니겠느냐
그가 내 길을 감찰하지 아니하시느냐 내 걸음을 다 세지 아니하시느냐
언제 나의 행위가 허탄하였으며 내 발이 궤휼에 빨랐던가
그리하였으면 내가 공평한 저울에 달려서 하나님이 나의 정직함을 아시게
되기를 원하노라
언제 내 걸음이 길에서 떠났던가 내 마음이 내 눈을 따라갔던가
내 손에 더러운 것이 묻었던가
그리하였으면 나의 심은 것을 타인이 먹으며 나의 소산이 뿌리까지 뽑히는 것이
마땅하니라
언제 내 마음이 여인에게 유혹되어 이웃의 문을 엿보아 기다렸던가
그리하였으면 내 처가 타인의 매를 돌리며 타인이 더불어 동침하는 것이
마땅하니라
이는 중죄라 재판장에게 벌 받을 악이요 멸망하도록 사르는 불이라 나의 모든
소산을 뿌리까지 없이 할 것이니라
남종이나 여종이 나로 더불어 쟁변할 때에 내가 언제 그의 사정을 멸시하였던가
그리하였으면 하나님이 일어나실 때에는 내가 어떻게 하겠느냐 하나님이
국문하실 때에는 내가 무엇이라 대답하겠느냐
나를 태 속에 만드신 자가 그도 만들지 아니하셨느냐 우리를 뱃속에 지으신 자가
하나가 아니시냐
내가 언제 가난한 자의 소원을 막았던가 과부의 눈으로 실망케 하였던가
나만 홀로 식물을 먹고 고아에게 먹이지 아니하였던가
실상은 내가 젊었을 때부터 고아를 기르기를 그의 아비처럼 하였으며
내가 모태에서 나온 후로 과부를 인도하였었노라
내가 언제 사람이 의복이 없이 죽게 된 것이나 빈궁한 자가 덮을 것이 없는 것을
보고도 나의 양털로 그 몸을 더웁게 입혀서 그로 나를 위하여 복을 빌게 하지
아니하였던가
나를 도와주는 자가 성문에 있음을 보고 내가 손을 들어 고아를 쳤던가
그리하였으면 내 어깨가 어깨뼈에서 떨어지고 내 팔 뼈가 부러짐이 마땅하니라

나는 하나님의 재앙을 심히 두려워하고
그 위엄을 인하여 아무 것도 할 수 없느니라
내가 언제 금으로 내 소망을 삼고 정금더러 너는 내 의뢰하는 바라 하였던가
언제 재물의 풍부함과 손으로 얻은 것이 많음으로 기뻐하였던가
언제 태양의 빛남과 달의 명랑하게 운행되는 것을 보고 내 마음이 가만히
유혹되어 손에 입맞추었던가
이 역시 재판장에게 벌 받을 죄악이니 내가 그리하였으면 위에 계신 하나님을
배반한 것이니라
내가 언제 나를 미워하는 자의 멸망을 기뻐하였으며 그의 재앙 만남을 인하여
기운을 뽐내었던가 실상은 내가 그의 죽기를 구하는 말로 저주하여 내 입으로
범죄케 아니하였느니라
내 장막 사람의 말이 주인의 고기에 배부르지 않은 자가 어디 있느뇨 하지
아니하였었는가
나그네로 거리에서 자게 하지 아니하고 내가 행인에게 내 문을 열어주었었노라
내가 언제 큰 무리를 두려워하며 족속의 멸시를 무서워함으로 잠잠하고 문에
나가지 아니하여 타인처럼 내 죄악을 품에 숨겨 허물을 가리었던가
누구든지 나의 변백을 들을지니라 나의 서명이 여기 있으니 전능자가 내게
대답하시기를 원하노라 내 대적의 기록한 소송장이 내게 있으면 내가 어깨에
메기도 하고 면류관처럼 머리에 쓰기도 하며 내 걸음의 수효를 그에게 고하고
왕족처럼 그를 가까이 하였으리라
언제 내 토지가 부르짖어 나를 책망하며 그 이랑이 일시에 울었던가
언제 내가 값을 내지 않고 그 소산물을 먹고 그 소유주로 생명을 잃게 하였던가
그리하였으면 밀 대신에 찔레가 나고 보리 대신에 잡풀이 나는 것이 마땅하니라
하고 욥의 말이 그치니라"(욥 31:1-40).

우리가 욥의 자기 변호의 변을 듣고 보면 우리 스스로 우리의 입을 가리우게 된다. 우리는 욥의 삶에 비하면 그저 야만인같이 살아왔다는 생각을 하게 된다. 그러나 우리가 알아야 할 것은 아무리 선하고 의롭게 살았다

할지라도 자신의 입으로 자신의 의로움을 변호하다가는 실수와 실언을 하게 된다는 것이다. 욥은 재물의 손실이나 자녀들의 비명횡사나 육체적인 고통까지는 인내할 수 있었으나 친구들의 군박에는 견뎌내지 못했다. 사람마다 죽는 순간까지 남는 욕망은 인정받고 싶은 욕망이라고 한다.

그리고 우리가 주목해야 할 사실이 이 욥기에 있다. 그것은 하나님께서는 사람의 업적(doing)도 중요하지만 그보다 더 중요한 것은 존재(being)의 성품이라는 것이다. 욥을 칭찬하시는 하나님께서 그의 업적에 대해서는 한 말씀도 하신 것이 없었다.

"우스 땅에 욥이라 이름하는 사람이 있었는데 그 사람은 순전하고 정직하여 하나님을 경외하며 악에서 떠난 자더라"(욥 1:1).
"여호와께서 사단에게 이르시되 네가 내 종 욥을 유의하여 보았느냐 그와 같이 순전하고 정직하여 하나님을 경외하며 악에서 떠난 자가 세상에 없느니라"(욥 1:8).

우리가 항상 이 점을 유의해야 한다.
업적(業績)도 업적이려니와 존재(存在)가 더 중요하다는 사실을…

꿈을 가진 사람
요 셉

야곱의 아들들은 각기 개성이 다르게 태어났던 것 같다. 르우벤은 장자로서 사람은 좋았던 것 같다. 그러나 그는 과년토록 결혼을 못하게 되자 정욕을 절제하지 못하여 자기 아버지의 침상에 오름으로 일생의 오점을 남기고 장자로서의 체신을 유지하지 못하였다.

"르우벤아 너는 내 장자요 나의 능력이요 나의 기력의 시작이라 위광이 초등하고 권능이 탁월하도다마는 물의 끓음 같았은즉 너는 탁월치 못하리니 네가 아비의 침상에 올라 더럽혔음이로다 그가 내 침상에 올랐었도다"(창 49:3-4).

시므온과 레위는 성질이 불같은 데가 있었다. 그런 성격으로 인하여 세겜의 남자들은 다 할례를 받게 해놓고는 고통할 때 비겁하게 달려들어 세겜의 남자들을 다 칼로 쳐서 죽였던 것이다. 그래서 야곱이 임종을 앞두고 축복을 하지 않고 오히려 저주를 하고 있는 것을 보게 된다.

"시므온과 레위는 형제요 그들의 칼은 잔해하는 기계로다 내 혼아 그들의 모의에 상관하지 말지어다 내 영광아 그들의 집회에 참여하지 말지어다 그들이 그 분노대로 사람을 죽이고 그 혈기대로 소의 발목 힘줄을 끊었음이로다 그 노염이 혹독하니 저주를 받을 것이요 분기가 맹렬하니 저주를 받을 것이라 내가 그들을 야곱 중에서 나누며 이스라엘 중에서 흩으리로다"(창 49:5-7).

유다는 네번째 아들이지만 그의 회개와 반성이 아버지의 은혜를 입을 수 있게 하였다. 그는 요셉을 대상들에게 팔자고 제안을 했던 사람이다. 그러나 그 일이 있은 후 유다는 아버지의 곁을 떠나게 된다. 그리고 아둘람 사람 히라에게로 내려가서 거기서 가나안 사람 수아라 하는 사람의 딸을 아내로 맞이하여 아들을 낳았다. 그러나 그 아들들 둘이 연이어 죽게 되었고 이어서 그의 아내도 죽게 되었다. 이어서 그는 창녀로 가장한 며느리의 몸을 범하게 되어 일생의 수치를 안고 겸손해져서 아버지께로 돌아와서는 장자의 몫을 감당하게 된다. 여러 아들들을 두었지만 야곱의 마음을 헤아릴 줄 아는 사람은 이 유다였던 것이다.

"유다야 너는 네 형제의 찬송이 될지라 네 손이 네 원수의 목을 잡을 것이요 네 아비의 아들들이 네 앞에 절하리로다 유다는 사자 새끼로다 내 아들아 너는 움킨 것을 찢고 올라갔도다 그의 엎드리고 웅크림이 수사자 같고 암사자 같으니 누가 그를 범할 수 있으랴 홀이 유다를 떠나지 아니하며 치리자의 지팡이가 그 발 사이에서 떠나지 아니하시기를 실로가 오시기까지 미치리니 그에게 모든 백성이 복종하리로다 그의 나귀를 포도나무에 매며 그 암나귀 새끼를 아름다운 포도나무에 맬 것이며 또 그 옷을 포도주에 빨며 그 복장을 포도즙에 빨리로다 그 눈은 포도주로 인하여 붉겠고 그 이는 우유로 인하여 희리로다"(창 49:8-12).

여러 아들들 중에서 야곱이 특별히 사랑한 아들은 역시 요셉이었다. 그래서 가정이 편치 않았던 것도 사실이다. 그러나 야곱이 요셉을 사랑하는 것은 변함이 없었다.

"요셉은 무성한 가지 곧 샘 곁의 무성한 가지라 그 가지가 담을 넘었도다 활 쏘는 자가 그를 학대하며 그를 쏘며 그를 군박하였으나 요셉의 활이 도리어 견강하며 그의 팔이 힘이 있으니 야곱의 전능자의 손을 힘입음이라 그로부터 이스라엘의 반석인 목자가 나도다 네 아비의 하나님께로 말미암나니 그가 너를 도우실 것이요 전능자로 말미암나니 그가 네게 복을 주실 것이라 위로 하늘의 복과 아래로 원천의 복과 젖먹이는 복과 태의 복이리로다 네 아비의 축복이 내 부여조의 축복보다 나아서 영원한 산이 한 없음같이 이 축복이 요셉의 머리로 돌아오며 그 형제중 뛰어난 자의 정수리로 돌아오리로다"(창 49:22-26).

요셉은 창세기에 나오는 여러 족장들 중에 가장 위대하게 되었던 인물이다. 그에게 주어진 지혜는 마치 다니엘에게 주어졌던 것과 비슷한 데가 있다. 요셉에게 지혜를 주신 분과 다니엘에게 지혜를 주신 분이 같은 분임을 증거하는 것이다. 두 사람의 처한 입장이 비슷한 점이 많이 있다. 그들이 가졌던 지위와 은사와 영광이 비슷하다. 이는 다 자기 백성을 보호하시는 하나님의 손길 바로 그것이었다. 성령이 그들 속에 계셔서 사람들의 꿈을 해석하는 은사가 있었다.

요셉에게 있던 성령께서 다니엘에게 역사하신 것이 분명하다.
요셉은 하나님과 사람 앞에 은혜를 입은 사람이었다.
아버지 야곱의 총애를 받았던 사람이다.
보디발에게 신임을 얻었다.
전옥에게도 은혜를 얻었다.
바로 왕에게 은혜를 얻었다.

복 있는 사람은 하나님 앞과 사람 앞에 은혜를 입는다.
다니엘이 그렇고, 노아가 그렇고, 아브라함 또한 하나님의 은혜를 받은 사람이다. 이삭이나 야곱도 하나님의 은혜를 얻은 사람이었다.
다윗도 하나님의 은혜를 얻은 사람이다.
솔로몬도 하나님의 은혜를 얻은 사람이다.
바울도 하나님의 은혜를 얻은 사람이다.
룻도 하나님의 은혜를 받은 사람이다.
기생 라합도 하나님의 은혜를 받은 사람이다.

요셉의 일생에는 예수님의 운명과 비슷한 유비(喩比)가 있다.
　형제들에게 미움을 받는 것이나, 유다의 손에 의하여 팔리는 것이나, 형제들의 죄와 허물을 용서하는 것이나, 한편의 강도는 버림받고 한편의 강도가 구원받는 모습이 요셉의 감옥에서 만난 술 맡은 관원과 떡 맡은 관원이 당한 운명과 유비가 있다.
　예수님께서 욕된 날을 지나서 영광의 보좌 우편에 앉으신 것이나, 요셉이 바로 왕의 보좌 우편에 앉은 것이 흡사한 데가 있다. 바로가 그 모든 권세를 요셉에게 다 일임한 것처럼 하나님께서는 예수님께 하늘과 땅의 모든 권세를 다 주신 것이다.
　그래서 사람들은 요셉을 예수님의 그림자였다고 말하게 되는 것이다.

　요셉은 원수를 용서하고 사랑한 사람이었다.
　그에게는 하나님께서 주신 지혜가 충만하였다. 양식을 구하러 온 형들을 보는 순간에 동생 베냐민을 살려두었을까 하는 의구심이 일어났던 것이다. 왜냐하면 11명의 형제가 다 온 것이 아니라 거기에 베냐민이 오지 않았기 때문이다. 그때 그는 탁월한 지혜로 간첩들로 몰아세워서 동생이 하나 더 있다는 것을 확인하게 된다. 그런 지혜는 머리를 짜내어 나오는 지혜가 아니라 순간적으로 주어지는 지혜였다.
　그 후에 베냐민을 데리고 내려왔을 때는 다시 시험을 하는데 베냐민을 형제로서 사랑하는지를 알고자 한 것이다. 미워하는 것이면 그 잔이 베냐민의 꾸러미에서 나타났을 때 그 형들의 표정과 자세를 통하여 밝히 드러나게 될 것이기 때문에 그러한 시험을 한 것인데, 이 모든 것이 다 성령의 은사로 주신 지혜로 볼 수 있다.
　요셉은 정치인으로서, 지도자로서의 소양을 고루 갖춘 인물이었다. 그는 돈을 도로 자루에 넣어주어서 시험을 해보았는데 형제들이 그 돈을 도로 가지고 왔었다.
　베냐민을 살려두었는지를 알고자 했는데 역시 형님들이 자기를 팔 때와는 다르다는 사실이 확인되었다. 옛날에는 아버지의 마음을 조금도 헤아리지 못하는 형들이었는데 지금은 아버지를 위하여 애태우는 모습으로 변해 있었다. 그 중에 특별히 유다가 변화되어 있었다. 이를 본 요셉은 너무나도 감격하고 감사하는 마음이 일어났으며 이 모든 역사 가운데 하나님의 보살핌과 섭리가 있었음을 깨닫게 되었다.

요셉의 뇌리에는 만감이 교차되어 형언할 수 없는 감동으로 충만하였을 것이다. 그는 만사가 인간의 손에 달려있는 것이 아니라 하나님의 섭리 안에 있다는 것을 깨닫게 되었다. 그가 어려서 꾸었던 꿈이 떠올랐다. 이 모든 일들은 사람의 계획이 아니라 하나님의 계획이었음을 깨닫게 된 것이다. 그동안 마음 속으로 형들을 원망했던 것이 오히려 송구스러웠을 것이다.

"하나님을 사랑하는 자 곧 그 뜻대로 부르심을 입은 자들에게는 모든 것이 합력하여 선을 이루느니라"(롬 8:28).

장자의 명분을 얻은
유 다

우리가 창세기의 후반을 읽을 때는 요셉에 관한 이야기에 심취하여 유다의 일생에 관해서는 무관심하기 쉽다. 창세기 37장에서 요셉의 이야기가 시작되어 50장까지 진행이 되는데 자세히 보면 37장에서 요셉 이야기를 하다가 38장에서 돌연히 유다 이야기가 끼어들고 있다. 그 연결이 아주 이상하게 여겨질 정도이다. 그러나 이 사건의 전체를 자세히 살피면 거기에는 그럴 만한 이유가 있다는 것을 알게 된다. 야곱의 가정이 처음부터 평안치 못했던 것은 야곱의 아내가 네 사람씩이나 되는데 근본적으로 문제가 있었다. 거기다가 라헬의 아름다운 외모에 야곱의 마음이 끌려서 야곱은 언제나 라헬만을 가까이 하였는데 이것이 집안을 편치 않게 했던 것이다.

결국 라헬은 베냐민을 낳다가 죽었다. 라헬이 죽은 후 야곱의 마음은 더욱 요셉과 베냐민에게만 기울어졌다. 그렇게 되자 야곱의 다른 아들들은 라헬의 소생인 요셉과 베냐민에게 대하여 언사가 부드럽지 못했다.

이러한 분위기 속에서 요셉과 베냐민은 형들의 미움을 받으면서 자랐던 것이다. 하루는 야곱이 요셉에게 심부름을 시켰는데 그것은 요셉으로 하여금 형님들의 양치는 곳에 갔다가 오라는 심부름이었다. 반찬도 가져다주고 또 형들이 양들을 성실하고 보살피고 있는지를 살펴보고 오라는 분부였을 것이다. 그의 형들은 요셉이 오는 것은 필시 자기들의 자세를 아버지께 일러바치려고 온다고 믿었을 것이다. 평소에 미워하던 형제들이 처음에는 요셉을 죽여버리겠다고 했던 것이다. 르우벤이 반대를 하여 처음에는 구덩이에 집어넣었다가 나중에는 결국 애굽으로 가는 대상들에게 팔아버렸다. 이때 맏아들인 르우벤은 반대를 했지만 결국은 유다의 주장으로 동생을 팔아버린 것이다. 그리고는 염소 피를 요셉의 색동옷에 적셔가지고 자기 아버지들의 아버지 야곱에게 가져갔다. 이를 본 야곱은 실신하여 식음을 전폐하고 죽어 음부로 가겠다고 하며 크게 상심하였다. 형제들이 요셉을 팔아먹고는 아버지를 속여서 맹수가 요셉을 잡아먹은 것으로 거짓말을 했는데 야곱은 그 일이 상심이 되어 삶의 의미를 상실해버리고 말았다.

요셉을 팔아넘기자고 제안했던 유다는 이렇게 상심하는 야곱을 지켜보기가 민망스러워 결국 아버지 곁을 떠나게 되었다. 창세기 38장은 바로 이 문제를 다루고 있는 것이다. 창세기 38장에는, "그 후에 유다가 자기 형제에게서 내려가서 아둘람 사람 히라에게로 나아가" 유다가 거기서 가나안 사람 수아라 하는 자의 딸을 보고 그를 취하여 동침하여 아들들을 낳은 이야기를 기록하고 있다. 엘과 오난을 낳고 셀라까지 낳았다. 유다는 정식으로 결혼을 한 것 같지 않다. 형제들이나 아버지의 축복 받은 결혼이 아니라 그저 한 여자를 취하여 동침하였다고 기록하고 있다.
　유다는 장자 엘이 장성하자 며느리를 보게 되었다.
　그런데 유다의 장자 엘이 여호와의 목전에서 악하므로 여호와께서 그를 죽이셨다. 하나님의 복을 받은 자에게는 착하고 아름다운 자녀가 태어나는 것이다. 반대로 하나님의 복을 받지 못하면 괴악한 자녀가 태어나서 부모의 근심거리, 가정의 걱정거리가 되는 것이다.
　둘째 아들 오난도 하나님 보시기에 악하여 결국 그도 하나님께서 죽이셨다. 형이 후사가 없이 죽은 경우 장자의 가문이 끊어지지 않게 하기 위하여 동생이 형수의 방에 들어가 후사를 잇게 하는 풍속이 있었다.
　유다의 둘째인 오난이 가만히 생각해보니 형수에게서 야곱의 종손이 태어나면 결국은 유다의 유산이 그 아이에게로 돌아갈 것을 생각하고 형수와 잠자리는 같이 했으나 체외 사정을 함으로 형수가 아기를 갖지 못하게 했다. 하나님께서는 이를 악하게 보시고 결국은 오난을 죽이셨다. 유다는 장자를 잃은 슬픔을 채 가누지도 못한 채 차자까지 잃게 되었다.

처량하게 과부가 된 며느리 다말을 볼 면목이 없었다. 그리고 셋째 아들 셀라는 아직 어렸다. 유다는 보다 못해서 며느리 다말을 친정으로 돌려보내었다. 그리고 셋째 셀라가 장성하기까지 기다려보자고 했다.

며느리 사랑은 시아버지라고 하는데 며느리까지 돌려보내고 나니 유다의 집은 그야말로 흉가와 같이 쓸쓸하기만 하였다. 셀라도 풀이 죽어 무리에서 외따로 나르는 외기러기처럼 되어 생기를 잃어버렸다.

설상가상이라고 그러한 아픔이 아물기도 전에 유다의 아내가 또 세상을 떠나고 말았다. 유다의 슬픔은 말로 다 표현할 수가 없었다. 이제는 울어도 눈물마저 나오지도 않았을 것이다.

유다가 장자를 잃고 차자를 잃고 며느리를 보내고 아내를 잃고 하는 겹치는 불행이 하나님의 징계인 것을 깨닫는 데는 상당한 시간이 흘렀다.

유다가 아내를 사별한 후 세월이 한참 흐른 후에 한번은 딤나에 양털을 깎으러 올라갔다가 어느 여인의 유혹에 끌려 하룻밤을 새웠는데 자고 나니 그 창녀는 온 데 간 데 없었다. 이듬해 유다가 아주 불쾌한 소식을 듣게 되었다. 소문인즉 친정에서 수절하던 며느리 다말이 아기를 잉태했다는 것이었다.

유다는 그야말로 어쩔 줄을 몰랐다. 유다는 지금까지의 불행을 참아왔는데 그 소문을 듣자 그만 화가 폭발하고 말았다. 그는 며느리를 끌어다가 불에 태워버리겠다고 했다. 며느리 다말이 유다의 인장과 지팡이를 내어놓으면서 "이 인장과 지팡이의 주인으로 말미암아 내가 잉태하였다" 하는 것이었다. 유다는 말문이 딱 막히고 말았다.

아내도 아니고 며느리도 아니고… 다말이 쌍둥이를 낳았는데 이것이 아들도 아니고 손자도 아니고… 유다는 그때부터 자신의 일생을 돌아보기 시작했다. 그리고 그는 이제야 아버지 야곱을 어느 정도 이해하게 되었다. 자기는 아들 셋도 거느리지 못하고 아내 하나도 지키지 못하고 이 모양이 되었는데, 아버지 야곱은 라헬을 잃고 요셉을 잃고, 그 여러 자녀손을 거느리고 네명의 어머니를 거느리고 얼마나 애를 태우셨을까 생각하니 유다는 아버지께로 돌아가야겠다고 하는 생각이 들기 시작했던 것이다.

그때 이후로 유다는 겸손하고 성실한 아들 노릇을 하려고 한 것 같다.

아버지를 진정으로 한번 모시고 효도를 해야겠다고 생각한 것 같다. 그래서 결국 아버지께로 돌아왔는데 그만 흉년이 들게 되었다. 양식이 달리는데 식구만 자꾸 늘어나게 되었고 흉년은 거듭되니 어쩔 수 없이 애굽으로 양식을 구하러 내려간 것이다. 가서 공교롭게도 간첩들로 몰려서 결국 시므온을 볼모로 잡히고 돌아왔을 때 유다는 책임자가 되어 아버지 야곱의 안색을 살피게 되었다.

야곱은 할 말을 잃어버렸다.
유다는 몸둘 바를 몰랐다.
그리고 얼마 후에 다시 양식은 또 떨어지게 되었다.
유다는 아버지 앞에 불려갔다.
"양식을 다시 구해오지 않으면 우리 70명의 식구가 굶어서 죽게 되었는데 너희는 언제까지 관망만 하고 있으려 하느냐?"고 다그치는 아버지 앞에서 유다는 베냐민을 데리고 가지 않으면 양식을 살 수 없다고 말하게 되었다.

유다가 일생 동안 살아오면서 이렇게 어려운 말을 해본 적은 없었을 것이다. 야곱은 이 말을 듣자 하늘이 아득하였다. 라헬도 죽고 요셉도 없어지고 시므온도 종으로 팔아서 양식으로 바꾸어 먹었는데, 돈도 다 떨어지고 패물도 다 양식으로 바꾸고 이제 베냐민까지 데려다가 팔자고 하는 것이다. 야곱은 일언지하에 거절하였다.

"다 굶어서 죽어도 그렇게는 못한다!" 하고 호통을 치고는, "다 내 눈 앞에서 없어져 버려!" 하고 말했다.

유다는 아버지의 얼굴을 바라볼 면목이 없어서 그 자리에서 물러나왔을 것이다. 그러나 며칠이 더 지나자 야곱은 유다를 불렀다. 냉정하게 생각해 본즉 베냐민을 데리고 있어도 며칠이면 그 베냐민도 굶어서 죽어야 하는 것이었다. 차라리 양식있는 집에 종으로 팔려서 거기서도 배불리 먹을 수만 있다면 그렇게라도 해야 베냐민도 살고 손자들의 생명도 연장될 것이라고 생각하게 되었다.

"내가 베냐민을 잃으면 잃으리로다."

이러한 아버지 야곱으로부터 베냐민을 데리고 나온 유다는 책임이 무거웠다. 애굽에서 총리 요셉 앞에서 애원하는 유다는 지난날 요셉을 팔아먹자고 우기던 그 유다가 아니었던 것이다.

유다는 그동안 여러 애환을 겪으면서 자신의 잘못을 뉘우치고 갈수록 책임감 있는 사람이 되었다. 하나님께서는 이러한 유다로 하여금 야곱의 열두 아들 중에서 장자의 명분을 얻게 하신 것이다.

"유다야 너는 네 형제의 찬송이 될지라 네 손이 네 원수의 목을 잡을 것이요 네 아비의 아들들이 네 앞에 절하리로다 유다는 사자 새끼로다 내 아들아 너는 움킨 것을 찢고 올라갔도다 그의 엎드리고 웅크림이 수사자 같고 암사자 같으니 누가 그를 범할 수 있으랴 홀이 유다를 떠나지 아니하며 치리자의 지팡이가 그 발 사이에서 떠나지 아니하시기를 실로가 오시기까지 미치리니 그에게 모든 백성이 복종하리로다 그의 나귀를 포도나무에 매며 그 암나귀 새끼를 아름다운 포도나무에 맬 것이며 또 그 옷을 포도주에 빨며 그 복장을 포도즙에 빨리로다 그 눈은 포도주로 인하여 붉겠고 그 이는 우유로 인하여 희리로다" (창 49:8-12).

청지기의 표본
다메섹 엘리에셀

성경에 등장하는 인물들을 보면 대개 주인공들을 중심으로 기록된 듯한 인상을 받는다. 그러나 자세히 보면 그 주인공들의 그늘에 묻혀 있는 아주 훌륭한 사람들이 있었다는 것을 알게 된다. 창세기를 읽고 지나오면서 우리는 이 엘리에셀이란 사람을 간과할 수 없다. 그는 아람사람이었으며 아브라함 집에서 충성된 청지기였다. 만약 이삭이 태어나지 않았다면 아브라함의 상속자가 되었을 사람이었다.

아브라함이 모든 가정 대사를 다 믿고 맡길 수 있는 사람이었다. 아브라함은 318명의 사람을 거느린 족장이었다. 그들 중 누구의 이름도 나오지 않고 오직 이 사람의 이름만 밝혀지고 있다.

그는 주인 아브라함에 버금가는 믿음을 가지고 있었다. 주인이 여간 잘해도 종들이 주인의 신앙을 본받기는 여려운 일이다. 그러나 아브라함은 이 다메섹 엘리에셀 앞에서 참된 삶의 모범을 보인 것으로 볼 수 있다. 그것은 그 집 청지기 엘리에셀의 삶과 그 믿음 속에서 증거되고 있다.

그는 아브라함의 환도뼈 밑에 손을 넣고 맹세를 하였다고 기록되어 있다. 고대 근동지방의 전통적인 관습으로 보이는 이 맹세법은 그 맹세의 비중과 엄숙함을 나타내는 것으로 보인다. 성경이 이에 대하여 설명을 하지는 않지만 중차대한 사안에 대하여 진실한 표로 그 손을 남성의 환도뼈(남자의 생식기가 있는 부분을 완곡하게 표현한 것) 밑에 넣고 맹세를 시켰던 것이다.

우리말 성경은 사람들이 쑥스럽게 느끼는 용어를 완곡하게 번역을 한 곳이 많이 있다. 예를 들면, "레위의 아들들 가운데 제사장의 직분을 받는 자들이 율법을 좇아 아브라함의 허리에서 난 자라도 자기 형제인 백성에게서 십분의 일을 취하라는 명령을 가졌으나"(히 7:5), "이는 멜기세덱이 아브라함을 만날 때에 레위는 아직 자기 조상의 허리에 있었음이니라"(히 7:10) 하고 기록한 '허리'도 역시 그러한 표현으로 기록한 것이다.

다메섹 엘리에셀이 만약 고약한 처녀를 데려다가 이삭과 결혼시킨 후에 그 여자와 엘리에셀이 음모하여 이삭을 해치게 되는 날이면 아브라함의 가문은 무너지게 되는 것이기 때문에 아브라함의 독생자 이삭을 위하여 현숙한 처녀를 선택하는 일은 아브라함에게나 이삭에게는 일생일대의 대사였다. 그러나 아브라함은 이 엘리에셀을 믿었고 엘리에셀은 그 진실과 성실을 보여주고 있다.

그는 하나님을 경외하는 사람이었다. 우리가 참으로 믿을 만한 사람은 하나님을 두려워할 줄 아는 사람이다. 하나님 두려운 줄 모르는 사람은 사람의 눈만 피하면 무슨 일을 도모하게 될지 아무도 모른다.

아브라함은 믿음이 충만한 사람이었지만 하나님을 믿지 않는 사람을 두려워하고 있는 모습을 보게 된다.

아브라함이 가로되, "이곳에서는 하나님을 두려워함이 없으니 내 아내를 인하여 사람이 나를 죽일까 생각하였음이요 또 그는 실로 내 이복 누이로서 나의 아내가 되었음이니라"(창 20:11-12) 하고 말하는 것을 보게 된다. 우리가 진정으로 믿을 수 있는 사람은 참된 믿음을 가진 사람으로 하나님을 두려워할 줄 아는 사람이라고 할 수 있다.

다메섹 엘리에셀, 그는 기도의 사람이었다. 그의 기도가 때로는 묵도하기를 마치지 못하여 응답되는 것을 볼 수 있다.

"이에 종이 그 주인의 약대 중 열 필을 취하고 떠났는데 곧 그 주인의 모든 좋은 것을 가지고 떠나 메소보다미아로 가서 나홀의 성에 이르러 그 약대를 성 밖 우물 곁에 꿇렸으니 저녁때라 여인들이 물을 길러 나올 때이었더라

그가 가로되 우리 주인 아브라함의 하나님 여호와여 원컨대 오늘날 나로 순적히 만나게 하사 나의 주인 아브라함에게 은혜를 베푸시옵소서 성 중 사람의 딸들이 물 길러 나오겠사오니 내가 우물 곁에 섰다가 한 소녀에게 이르기를 청컨대 너는 물항아리를 기울여 나로 마시게 하라 하리니 그의 대답이 마시라 내가 당신의 약대에게도 마시우리라 하면 그는 주께서 주의 종 이삭을 위하여 정하신 자라 이로 인하여 주께서 나의 주인에게 은혜 베푸심을 내가 알겠나이다 말을 마치지 못하여서 리브가가 물항아리를 어깨에 메고 나오니 그는 아브라함의 동생 나홀의 아내 밀가의 아들 브두엘의 소생이라 그 소녀는 보기에 심히 아리땁고 지금까지 남자가 가까이 하지 아니한 처녀더라 그가 우물에 내려가서 물을 그 물항아리에 채워 가지고 올라오는지라 종이 마주 달려가서 가로되 청컨대 네 물항아리의 물을 내게 조금 마시우라

그가 가로되 주여 마시소서 하며 급히 그 물항아리를 손에 내려 마시게 하고 마시우기를 다하고 가로되 당신의 약대도 위하여 물을 길어 그것들로 배불리 마시게 하리이다 하고 급히 물항아리의 물을 구유에 붓고 다시 길으려고 우물로 달려가서 모든 약대를 위하여 긷는지라 그 사람이 그를 묵묵히 주목하며 여호와께서 과연 평탄한 길을 주신 여부를 알고자 하더니 약대가 마시기를 다하매 그가 반 세겔중 금고리 한개와 열세겔중 금 손목고리 한 쌍을 그에게 주며 가로되 네가 뉘 딸이냐 청컨대 내게 고하라 네 부친의 집에 우리 유숙할 곳이 있느냐

그 여자가 그에게 이르되 나는 밀가가 나홀에게 낳은 아들 브두엘의 딸이니이다 또 가로되 우리에게 짚과 보리가 족하며 유숙할 곳도 있나이다"(창 24:10-25).

리브가의 사람됨을 엿볼 수 있는 장면이었다. 사실 고대 근동지방의 우물이란 것을 보지 않고서는 상상하기 어려운 일이긴 하지만 일반적으로 우물이란 상당히 깊은 곳에까지 내려가서 물을 길어올리게 되어 있다. 처녀의 몸으로 그 깊은 곳에까지 내려가서 물을 길어 올라오면 숨이 차고 다리

가 아프기 마련이다. 그런데 낯선 나그네가 갑자기 물을 달라고 할 때 선뜻 물을 내려서 마시게 하고는 다시 내려가서 약대에게까지 흡족하게 물을 마시우게 하는 것은 상상하기 어려운 일이다. 약대란 동물은 물을 상당히 많이 먹는 동물이기 때문에 리브가는 몇차례나 깊은 우물까지 오르내리는 수고를 했을 것이다. 목마른 사람의 사정뿐만 아니라 목마른 약대를 생각하여 수고를 아끼지 않는 처녀였다면 참으로 복을 받을 만한 처녀였던 것이다.

"이에 그 사람이 머리를 숙여 여호와께 경배하고 가로되 나의 주인 아브라함의 하나님 여호와를 찬송하나이다 나의 주인에게 주의 인자와 성실을 끊이지 아니하셨사오며 여호와께서 길에서 나를 인도하사 내 주인의 동생집에 이르게 하셨나이다 하니라"(창 24:26-27).

그 처녀를 따라 라반의 집에 들어간 다메섹 엘리에셀은 아브라함의 안부를 전하고 일의 시종을 설명했다. 그리고는 리브가를 주인 아브라함의 며느리감으로 허락하여달라고 청원을 하였다. 이에 라반의 대답은 "이 일이 사람의 뜻이 아니라 하나님의 뜻이라 일이 여호와께로 말미암은 사건이니 우리가 무슨 가부를 말할 수 있는 일이 아니니 본인에게나 물어보자"고 하였다. 이에 리브가에게 의향을 물었더니 리브가는 흔쾌히 따라가겠다고 대답을 했다. 하나님의 도우심이란 바로 이런 경우를 두고 하는 말이다. 다메섹 엘리에셀이란 이름의 뜻이 바로 '하나님의 도우심'이란 뜻이었다. 그의 신앙과 그의 기도는 늘 "하나님이 도우사 형통하고 순적한 길로 인도하여 주시옵소서!" 하는 것이었다. 그리고 하나님께서는 이 충직한 종 엘리에셀의 기도를 응답하셔서 과연 형통하고 순적하게 일을 성취하게 되었다.

이삭이 태어나지 않았다면 그가 상속자가 되었으련만 이삭이 태어나기 전후를 막론하고 그의 충직한 마음과 신실한 믿음은 변함이 없었다.

그는 오고 오는 세대에 청지기의 표본적인 사람이었다.

하나님의 사람
모 세

성경에는 많은 인물이 나오고 있다.
그 중에 모세는 특출한 인물이었다.
그는 예수님처럼 나면서부터 생명의 위협을 받았다.
그는 40년 간이나 바로 왕의 공주의 아들로 양육되었다.
그후 40년 간은 미디안 광야에서 이드로의 양떼를 치면서 수양을 쌓았다.
그후 40년 간은 이스라엘 백성을 탈출시키고 교육하는 일생을 살았다.
처음 40년 동안의 모세는 자기 자신을 굉장한 인물인 줄로 알았다.
다음 40년 동안의 모세는 자기 자신을 아무 것도 아닌 줄로 알았다.
그후 40년 동안의 모세는 하나님이 아무 것도 아닌 사람을 통하여 위대한 일을 하신다는 것을 깨달았다.
그는 인류 역사상 가장 위대한 지도자였다.
그는 온유하기가 지면의 모든 사람보다 더 온유한 사람이었다.
그는 인간이 마땅히 지켜야 할 십계명을 하나님으로부터 받은 사람이다.
그는 율법을 기록한 사람이다.
그의 일생은 120년이었다.
그는 실로 파란만장의 일생을 살았던 사람이다.
우리가 구약의 처음 5경을 읽을 때 정말 이스라엘 백성들의 패역하고 믿음 없음에 대하여 분한 마음을 가지게 된다. 그러나 실제로 광야과 세일산

근방을 여행하여보면 우리의 생각이 달라지게 된다.
 이스라엘 백성쯤 되니까 그래도 모세와 아론을 때려죽이지 않았고, 모세쯤 되니까 이스라엘 백성들에게 맞아 죽지 않았는가보다 하는 생각이 들 정도이다. 모세가 이끌어낸 이스라엘은 실로 큰 무리였다. 전쟁에 나아가 칼을 뺄 만한 남자의 수가 603,550명이었다. 일반적으로 여자의 수도 거의 비슷한 것이 상식이다. 그렇다면 120만이 넘는다. 거기에 어린아이의 수가 대개 어른들 수의 갑절은 된다고 볼 수 있을 것이다. 그렇다면 벌써 300만명이나 되었다. 뿐만 아니라 장수하던 시절이라 노인들의 수가 장정들의 절반 정도는 되었을 것이다. 그렇다면 적어도 이스라엘 민족은 350만 가량은 되었고 허다한 잡족이 또한 함께 하였다고 기록하고 있다.

 우리가 기억해야 할 것은 그들이 다 목축하는 것을 본업으로 삼았다는 것이다. 그렇다면 양떼, 소떼, 염소떼가 사람들의 수의 갑절은 훨씬 넘었을 것이다. 이로 미루어보건대 약 1,000만의 생물이 동시에 이삿짐을 다 가지고 행군하고 있었다고 짐작할 수 있다. 그것도 물도 없고 길도 분명치 않은 사막길을 하루 이틀도 아니고 약 2년 동안(애굽에서 탈출하여 가데스바네아까지) 행군을 시키게 되면 그들의 불평이 어느 정도였을 것인가를 짐작하기가 어렵지 않다.
 어린아이들은 목이말라서 혀가 입천장에 말라붙는다. 노인들은 탈수증에 걸리고 여인들은 지쳐서 쓰러져간다. 사람이 목마른 판에 육축들이야 말할 나위도 없다.
 이러한 과정을 약 2년 동안 겪으면서 그들은 가데스바네아에 당도하게 되었다. 민수기를 읽어보면 모세의 고충이 어느 정도였는지를 짐작할 수가 있다.

 "백성이 모세와 다투어 가로되 우리에게 물을 주어 마시게 하라 모세가 그들에게 이르되 너희가 어찌하여 나와 다투느냐 너희가 어찌하여 여호와를 시험하느냐" (출 17:2).

"그가 그곳 이름을 맛사라 또는 므리바라 불렀으니 이는 이스라엘 자손이 다투었음이요 또는 그들이 여호와를 시험하여 이르기를 여호와께서 우리 중에 계신가 아닌가 하였음이더라"(출 17:7).

"백성이 모세와 다투어 말하여 가로되 우리 형제들이 여호와 앞에서 죽을 때에 우리도 죽었다면 좋을 뻔하였도다"(민 20:3).

"이스라엘 자손이 여호와와 다투었으므로 이를 므리바 물이라 하니라 여호와께서 그들 중에서 그 거룩함을 나타내셨더라"(민 20:13).

모세가 그러한 백성들을 인도하면서 그들과 다투지 않고 평정을 잃지 않고 온유한 마음으로 참아냈다는 것은 실로 놀라운 일이 아닐 수 없다. 모세는 그 온유함이 지면의 모든 사람보다 뛰어났다고 기록하고 있다.

이스라엘 백성은 끊임없이 원망을 했다. 그래도 모세는 꾸준히 참고 또 참았다. 그가 그렇게 참을 수 있었던 것은 미디안 광야에서 자기의 장인 이드로의 양을 치면서 40년 간이나 수양을 쌓은 덕분이라고 할 수 있다. 백성의 지도자가 되기 위하여서는 이러한 세월을 겪어야 한다. 유능한 목수는 생나무를 켜서 가구를 만들지는 않다. 어떤 나무는 베어서 진액이 다 빠지도록 뜨거운 스팀을 통과시키기도 하고 어떤 나무는 시궁창에 처박아 몇년을 묵혀두었다가 그 결이 다 삭을 때까지 기다리는 경우도 있다.

"이 사람 모세는 온유함이 지면의 모든 사람보다 승하더라"(민 12:3).
"온유한 자를 공의로 지도하심이여 온유한 자에게 그 도를 가르치시리로다"(시 25:9).
"오직 온유한 자는 땅을 차지하며 풍부한 화평으로 즐기리로다"(시 37:11).

온유(溫柔)한 것은 성령의 열매요 포학(暴虐)한 것은 마귀의 열매이다.
세상을 보면 강포하고 포학하고 강한 것이 땅을 차지할 것 같으나 실상은 온유한 것이 땅을 차지하게 된다.

"온유한 자는 복이 있나니 저희가 땅을 기업으로 받을 것임이요"(마 5:5).
"나는 마음이 온유하고 겸손하니 나의 멍에를 메고 내게 배우라 그러면 너희 마음이 쉼을 얻으리니"(마 11:29).
"사랑은 오래 참고 사랑은 온유하며 투기하는 자가 되지 아니하며 사랑은 자랑하지 아니하며 교만하지 아니하며"(고전 13:4).
"오직 성령의 열매는 사랑과 희락과 화평과 오래참음과 자비와 양선과 충성과 온유와 절제니 이같은 것을 금지할 법이 없느니라"(갈 5:23).

우리가 알 것은 하나님께서는 온유한 것을 좋아하신다는 것이다. 예수님도 온유하시고 그것을 또한 가르치려 하신 것이다. 성령의 열매가 바로 온유함이라는 것을 우리가 알아야 한다. 우리가 세상사람들에게 보여줄 두가지 덕목이 있다면 온유와 겸손이다. 온 세상이 각박(刻薄)하고 거칠기 때문에 사람들은 어디에선가 온유한 곳, 포근한 곳을 찾고 있다. 사람들은 평생토록 그러한 곳을 찾아서 방황하고 있는 것이다. 세상이 그렇게 되어가는 것은 막을 수 없지만 가정과 교회만은 언제나 어머니 품속과 같이 포근해야 하겠고 성도들의 성품, 특히 교회의 지도자는 온유하고 겸손한 성품을 가져야 한다.

믿음의 장군
여호수아

여호수아는 신구약을 망라하여 위대한 인물들 중의 한 사람이다. 그는 46세 정도에 모세의 시종자가 되어 40여년 간 모세로부터 배우면서 믿음을 지켜나간 사람이다. 여호수아는 믿음의 장군이었다. 모세와 함께 이스라엘 백성을 이끌고 나올 때 아말렉(에서의 아들 엘리바스가 그의 첩 딤나에게서 낳은 아들 이름 = 호전적인, 사막에 거하는 족속, 창 36:12) 족과의 전투에서 승리한 후 그는 언제나 믿음으로 전쟁에 나아가 패배를 모르는 장군이었다. 여호수아가 쳐서 이긴 아말렉 족속은 주로 네게브(사막=광야)에 거주하는 유목민족이었다.

이 전쟁은 이스라엘 백성이 애굽에서 나와 행진하는 도중 르비딤에서 벌어진 전투였다. 이스라엘은 매우 지치고 피곤하였지만 모세의 기도하는 손과 능력의 지팡이를 들고 있을 동안에는 여호수아가 이기고 모세의 팔이 피곤하여 내려오면 아말렉이 이기는 신기한 일이 벌어졌다. 이를 지켜보던 아론과 훌이 모세의 팔이 내려오지 않도록 돌로 쌓아 받쳐주었다.
이에 모세의 팔이 내려오지 않으므로 여호수아가 아말렉을 칼로 쳐서 파하게 되었다. 하나님께서는 이 일을 기록하여두었다가 여호수아의 귀에 읽어 들려주라고 말씀하셨다. "여호와께서 모세에게 이르시되 이것을 책에 기록하여 기념하게 하고 여호수아의 귀에 외워 들리라 내가 아말렉을 도말하여 천하에서 기억함이 없게 하리라"(출 17:14).

　여호수아는 전쟁에서 이긴 후 그 전쟁의 승리가 자신의 힘으로 이긴 것이 아니라는 사실을 알게 되었을 때 아마 큰 충격을 받았을 것이다. 그리고 승리했다고 자만이나 교만은 있을 수 없다는 것을 배웠을 것이다. 그리고 하나님께서 함께 하신다면 어떠한 전쟁에서도 이길 수 있다는 확신을 가지게 되었다.

　일생을 통하여 여호수아의 믿음은 변치 않았다. 여호수아의 믿음은 가데스 바네아에서 12명의 정탐꾼을 보낼 때 다시 한번 확인되고 있다. 가나안 땅을 정탐하였던 12명 중 오직 여호수아와 갈렙 두 사람만이 긍정적인 보고를 하였다.

　이스라엘 백성이 가데스 바네아에서 하나님의 뜻을 거역하여 가나안 땅으로 들어가지 않겠다고 고집함으로 그들은 세일산 주위를 38년을 맴돌다가 세렛시내를 건너게 되었던 것이다.

"이제 너희는 일어나서 세렛 시내를 건너가라 하시기로 우리가 세렛 시내를 건넜으니 가데스 바네아에서 떠나 세렛 시내를 건너기까지 삼십팔년 동안이라 이때에는 그 시대의 모든 군인들이 여호와께서 그들에게 맹세하신 대로 진 중에서 다 멸절되었나니 여호와께서 손으로 그들을 치사 진 중에서 멸하신 고로 필경은 다 멸절되었느니라(신 2:13-15)."

　그 38년 동안에 603,550명 중 여호수아와 갈렙만 남고 다 죽은 것이다. 그렇다면 여인들도 비슷한 숫자가 죽었을 터이니 38년 동안에 약 1,200,000명이 죽었다는 계산이 나오게 된다. 그리고 그 이상의 연세가 더 높은 어른들이 죽은 수도 약 20만은 되리라 본다. 만약 그렇다고 하면 그 기간 동안 하루에 죽은 사람이 평균 87명씩이나 죽은 것이다.

　그는 모세가 인도하여 들이지 못한 이스라엘 백성을 가나안으로 인도하여 들였던 사람이다. 모세가 비스가산 꼭대기에서 숨을 거두고 나자 여호수아는 모세가 인도하던 601,730의 장정들과 부인들과 어린이들을 거느리고 요단강을 건너서 가나안 땅으로 들어가게 되었다. 여호수아는 거기서 가나안 땅으로 정탐꾼을 보내게 되었는데 두 사람만 보냈다. 전날에 모세가 보낼 때는 12명이나 보냈는데 그 중에 바르게 보는 사람은 불과 두 사람밖에 없었던 것을 여호수아는 알고 있었기 때문이다. 그 정탐꾼들은 기생 라합의 도움으로 임무를 성공적으로 완수하고 돌아와 여호수아에게 긍정적인 보고를 했다.

이제 살아 남은 사람들 중에 가장 나이가 많은 사람이 여호수아요, 그리고 갈렙이었다. 그때 여호수아는 86세요, 갈렙은 80세가량 되었다. 다른 사람들은 나이가 많아야 60세 정도이고, 그 이상은 다 죽은 것이다.

여호수아는 하나님의 능력을 힘입어 요단강을 가르고 마른 땅같이 건너서 마침내 여리고성에 도착하였다. 하나님께서 여리고성을 하루 한바퀴씩 돌고 제 7일에는 7바퀴를 돌라고 말씀하셨다. 믿음의 장군 여호수아는 이번에도 그대로 행하였다. 그 결과 여리고성은 무너지게 되었다.

그는 여리고성을 믿음으로 무너뜨리고, 믿음으로 싸워서, 믿음으로 이긴 사람이다. 돌이켜보면 그는 모세가 시작한 일을 완성한 사람이다.

그는 모세를 보좌하면서 40년을 지도자 훈련을 받은 사람이다. 광야에서 모세를 보좌하면서 실제적인 지도자 수련을 받은 사람이었다.

그리고 약속의 땅을 차근차근 정복하였다. 여호수아가 처음으로 정복한 성은 여리고성이었고 다음은 아이성이었다. 대체로 가나안 땅 중부지방을 먼저 정복한 후 남부지방을 평정하였고 다음은 북부지방으로 올라가 메롬 호수 근처의 족속들을 다 정복하여 가나안 땅의 왕들을 도합 31명이나 쳐서 파하였던 것이다.

실로 아브라함에게 약속한 후 약 500년만에 성취된 것이라 할 수 있다.

그는 믿음으로 정복한 땅을 사심없이 나누어준 사람이다. 그는 에브라임 지파에 속했으나 자기 지파라고 땅을 더 많이 주거나 하지 않았다. 더 좋은 땅을 준 것도 아니고 오히려 자기 지파 사람들에게 산림으로 올라가 개척을 하라고 권하고 있다. 공직에 임하는 사람은 이런 마음이 중요하다.

그의 믿음은 태양을 중천에 머물게 할 정도로 순수하고 견고하였다.

"여호와께서 아모리 사람을 이스라엘 자손에게 붙이시던 날에 여호수아가 여호와께 고하되 이스라엘 목전에서 가로되 태양아 너는 기브온 위에 머무르라 달아 너도 아얄론 골짜기에 그리할지어다 하매 태양이 머물고 달이 그치기를 백성이 그 대적에게 원수를 갚도록 하였느니라 야살의 책에 기록되기를 태양이 중천에 머물러서 거의 종일토록 속히 내려가지 아니하였다 하지 아니하였느냐 여호와께서 사람의 목소리를 들으신 이같은 날은 전에도 없었고 후에도 없었나니 이는 여호와께서 이스라엘을 위하여 싸우셨음이니라" (수 10:12-14).

그는 가나안 땅의 왕들을 31명이나 정복한 영웅이었다. 우리의 구세주 예수님께서 바로 여호수아의 이름대로 오신 것이다. 여호수아는 가나안 땅을 정복하여 나누어주었지만 우리 구주 여호수아 그리스도께서는 천국을 나누어주실 것이다. 여호수아와 예수님의 유비(類比)가 여기 있는 것이다.

안목있는 여리고 기생
라 합

모세는 정탐꾼을 12명씩이나 보냈다가 불신앙으로 실패했다. 이를 잘 아는 여호수아는 정탐꾼을 두 사람만 보내었다. 이들이 가나안 땅을 살피러 들어갔다가 정체가 탄로나서 쫓기는 신세가 되었다. 마침 주막에 들어가 몸을 숨겨달라고 했는데 이때 이들을 숨겨준 사람이 기생 라합이었다.

1. 사람을 보는 안목

사람이 바른 안목을 가진다는 것은 아무나 되는 것은 아닐 것이다. 예루살렘의 바리새인들과 제사장들은 하나님의 아들을 눈 앞에 두고도 알아보지 못하였다. 율법학자 서기관 제사장들이 알아보지 못하였다.

그러나 성전에서 항상 기도하고 사모하던 시므온과 안나는 단번에 아기 예수를 보고 메시야인 줄 알아보았다. 가난한 목수의 아들로 난 지 8일밖에 안되는 아기 예수를 보고 그가 장차 우리의 죄를 담당하실 메시야인 것을 알아본 것이다.

"예루살렘에 시므온이라 하는 사람이 있으니 이 사람이 의롭고 경건하여 이스라엘의 위로를 기다리는 자라 성령이 그 위에 계시더라 저가 주의 그리스도를 보기 전에 죽지 아니하리라 하는 성령의 지시를 받았더니 성령의 감동으로 성전에 들어가매 마침 부모가 율법의 전례대로 행하고자 하여 그 아기 예수를 데리고 오는지라 시므온이 아기를 안고 하나님을 찬송하여 가로되 주재여 이제는 말씀하신 대로 종을 평안히 놓아주시는도다 내 눈이 주의 구원을 보았사오니 이는 만민 앞에 예비하신 것이요 이방을 비추는 빛이요 주의 백성 이스라엘의 영광이니이다 하니 그 부모가 그 아기에 대한 말들을 기이히 여기더라

시므온이 저희에게 축복하고 그 모친 마리아에게 일러 가로되 보라 이 아이는 이스라엘 중 많은 사람의 패하고 흥함을 위하여 비방을 받는 표적 되기 위하여 세움을 입었고 또 칼이 네 마음을 찌르듯 하리라 이는 여러 사람의 마음의 생각을 드러내려 함이니라 하더라

또 아셀 지파 바누엘의 딸 안나라 하는 선지자가 있어 나이 매우 늙었더라 그가 출가한 후 일곱 해 동안 남편과 함께 살다가 과부 된 지 팔십사년이라 이 사람이 성전을 떠나지 아니하고 주야에 금식하며 기도함으로 섬기더니 마침 이때에 나아와서 하나님께 감사하고 예루살렘의 구속됨을 바라는 모든 사람에게 이 아기에 대하여 말하니라"(눅 2:25-38).

 수가성 우물가에서 예수님을 만났던 여인도 금방 이야기하다가 메시야인 줄 알아보았다.
 여리고의 소경 바디매오는 비록 육신의 눈은 보이지도 않았지만 소문만 듣고도 그가 바로 다윗의 자손 곧 메시야인 줄 알아보았다.
 니고데모나 아리마대 요셉도 역시 사람을 보는 안목이 있는 사람이었다.
 라합도 '사람 보는 눈'이 있었다.
 살몬과 함께 허겁지겁 쫓기는 두 사람을 볼 때 죽여야 할 사람인지 살려야 할 사람인지 순간에 알아보았다. 그리고 이 일이 인연이 되어 그 중 살몬이라는 사람과 결혼을 하여 보아스라는 훌륭한 아들을 낳았고, 그 보아스는 다시 룻을 취하여 오벳을 낳았고, 오벳은 이새를 이새는 다윗을 낳았던 것이다. 많은 사람들이 사람을 잘 만나서 성공을 하게 되고 더 많은 사람들이 사람을 잘못 만나서 인생을 망치는 것이다.
 라합은 재치있게 두 사람을 숨겨주었다. 그리고 서로 언약을 하였다. 이

스라엘이 여리고를 점령할 때 라합의 집은 멸하지 않기로 한 것이다. 그리고 라합은 그 언약을 믿었고 살몬은 그 언약을 지켰다. 살몬은 라합에게 두가지를 당부하였다. 이스라엘이 여리고로 진격해와도 동요하지 말고 집안에 있을 것과 창문에 붉은 줄을 드리워서 이스라엘 군대가 그 집을 식별할 수 있게 하라는 것이었다. 라합은 살몬이 시키는 대로 순종하였고 믿음으로 기다리고 있었다. 그리고 여호수아는 전군에 명을 내려 여리고성을 진격할 때 창에 붉은 줄을 드리운 집은 손대지 말라고 명령을 내렸다.

그러나 이스라엘이 여리고성을 빙빙 돌고 있을 때 만약 라합의 마음에 의심이 일어나 그 집 밖으로 나왔다면 죽임을 당했을 것이요, 다른 곳으로 도망을 갔다면 살 수는 있었을지라도 살몬의 아내가 되지는 못했을 것이고 예수님의 족보에 등장하지는 못했을 것이다. 라합은 살몬을 볼 때 믿을 만한 사람임을 간파한 것이다. 이러한 안목은 아무에게나 있는 것은 아니다.

라합이 어쩌다가 기생이 되었는지는 모르지만 아무튼 그곳에서 많은 사람들, 특히 많은 남정네들을 겪어보았을 것이다. 그런 중에 그는 살몬 같은 보배를 만나게 되었던 것이다. 그녀의 이름이 나오는 곳에는 항상 기생이라는 불명예가 붙어 있다. 그러나 그녀가 가진 이 안목으로 인하여 그녀는 복된 인생을 살게 되었다(수 2:1, 6:17, 6:22, 6:25; 히 11:31).

2. 역사를 보는 안목

라합은 역사를 보는 눈이 있었다.

여리고의 운명은 기울어지고 이스라엘의 시대가 도래하고 있음을 본 것이다. 기생으로 있으면서 매일 접하는 소식을 통하여 역사가 어느 방향으로 흐르고 있는가를 감지한 것이다. 당시의 팔레스틴에는 벌써 오래 전부터 비상한 소식이 나돌고 있었을 것이다. 애굽의 바로 왕을 여지없이 질타하고 그 손에서 벗어난 이스라엘이 다시 그 옛날 아브라함과 이삭과 야곱이 살던 땅으로 돌아온다는 소식이었을 것이다. 그리고 그들이 아말렉을 쳐서 이긴 사건과 하늘에서 내리는 만나를 먹고 산다는 소식과 반석에서 물을 나게 한다는 소식이며, 요단강 동편에서는 바산 왕 옥을 쳐서 파한 것과 아모리 왕 시혼을 격파한 소식이 속속히 여리고로 날아들어왔을 것이다. 이러한 소식을 접한 라합은 새로운 시대가 도래하고 있음을 직감한 것이다.

예수님께서도 시대를 분별하지 못하는 사람들을 책망하셨던 것이다.

"아침에 하늘이 붉고 흐리면 오늘은 날이 궂겠다 하나니 너희가 천기는 분별할 줄 알면서 시대의 표적은 분별할 수 없느냐"(마 16:3).

"외식하는 자여 너희가 천지의 기상은 분변할 줄을 알면서 어찌 이 시대는 분변치 못하느냐"(눅 12:56).

3. 하나님을 보는 안목

라합은 하나님을 보는 눈이 있다.

이스라엘백성은 40년 간 체험하고도 알지 못하는 하나님을 라합은 소문으로 들었지만 이스라엘의 하나님이야말로 상천하지(上天下地)의 하나님이라는 것을 알고 믿었으며, 믿었으므로 살몬의 일행을 살린 것이다. 신학을 한 것도 아니고 정상적인 교회의 선교나 교육을 받은 것도 없이 단지 들려오는 소문을 종합하여 분석하여보고 이스라엘의 하나님이 진짜 하나님이라는 사실을 확신하게 되었던 것 같다.

라합은 들려오는 소문을 비교적 먼저 접했을 것이다. 바산 왕 옥이 이스라엘 군대 앞에 패하였고 아모리 왕 시혼이 굴복했다는 소식을 접한 여리고 주민들은 벌써 겁을 먹고 벌벌 떨고 있었으며 간담이 다 녹았었다고 말하고 있다. 하나님의 준비는 언제나 완벽한 것이었다. 이스라엘의 하나님이 어떠한 분이신가 하는 것은 오히려 이방인들이 더 잘 알고 있었던 것 같다.

지난 40년 간 들려오는 소식은 아마도 이스라엘의 하나님이 어떻게 애굽의 바로 왕의 손에서 자기 백성 이스라엘을 해방시켰으며, 어떻게 구름기둥과 불기둥으로 인도하시고, 어떻게 도중에서 아말렉을 이기게 하셨는지, 그리고 요단 동편 바산 왕과 아모리 왕이 어떻게 멸망했는가 하는 소문으로 가득했을 것이다.
 일반적으로 소문은 점점 과장되는 것이 보통이다. 이방인들이 들은 하나님에 관한 소문은 굉장한 소문들이었을 것이다.
 기생 라합은 그러한 소문을 들어보고 이스라엘의 하나님은 다른 신들과 같지 않다는 것을 느꼈던 것 같다.
 예수님께서는 보는 눈과 듣는 귀, 깨닫는 마음을 가진 사람은 복이 있다고 하셨다.
 라합이야말로 정말 보는 눈을 가지고 있었다.
 그리고 듣는 귀를 가지고 있었다.
 그리고 깨닫는 마음, 믿는 마음을 가지고 있었다.

 다윗의 시대에 미련한 남자의 대명사인 갈멜사람 나발이 있었는가 하면, 놀랍게도 그 나발의 아내 아비가일은 지혜롭고 슬기로운 여인이었다.
 그녀가 비록 시골구석에 살아도 세상이 어떻게 돌아가는지 역사를 보는 안목이 있어서 다윗이 장차 왕이 되고 정권을 잡게 될 것을 내다보고 있었다. 다윗이 그녀의 재치와 예절과 지혜와 안목과 슬기를 단번에 알아보고 나발이 죽은 후 그 아비가일을 데려다가 자기 아내를 삼은 적이 있었다.
 다윗이 사울에게 쫓기며 따르는 소년들과 광야에서 생활할 때는 다윗에게는 서러운 세월이었다. 야당의 지도자 신세가 되어 아무도 후원하는 사람이 없었다. 따르는 사람들은 대개 어려운 사람들뿐이었다.

 "그러므로 다윗이 그곳을 떠나 아둘람굴로 도망하매 그 형제와 아비의 온 집이 듣고는 그리로 내려가서 그에게 이르렀고 환난당한 모든 자와 빚진 자와 마음이 원통한 자가 다 그에게로 모였고 그는 그 장관이 되었는데 그와 함께 한 자가 사백 명 가량이었더라"(삼상 22:1-2).

 다윗이 그 나발의 목장 근처에 진을 치고 있는 동안에는 나발의 양떼가 침략을 당하지 않았다.

그것은 다윗의 군대가 나발에게 울타리가 되어주었기 때문이었다. 그러나 미련한 나발은 그런 은혜를 생각하지 못하고 눈 앞의 이익만 생각했다. 곤궁에 처한 다윗의 소년들이 식량이 떨어져 나발에게 도움을 구했는데 사람도 역사도 볼 줄 모르는 이 나발은 문전박대를 한 것이다. 다윗이 어떤 놈인지 모를 뿐만 아니라 작금에 주인의 집에서 도망나온 종들이 많다고 하면서 다윗의 일행을 집 나온 종들로 취급하였다. 그리하여 곤궁에 처한 다윗의 얼굴과 도움을 요청했던 소년들의 손을 부끄럽게 하였다. 이 사실을 전해 들은 다윗은 화가 머리끝까지 치밀어 올랐다.

"다윗이 이미 말하기를 내가 이 자의 소유물을 광야에서 지켜 그 모든 것을 하나도 손실이 없게 한 것이 진실로 허사라 그가 악으로 나의 선을 갚는도다 내가 그에게 속한 모든 것 중 한 남자라도 아침까지 남겨두면 하나님은 다윗에게 벌을 내리시고 또 내리시기를 원하노라 하였더라"(삼상 25:21-22.

다윗의 군대가 나발의 목장을 향하여 내리 달려가고 있을 때 이 사실을 알고 급히 달려나온 것이 나발의 아내 아비가일이었다.

"아비가일이 다윗을 보고 급히 나귀에서 내려 다윗의 앞에 엎드려 그 얼굴을 땅에 대니라 그가 다윗의 발에 엎드려 가로되 내 주여 청컨대 이 죄악을 나 곧 내게로 돌리시고 여종으로 주의 귀에 말하게 하시고 이 여종의 말을 들으소서 원하옵나니 내 주는 이 불량한 사람 나발을 개의치 마옵소서 그 이름이 그에게 적당하니 그 이름이 나발이라 그는 미련한 자니이다 여종은 내 주의 보내신 소년들을 보지 못하였나이다 내 주여 여호와께서 사시고 내 주도 살아계시거니와 내 주의 손으로 피를 흘려 친히 보수하시는 일을 여호와께서 막으셨으니 내 주의 원수들과 내 주를 해하려 하는 자들은 나발과 같이 되기를 원하나이다

여종이 내 주에게 가져온 이 예물로 내 주를 좇는 이 소년들에게 주게 하시고 주의 여종의 허물을 사하여주옵소서 여호와께서 반드시 내 주를 위하여 든든한 집을 세우시리니 이는 내 주께서 여호와의 싸움을 싸우심이요 내 주의 일생에 내 주에

게서 악한 일을 찾을 수 없음이니이다. 사람이 일어나서 내 주를 쫓아 내 주의 생명을 찾을지라도 내 주의 생명은 내 주의 하나님 여호와와 함께 생명싸개 속에 싸였을 것이요 내 주의 원수들의 생명은 물매로 던지듯 여호와께서 그것을 던지시리이다.

여호와께서 내 주에 대하여 하신 말씀대로 모든 선을 내 주에게 행하사 내 주를 이스라엘의 지도자로 세우신 때에 내 주께서 무죄한 피를 흘리셨다든지 내 주께서 친히 보수하셨다든지 함을 인하여 슬퍼하실 것도 없고 내 주의 마음에 걸리는 것도 없으시리니 다만 여호와께서 내 주를 후대하신 때에 원컨대 내 주의 여종을 생각하소서

다윗이 아비가일에게 이르되 오늘날 너를 보내어 나를 영접케 하신 이스라엘의 하나님 여호와를 찬송할지로다 또 네 지혜를 칭찬할지며 또 네게 복이 있을지로다 오늘날 내가 피를 흘릴 것과 친히 보수하는 것을 네가 막았느니라 나를 막아 너를 해하지 않게 하신 이스라엘의 하나님 여호와의 사심으로 맹세하노니 네가 급히 와서 나를 영접지 아니하였더면 밝는 아침에는 과연 나발에게 한 남자도 남겨두지 아니하였으리라" (삼상 25:23-34).

마치 진흙구덩이에서 호박을 캐고 뻘밭에서 진주를 얻은 것처럼 아비가일이나 기생 라합은 진주와도 같고 보석과도 같은 여인들이었다. 주막에 살며 오래 관찰하는 중에 사람을 보는 안목이 열리게 되었던 것 같다.

많은 남정네들이 스치고 지나갔지만 살몬의 일행은 평범한 사람들이 아니라는 것을 직감한 것이다. 이러한 주막에 이렇게 슬기로운 여인이 있으리라고는 상상도 못할 일이었다.

주막은 여러 가지 정보가 유통되는 곳이었다. 그래서 역사를 보는 눈, 시대를 보는 안목이 생긴 것이다. 그러나 하나님을 아는 것은 은혜라고 할 수 있다. 기생 라합을 위하여 은혜를 예비하시며, 수가성 우물가의 기구한 여인을 위한 선물도 예비하시는 하나님이시다.

기생 라합! 이 여인은 눈을 세 개 가진 여인이었다. 사람을 보는 눈, 시대를 보는 안목, 하나님을 보는 마음의 눈을 가진 여성이었다.

한결같은 신앙인
갈 렙

구약성경에 나오는 믿음의 사람들 중에서 갈렙은 특출한 인물이다. 갈렙은 유다 지파의 사람으로 여분네의 아들이었다. 모세가 가데스 바네아에서 가나안 땅을 정탐하기 위하여 각 지파에서 한 사람씩을 선발했는데 갈렙은 유다 지파의 대표로 선발되었던 사람이다(민 13:6).

정탐을 마치고 돌아온 12명 중 열명은 그 땅에는 강하고 장대한 거인족들이 살고 있기 때문에 우리는 능히 그 땅을 차지할 수 없을 것이라고 악평하였다. 그러나 알아야 할 것은 강한 사람들이 차지하고 있는 땅이야말로 가치가 있는 것이다. 만약 그 땅이 좋지 않았다면 가장 약소한 부족들이 차지하고 있었을 것이다. 그 땅에 강대한 민족이 살고 있다면 그 땅이 좋은 땅이라는 것은 의심의 여지가 없다.

"모세가 가나안 땅을 탐지하러 그들을 보내며 이르되 너희는 남방 길로 행하여 산지로 올라가서 그 땅의 어떠함을 탐지하라 곧 그 땅 거민의 강약과 다소와 그들의 거하는 땅의 호 불호와 거하는 성읍이 진영인지 산성인지와 토지의 후박과 수목의 유무니라 담대하라 또 그 땅 실과를 가져오라 하니 그 때는 포도가 처음 익을 즈음이었더라 이에 그들이 올라가서 땅을 탐지하되 신광야에서부터 하맛 어귀 르홉에 이르렀고 또 남방으로 올라가서 헤브론에 이르렀으니 헤브론은 애굽 소안보다 칠년 전에 세운 곳이라 그 곳에 아낙 자손 아히만과 세새와 달매가 있었더라 또 에스골 골짜기에 이르러 거기서 포도 한송이 달린 가지를 베어 둘이 막대기에 꿰어 메고 또 석류와 무화과를 취하니라 이스라엘 자손이 거기서 포도송이를 벤 고로 그 곳을 에스골 골짜기라 칭하였더라 사십일 동안에 땅을 탐지하기를 마치고 돌아와 바란광야 가데스에 이르러 모세와 아론과 이스라엘 자손의 온 회중에게 나아와 그들에게 회보하고 그 땅 실과를 보이고 모세에게 보고하여 가로되 당신이 우리를 보낸 땅에 간즉 과연 젖과 꿀이 그 땅에 흐르고 이것은 그 땅의 실과니이다 그러나 그 땅 거민은 강하고 성읍은 견고하고 심히 클 뿐 아니라 거기서 아낙 자손을 보았으며 아막렉인은 남방 땅에 거하고 헷인과 여부스인과 아모리인은 산지에 거하고 가나안인은 해변과 요단 가에 거하더이다"(민 13:17-29).

이들의 보고를 들으면 분명히 그 땅은 나쁜 땅이 아니라는 것이다. 과연 젖과 꿀이 흐르고 포도와 감람이 풍부하고 무화과의 본고장이라, 풍성한 땅이라는 사실은 의심의 여지가 없었다. 포도송이를 메고와서 보여주면서도 그들이 그 땅을 악평한 것은 그 땅에 거인족이 살고 있다는 것이 가장 주된 이유였다. 그들은 하나님의 능력을 믿지 않고 자신들의 초라한 모습만 생각한 것이다.

그러나 꼭 같이 다니면서 보았는데도 믿음을 가진 여호수아와 갈렙은 보는 관점이 달랐다.

"그 땅을 탐지한 자 중 눈의 아들 여호수아와 여분네의 아들 갈렙이 그 옷을 찢고 이스라엘 자손의 온 회중에 일러 가로되 우리가 두루 다니며 탐지한 땅은 심히 아름다운 땅이라 여호와께서 우리를 기뻐하시면 우리를 그 땅으로 인도하여 들이시고 그 땅을 우리에게 주시리라 이는 과연 젖과 꿀이 흐르는 땅이니라 오직 여호와를 거역하지 말라 또 그 땅 백성을 두려워하지 말라 그들은 우리 밥이라 그들의 보호자는 그들에게서 떠났고 여호와는 우리와 함께 하시느니라 그들을 두려워 말라"(민 14:6, 14:9).

여분네의 아들 갈렙, 그는 여호수아로 더불어 믿음의 양대 산맥을 이루는 사람이었다. 이스라엘의 아들이 열둘이지만 이들 중에서 레아 소생의 계열과 라헬 소생의 계열이 있었다. 레아 계열에서는 유다 지파가 대표성을 가지며, 라헬 계열에서는 요셉의 아들 에브라임 지파가 대표성을 가진다.

여호수아는 에브라임 지파였고 갈렙은 유다 지파였다.

그러나 이들 둘은 평생동지로서 함께 믿음으로 살고 믿음으로 협력하였다. 이들은 언제나 마음을 같이하여 변함없는 우정으로 맺어져 있었다.

갈렙은 40세에 다른 지파의 대표 11명과 더불어 가나안 땅의 정탐꾼으로 파송되었다. 그 열둘 중에서 믿음의 눈을 가진 사람은 여호수아와 갈렙, 두 사람 뿐이었다. 애굽에서 나온 장년들 중에서 가나안 땅에 들어간 사람은 바로 이 두 사람밖에 없었다. 그의 나이가 85세가 되었으나 싸움에나 출입에 감당할 수 있다고 하면서 가장 정복하기 어려운 땅을 자기 지파에게 맡겨달라고 하였다. 여호수아의 믿음이 변하지 않은 것처럼 갈렙의 믿음 또한 퇴보하지 않았다. 우리는 성경에서 다윗과 요나단의 우정을 보게 된다. 뿐만 아니라 여호수아와 갈렙의 우정도 일생을 통하여 변치 않는 우정이었다.

여호수아서에는 갈렙의 신앙과 기상이 잘 기록되어 있다.

"때에 유다 자손이 길갈에 있는 여호수아에게 나아오고 그니스 사람 여분네의 아들 갈렙이 여호수아에게 말하되 여호와께서 가데스 바네아에서 나와 당신에게 대하여 하나님의 사람 모세에게 이르신 일을 당신이 아시는 바라 내 나이 사십세에 여호와의 종 모세가 가데스바네아에서 나를 보내어 이 땅을 정탐케 하므로 내 마음에 성실한 대로 그에게 보고하였고 나와 함께 올라갔던 내 형제들은 백성의 간담을 녹게 하였으나 나는 나의 하나님 여호와를 온전히 좇았으므로 그 날에 모세가 맹세하여 가로되 네가 나의 하나님 여호와를 온전히 좇았은즉 네 발로 밟는 땅은 영영히 너와 네 자손의 기업이 되리라 하였나이다 이제 보소서 여호와께서 이 말씀을 모세에게 이르신 때로부터 이스라엘이 광야에 행한 이 사십 오년 동안을 여호와께서 말씀하신 대로 나를 생존케 하셨나이다 오늘날 내가 팔십오세로되 모세가 나를 보내던 날과 같이 오늘날 오히려 강건하니 나의 힘이 그때나 이제나 일반이라 싸움에나 출입에 감당할 수 있사온즉 그 날에 여호와께서 말씀하신 이

산지를 내게 주소서 당신도 그 날에 들으셨거니와 그 곳에는 아낙 사람이 있고 그 성읍들은 크고 견고할지라도 여호와께서 혹시 나와 함께 하시면 내가 필경 여호와의 말씀하신 대로 그들을 쫓아내리이다 여호수아가 여분네의 아들 갈렙을 위하여 축복하고 헤브론을 그에게 주어 기업을 삼게 하매 헤브론이 그니스 사람 여분네의 아들 갈렙의 기업이 되어 오늘날까지 이르렀으니 이는 그가 이스라엘의 하나님 여호와를 온전히 좇았음이며 헤브론의 옛 이름은 기럇 아르바라 아르바는 아낙 사람 가운데 가장 큰 사람이었더라 그 땅에 전쟁이 그쳤더라"(수 14:6-15).

40여년 전 여호수아와 함께 갈렙은 가나안 땅의 아낙자손들을 보고도 두려워하지 않을 뿐만 아니라 하나님이 우리와 함께 하시면 비록 아낙 자손이 많고 강하다 할지라도 능히 싸워 이길 수 있다고 장담했던 사람이었다. 그 말을 한 지가 40년이 지났고 갈렙의 나이는 지금 85세가 되었다. 그러나 갈렙은 지금까지 그 믿음이 변치 않았다. 세월이 흐르고 몸이 늙어도 갈렙의 신앙은 늙지 않았다. 그리고 갈렙은 마침내 그 땅의 전쟁을 끝나게 했다.

여분네의 아들 갈렙, 그는 참 믿음의 사람이었다. 그리고 언제나 하나님의 말씀을 좇았다. 하나님께서는 갈렙의 그러한 자세를 보시고 출애굽할 때 계수된 603,550명의 어른들 중에서 오직 여호수아와 갈렙 두 사람만 가나안 땅을 밟을 수 있게 하셨다(민14:24, 4:30, 14:38, 26:65, 32:12).

반면에 그 땅을 보고도 믿음이 없어서 악평하면서 백성들의 마음을 낙심하게 한 사람들은 결국 광야에서 다 죽게 되었다. 시내산 밑에서 인구조사를 했을 때 계수함을 입은 사람의 수가 603,550명이었는데 38년 동안에 그 악평하던 정탐꾼과 그들의 말을 듣고 믿으며 모세와 하나님을 원망하던 사람들은 다 죽은 것이다. 오직 눈의 아들 여호수아와 여분네의 아들 갈렙만 살아서 출애굽 이후에 태어난 신세대를 이끌고 요단강을 건너게 된 것이다.

하나님께서는 역사를 섭리하여가실 때 이러한 사람을 찾으신다. 갈렙은 유다 지파의 대표로서 여호수아와 함께 이스라엘의 최고 지도자이지만 한 번도 여호수아를 시기하거나 질투하거나 한 적이 없이 평생 제 2인자로 만족하고 언제나 협력하면서 하나님의 뜻을 이루어나간 사람이다. 모세를 도와서 협력한 아론은 모세의 형이지만 마치 신하처럼 받들어 협력하였다. 아론이 자기의 동생인 모세를 "내 주"라고 부르고 있는 것을 본다.

여호수아를 협력한 갈렙도 그러한 자세로 일하고 있는 모습을 보게 된다.

다윗과 요나단 사이도 친형제보다 더 친밀하게 믿음과 소망과 사랑으로 맺어져서 일평생 변치 않았던 것을 볼 수 있다.

에스라와 느헤미야가 함께 일하는 모습도 참으로 아름답게 보인다. 하나님께서는 두세 사람이 주의 이름으로 모여서 협력하는 것을 기뻐하신다.

모세가 성막을 지으려 할 때 하나님께서는 훌의 손자요 우리의 아들인 브사렐과 아히사막의 아들 오홀리압에게 특별한 은사를 주시고 함께 협력하여 성막공사의 세밀한 일들을 하게 하셨다.

"브사렐과 오홀리압과 및 마음이 지혜로운 사람 곧 여호와께서 지혜와 총명을 부으사 성소에 쓸 모든 일을 할 줄 알게 하심을 입은 자들은 여호와의 무릇 명하신대로 할 것이니라 모세가 브사렐과 오홀리압과 및 마음이 지혜로운 사람 곧 그 마음에 여호와께로 지혜를 얻고 와서 그 일을 하려고 마음에 원하는 모든 자를 부르매 그들이 이스라엘 자손의 성소의 모든 것을 만들기 위하여 가져온 예물을 모세에게서 받으니라"(출 36:1-3).

하나님께서는 이렇게 형제들이 동거하면서 사랑하고 협력하면서 일하는 것을 기뻐하시고 거기에 복을 내리시고 은혜를 더하시는 것이다.

"형제가 연합하여 동거함이 어찌 그리 선하고 아름다운고 머리에 있는 보배로운 기름이 수염 곧 아론의 수염에 흘러서 그 옷깃까지 내림 같고 헐몬의 이슬이 시온의 산들에 내림 같도다 거기서 여호와께서 복을 명하셨나니 곧 영생이로다"(시 133:1-3).

다수를 따라 악을 행치 아니한 사람, 믿음이 있어서 신실하고 하나님 앞에 성실한 사람, 젊어서 가진 믿음과 용기가 늙어도 변치 않는 사람, 여호와의 말씀을 온전히 믿고 따른 사람, 그의 이름은 갈렙이었다.

겸손한 사사
기드온

기드온은 그 이름이 '나무를 자르는 사람'이란 뜻을 가지고 있다. 아마도 벌목을 잘하는 사람이었던 것 같다. 그는 므낫세 지파의 사람이었다. 그의 아버지는 요아스였고 그의 여러 아들들 중에서 어린 아들이었다. 그의 집은 오브라에 있었다. 이 오브라는 아마도 다볼산과 이스르엘 골짜기 어딘가에 있었던 것 같다. 드보라와 바락에 의하여 구원을 얻은 이스라엘에 40년 간 평화가 지속되었다.

평안해지자 그들은 또 여호와의 목전에서 악을 행하였다. 그 결과 그들은 미약해지고 이방인들은 강성하여 마침내 미디안의 손에 붙이시매 7년 간이나 미디안을 섬겼다. 그리고 이어서 아말렉 사람, 동방 아라비아 사람들이 계속해서 덤벼들되 벌떼같이 달려와서 약탈해갔다. 미련한 이스라엘은 이런 지경이 되어야 하나님께로 돌아와 부르짖게 된다.

밀을 타작하는 것도 숨어서 하고, 땅을 파고 묻어두어야 했다. 고고학자 카일과 브라이트가 지도하는 크세니아신학교 교수들과 미국의 성경연구학자들이 사사시대의 지층을 발굴하여 본즉 곡식을 숨겨 두었던 땅굴을 많이 발견했다. 이는 사사시대의 사람들이 생명과 재산을 위협받았던 것을 단적으로 보여주는 것이다. 이러한 때에 기드온은 하나님의 사자의 방문을 받았다.

기드온의 아버지는 바알신을 섬기는 사람이었다(삿 6:25). 기드온의 아버지는 아마 바알과 아세라신의 제사장으로 있었던 것 같다. 하나님께서는 기드온에게 그 우상들부터 없이한 후에 그 찍어 쪼갠 아세라상을 장작으로 삼아 하나님께 번제를 드리게 하였다.

이러한 사건이 성읍의 바알신자들에게 알려지자 떼거리가 몰려와서 기드온을 끌어내라고 하였다. 이때 기드온의 아버지 요아스가 남긴 말은 명언이었다.

바알신을 위하여 쟁론하려는 사람들에게, "너희가 바알신을 구원하려고 하느냐? 바알이 과연 신일진대 기드온이 그 단을 훼파하였으니 스스로 쟁론할 것이니라!" "바알을 위하여 쟁론하는 자는 이 아침에 죽임을 당하리라" 하고 으름장을 놓았다. 그래서 기드온에게 여룹바알이라는 이름이 생겼다.

1. 그는 신중한 사람이었다. 하나님의 뜻이 확실한지에 대하여 여러 가지로 타진하여보는 사람이었다. 경거망동하는 사람보다는 신중한 사람을 하나님은 기뻐하신다.
2. 일단 하나님의 뜻이 확실할 때는 용감하고 담대하게 하였다. 하나님의 일을 하려고 하면 용기와 담력이 필요하다.
3. 자기 이성적인 판단에 맞지 않아도 하나님의 말씀에 순종하는 사람이었다. 하나님의 일을 하려면 자기를 부인하고 하나님의 말씀에 순종하는 것이 중요하다.
4. 그는 전쟁에 나가기 전에도 겸손하였지만 전쟁에 이기고도 겸손하였다. 많은 사람이 전쟁에 이긴 후 교만에 빠지는 것을 볼 수 있다.
5. 권력에 욕심이 없는 사람이었다. 사람들이 와서 왕을 삼으려고 했지만 기드온은 사양하면서 오직 하나님이 우리의 왕으로 다스릴 것이라고 했다.
6. 그는 하나님과 교제하면서 하나님은 평화의 하나님이신 것을 깨달았다. 그래서 그의 신앙고백은 여호와 샬롬이라고 하였다.
7. 그는 철두철미 확인하는 사람이었다. 적지에까지 직접 들어가서 정탐을 하고 확신을 얻은 후에 군사를 일으키는 사람이었다.

이러한 덕목들은 아무나 갖추기 어려운 것이다. 그러나 기드온같이 위대한 사람이라도 하나님의 말씀을 잘 알지 못하므로 우상을 만들어 실수를 하게 되었다.

기드온의 일생에 과오가 있다면 두가지가 있다고 할 것이다.
첫째 승전기념으로 선물을 받아서 에봇을 만들어둔 것이다. 무지한 이스라엘 사람들이 음란하게 섬겼다고 한다.
둘째 아내가 많았던 것이 문제였다.
그래서 아들이 70인이나 되었다. 그 많은 아들들이 결국은 다 한 반석에서 죽임을 당하게 되었다(삿 9:1-6).
그것은 그가 세겜에 또 첩을 두었는데 그 첩에서 난 아들 아비멜렉의 정권욕이 빚어낸 비극이었다. 이러한 일들은 하나님의 말씀을 바르게 교육한다는 것이 가장 중요하다는 것을 깨닫게 하는 것이다. 호세아가 한 말이 바로 그것이다. 내 백성이 지식이 없어서 망한다고 했다. 하나님께서는 하나님의 말씀을 자녀들에게 부지런히 가르치라고 말씀하신 것을 그들은 까마득하게 잊어버리고 있었다.
아무리 훌륭한 인품을 가진 사람이라도 여자 관계가 복잡한 사람은 그 자녀손까지 영화가 계속되기는 어렵다는 것이다. 인간은 관계로 말미암아 형성되는 존재이기 때문에 가족 관계가 복잡한 가운데서는 바른 인격이 형성되기 어렵다는 것을 볼 수 있다.
기드온의 일생을 보면서 사람은 무엇보다 가정을 가지런히 하는 것이 전쟁에서 승리하는 것보다 더 중요하다는 것을 볼 수 있다. 세상에서 가장 좋은 교육은 부모로부터 윤리적인 모범을 보고 자라나는 것이라 할 것이다.
삼손이나 기드온이나 다 하나님 손에 귀하게 쓰임받은 인물들이지만 결론은 여자 문제가 빚어낸 비극으로 막을 내리고 있다.
여기에 특별한 교훈이 있다. 그것은 그렇게 인품이 훌륭하고 또 하나님의 능력을 받았던 기드온이지만 하나님의 말씀을 배우지 않았기 때문에 그의 업적은 일시적인 것으로 끝나고 말았다는 것이다. 우리는 좋은 성품과 신령한 능력을 어떻게 쓸 것인지를 잘 배워야만 한다.

후덕하고 유력한 사람
보아스

성경의 인물 중에서 아름다운 인품의 소유자가 많지만 보아스는 특별히 주목할 만한 인물이다. 그의 아버지는 정탐꾼이었다. 여호수아가 요단강 동편에서 가나안 땅을 정탐하기 위하여 보낼 때 보아스의 아버지 살몬을 보내었다. 살몬은 여리고성에서 기생 라합을 만나게 되었다.

기생 라합은 살몬의 사람됨을 간파하고 추격하는 군대로부터 숨겨주었고 이것이 인연이 되어 후에 살몬과 라합은 결혼을 하게 되었다. 그리고 아들을 낳았는데 그 이름을 보아스라 한 것이다. 그는 베들레헴에서 유력한 사람이었다.

그는 베들레헴에 흉년이 들었을 때에도 고향을 떠나지 않고 어려운 사람들을 돌아보면서 묵묵히 살아왔다. 풍족하던 살림을 다 팔아서 모압으로 갔던 엘리멜렉의 신앙과는 대조가 되는 것이다. 하나님의 작은 징계를 피해서 모압으로 갔던 엘리멜렉과 그의 아들들은 다 모압땅에서 죽었다. 처량하게 남은 나오미와 모압여자 룻을 위하는 보아스의 보살핌은 과연 복을 받을 만한 사랑의 보살핌이었다.

이러한 덕망을 인하여 사람마다 보아스의 가정을 축복하였다. 축복 중에 가장 복된 축복은 우리 주 예수 그리스도의 축복이요, 그 다음으로 값진 축복은 불신자들이 축복하는 것이라고 본다. 그리스도인들이 교회의 목회

자로부터 축복받는 것은 쉬운 일이다. 그러나 불신자들로부터 축복받는 일은 참으로 어려운 일이다. 보아스는 모든 베들레헴 사람들로부터 축복을 받는 사람이었다.

보아스는 나오미의 기업무를 자가 되었던 것이다.

그로부터 1,000년이 지난 후 예수 그리스도께서는 바로 보아스의 후손으로 탄생하시고 우리의 기업무를 자가 되어주셨다.

전설에 의하면 후에 예수님이 탄생한 베들레헴의 마굿간은 바로 보아스와 룻이 살던 집이었다고 한다. 지금은 그 자리에 구세주 탄생기념교회가 서 있다. 그 당시 여관집 주인은 우리가 이름마저도 알 수 없지만 그날 밤 탄생하신 예수님은 보아스의 후손으로 다윗의 자손으로 오셔서 우리의 기업무를 자가 되었다.

보아스, 그는 긍휼히 여기는 자였다. 홀로 된 과부 나오미의 처지를 깊이 동정하고 그를 돕고자 하는 마음이 가득하였다. 엘리멜렉이 살아있을 때도 은혜를 베풀었던 사람이었다. 그는 룻의 현숙함과 가련한 처지를 깊이 동정하여 자기 집의 일하는 사람들을 권하여 이삭 줍는 룻을 위하여 일부러 이삭을 흘리게 하라고 하였다. 하나님의 말씀인 레위기의 교훈보다 한걸음 더 나아가는 것을 보게 된다.

"너희 땅의 곡물을 벨 때에 너는 밭 모퉁이까지 다 거두지 말고 너의 떨어진 이삭도 줍지 말며 너의 포도원의 열매를 다 따지 말며 너의 포도원에 떨어진 열매도 줍지 말고 가난한 사람과 타국인을 위하여 버려두라 나는 너희 하나님 여호와니라"(레 19:9-10).

보아스가 이러한 성경을 읽어보았는지는 모르지만 보아스의 심성이야말로 참으로 복을 받을 만한 사람이었다. 보아스가 이삭을 줍는 룻에게 베푼 따뜻한 인간애는 남편을 여의고 외로운 룻에게 있어서는 한없는 위로가 되었을 것이다. 어려운 사람의 사정을 이해하는 마음처럼 아름다운 마음은 없다. 룻기는 구약성경을 읽어가는 중에 마치 사막에서 오아시스를 만나는 것처럼 느껴지는 책이다. 베들레헴에서 유력한 보아스의 인정의 샘물이 광야같은 메마른 생을 살아가는 나오미와 룻에게는 참으로 눈물겨운 사랑이었을 것이다.

보아스는 엘리멜렉의 허물이나 기룐과 말론의 허물에 대하여서는 일언반구도 언급하지 않았다. 다만 어떻게 도울 것인가를 생각하고 실천에 옮겼던 사람이다. 이러한 보아스와 효성스럽고 현숙한 룻과 나오미의 축복과 베들레헴 장로들과 마을 여인들의 축복 속에서 오벳('경배하는 자')이 태어났다.

보아스의 아들 오벳은 이새를 낳았고 이새는 다윗왕을 낳은 것이다. 훌륭한 조상을 두었기 때문에 훌륭한 자손이 태어난 것으로 보아도 좋을 것 같다. 보아스의 후덕한 인품의 영향이 오벳으로 내려가고 이새를 거쳐서 다윗 왕을 낳은 것이다.

효성과 신앙이 지극한
룻

룻 (Ruth)은 '여자 친구'라는 뜻이다. 룻은 신구약을 망라하여 많은 여인들이 등장하지만 그 현숙함이 뛰어나는 여인이었다. 유대땅에서 모압땅으로 이사온 사람 중에 엘리멜렉의 아들 말론이라는 사람과 결혼했다가 그만 그 남편이 죽고 나자 하루 아침에 과부가 되었던 여인이었다.

기근으로 인해 베들레헴 사람 엘리멜렉은 부인 나오미, 그리고 두 아들 말론, 기룐과 함께 사해 동편 모압 지방으로 이주했는데(룻 1:1-2), 시대적으로는 사사시대(BC 1390-1050년)였다. 당시 모압의 원주민이었던 룻이 말론과 결혼한 때는 대략 BC 1100년 정도로 볼 수 있다. 그리고 베들레헴으로 돌아와 보아스를 만나고 오벳을 낳은 때는 BC 1060년경으로 추정할 수 있다.

그의 시아버지 엘리멜렉은 유대 베들레헴의 부유한 가정이었는데 흉년이 들자 모압으로 갔던 것이다. 거기서 살아보려고 했으나 엘리멜렉은 하나님께서 데려가셨다. 그의 아내 나오미가 이를 보고도 회개하지도 않았고 돌아오지 않았다. 그리고 그 땅의 처녀들을 며느리로 삼았던 것이다. 큰 아들 기룐은 오르바라는 여자와 결혼하였고 작은 아들 말론은 룻이라는 여인과 결혼을 했다. 그런데 이번에는 기룐과 말론 두 아들이 연이어 죽었다. 아마도 나오미는 하늘이 무너지는 듯했을 것이다. 고향도 아닌 타향 땅에서 남편을 잃은 슬픔도 감당하기 어려운 일인데 아들 둘을 그것도 연이어 잃게 되었으니 누군들 그 슬픔을 감당하기 어려웠을 것이다.

나오미의 슬픔은 거기서 끝나는 것이 아니었다. 갑자기 아들 둘이 다 죽고 나니 그 며느리들이 청상과부가 되어 울고 있었던 것이다. 나오미에게는 자기의 슬픔 따위는 이제 생각할 겨를도 없었다. 거기다가 사돈댁을 볼 면목도 없고 마을 사람들을 볼 면목도 없었을 뿐만 아니라 생활도 이제는 어려워져 살아갈 길이 아득하였을 것이다. 이사올 때 가지고 온 재산이라야 엘리멜렉의 병을 위하여 이리저리 다 허비되고, 게다가 두 아들 결혼시키느라 또 돈을 쓰고 그 아들들마저 병들어 그것을 낫게 하려고 온갖 병원, 의원 다 찾아다니다가 재산 다 탕진하자 아들 둘이 다 죽었으니 나오미의 수중에 남은 것이라고는 아무 것도 없었다.

그런데 소문이 들리기를 하나님께서 베들레헴에 풍년을 주셨다는 소식이 들리게 된 것이다. 나오미는 이러고 있을 수는 없다고 생각하고 일어서게 된 것이다. 무엇보다 '이 젊으나 젊은 것들을 재가시켜야 내가 이러고 있으면 이 젊은 것들이 어찌할 수 있으랴! 내가 베들레헴으로 돌아가야겠다!' 하고 결심한 것이다. 그러자 이 착한 자부들이 어머니하고 그새 정이 들었다고 기어이 붙좇아 나서는 것이었다.

억지로 떠밀고 떠나려 해도 기어이 따라붙는 것들을 안고 나오미는 한없이 울었을 것이다. 며느리들 앞에 민망스러워 울지도 못하던 서러움이 함께 북받쳐 올라와 마음껏 울었을 것이다. 나오미가 한사코 자부들을 돌려보내려 하자 큰 며느리 오르바는 마지 못하여 어머니께 입맞추고 돌아갔다. 그러나 둘째 며느리 룻은 결코 돌아가려 하지 않았으며 하나님을 가리켜 맹세를 해버렸다.

"나오미가 가로되 내 딸들아 돌아가라 너희가 어찌 나와 함께 가려느냐 나의 태중에 너희 남편될 아들들이 오히려 있느냐 내 딸들아 돌이켜 너희 길로 가라 나는 늙었으니 남편을 두지 못할지라 가령 내가 소망이 있다고 말한다든지 오늘 밤에 남편을 두어서 아들들을 생산한다 하자 너희가 어찌 그것을 인하여 그들의 자라기를 기다리겠느냐 어찌 그것을 인하여 남편 두기를 멈추겠느냐 내 딸들아 그렇지 아니하니라 여호와의 손이 나를 치셨으므로 나는 너희로 인하여 더욱 마음이 아프도다 그들이 소리를 높여 다시 울더니 오르바는 그 시모에게 입맞추되 룻은 그를 붙좇았더라 나오미가 또 가로되 보라 네 동서는 그 백성과 그 신에게로 돌아가나니 너도 동서를 따라 돌아가라 룻이 가로되 나로 어머니를 떠나며 어머니를 따르지 말고 돌아가라 강권하지 마옵소서 어머니께서 가시는 곳에 나도 가고 어머니께서 유숙하시는 곳에서 나도 유숙하겠나이다 어머니의 백성이 나의 백성이 되고 어머니의 하나님이 나의 하나님이 되시리니 어머니께서 죽으시는 곳에서 나도 죽어 거기 장사될 것이라 만일 내가 죽는 일 외에 어머니와 떠나면 여호와께서 내게 벌을 내리시고 더 내리시기를 원하나이다

　나오미가 룻의 자기와 함께 가기로 굳게 결심함을 보고 그에게 말하기를 그치니라 이에 그 두 사람이 행하여 베들레헴까지 이르니라 베들레헴에 이를 때에 온 성읍이 그들을 인하여 떠들며 이르기를 이가 나오미냐 하는지라 나오미가 그들에게 이르되 나를 나오미라 칭하지 말고 마라라 칭하라 이는 전능자가 나를 심히 괴롭게 하셨음이니라 내가 풍족하게 나갔더니 여호와께서 나로 비어 돌아오게 하셨느니라 여호와께서 나를 징벌하셨고 전능자가 나를 괴롭게 하셨거늘 너희가 어찌 나를 나오미라 칭하느뇨 하니라 나오미가 모압 지방에서 그 자부 모압 여인 룻과 함께 돌아왔는데 그들이 보리 추수 시작할 때에 베들레헴에 이르렀더라

　나오미의 남편 엘리멜렉의 친족 중 유력한 자가 있으니 이름은 보아스더라 모압 여인 룻이 나오미에게 이르되 나로 밭에 가게 하소서 내가 뉘게 은혜를 입으면 그를 따라서 이삭을 줍겠나이다 나오미가 그에게 이르되 내 딸아 갈지어다 하매 룻이 가서 베는 자를 따라 밭에서 이삭을 줍는데 우연히 엘리멜렉의 친족 보아스에게 속한 밭에 이르렀더라 마침 보아스가 베들레헴에서부터 와서 베는 자들에게 이르되 여호와께서 너희와 함께 하시기를 원하노라 그들이 대답하되 여호와께서 당신에게 복 주시기를 원하나이다 보아스가 베는 자들을 거느린 사환에게 이르되 이는 뉘 소녀냐 베는 자를 거느린 사환이 대답하여 가로되 이는 나오미와 함께 모압 지방에서 돌아온 모압 소녀인데 그의 말이 나로 베는 자를 따라 단 사이에서 이삭

을 줍게 하소서 하였고 아침부터 와서는 잠시 집에서 쉰 외에 지금까지 계속하는 중이니이다 보아스가 룻에게 이르되 내 딸아 들으라 이삭을 주우러 다른 밭으로 가지 말며 여기서 떠나지 말고 나의 소녀들과 함께 있으라
 그들의 베는 밭을 보고 그들을 따르라 내가 그 소년들에게 명하여 너를 건드리지 말라 하였느니라 목이 마르거든 그릇에 가서 소년들의 길어온 것을 마실지니라 룻이 땅에 엎드려 절하며 그에게 이르되 나는 이방 여인이어늘 당신이 어찌하여 내게 은혜를 베푸시며 나를 돌아보시나이까
 보아스가 그에게 대답하여 가로되 네 남편이 죽은 후로 네가 시모에게 행한 모든 것과 네 부모와 고국을 떠나 전에 알지 못하던 백성에게로 온 일이 내게 분명히 들렸느니라 여호와께서 네 행한 일을 보응하시기를 원하며 이스라엘의 하나님 여호와께서 그 날개 아래 보호를 받으러 온 네게 온전한 상 주시기를 원하노라.
 룻이 가로되 내 주여 내가 당신께 은혜 입기를 원하나이다 나는 당신의 시녀의 하나와 같지 못하오나 당신이 이 시녀를 위로하시고 마음을 기쁘게 하는 말씀을 하셨나이다"(룻 1:11- 2:13).

 룻은 자기 동족과 신을 버리고 나오미의 동족과 하나님께로 가기를 주저하지 않았다. 신앙과 효성이 어우러진 룻의 결단력이며 시부모에 대한 룻의 효성은 마음 깊은 곳에서 우러나온 것이었다. 따라서 그녀의 효심은 이방 여인임에도 불구하고 베들레헴 사람들 사이에서도 소문이 날 정도였다. 그리고 그녀는 자기의 신세를 한탄하거나 시어머니나 죽은 남편이나 친정의 부모나 그 누구도 원망하지 않았다. 부끄러움을 무릅쓰고 이삭을 줍다가 보아스의 눈에 들게 되었으며 그녀의 현숙함에 대한 소문이 온 베들레헴 성안에 자자하였다.
 나오미와 룻의 이야기는 고부간의 갈등이 심각한 우리 사회에 시사하는 바가 크다 할 수 있다. 문화적으로 서로 다른 환경에 길들여져 있는 사람들이 만나서 갈등없이 살아간다는 것은 그리 쉬운 일이 아니다. 모압 족속은 본래 롯의 딸들이 아비와 동침함으로써 생겨난 족속이었다(창 19:37).
 룻은 그처럼 부끄러운 과거를 가진 모압의 후손이었으나, 시어머니를 따

라 하나님을 경외함으로써 그리스도의 계보에까지 올랐다. 믿음으로 인해 수치가 영광으로 변한 것이다.

　부끄러움도 무릅쓰고 보아스의 밭에서 이삭을 줍던 가련한 여인이 결국은 베들레헴에서 유력한 보아스의 안방을 차지하게 되었던 것이다. 그리하여 그녀는 오벳을 낳았고 오벳은 이새를 낳았고 이새는 다윗 왕을 낳았던 것이다. 그리고 그 다윗의 가문에서 마침내 메시야, 즉 예수 그리스도께서 탄생하시게 된 것이다.

실패하는 나실인
삼 손

사사들이 다스리던 시대는 그야말로 종교 암흑기라고 할 수 있는 시대였다. 이러한 어둠을 밝히시려고 하나님께서는 삼손, 즉 '햇빛'이라는 사람을 예비하였다. 그러나 이 삼손은 이름처럼 살지는 못했던 것 같다. 나실인으로 구별된다는 것은 그야말로 하나님께 특별한 헌신의 서원으로 이루어지는 것이었다.

하나님께서는 사람을 찾으시는 것이다. 하나님 앞에 자기를 성결하게 구별하여 헌신하고 순종할 사람을 찾고 계시는 것이다. 하나님과 교제를 해보면 하나님은 좋으신 하나님, 선하신 하나님, 인자하신 하나님, 사랑이 많으신 하나님이심을 알게 되고 하나님을 앎으로써 인간이 인간 자신을 깨닫게 되는 것이다. 그리고 우상은 실로 아무 것도 아니라는 것을 바르게 깨닫게 될 것이다. 문제는 한 사람도 하나님을 제대로 알지 못하는 것이 바로 문제였던 것이다.

하나님이 한분이신 줄로 아는 것 정도는 사실 믿음이 아니다. 그런 믿음은 마귀도 믿고 귀신들도 알고 있는 것이다. 예수께서 하나님의 아들 그리스도인 줄로 믿으면 다 된 줄로 아는 사람들이 있다. 그런 믿음은 귀신들이 제자들보다 먼저 알고 있었다. 바른 믿음이란 하나님이 사랑의 하나님이라는 사실을 깨닫는 데 있는 것이다. 유대인들은 하나님을 알되 한분이시며 두려운 하나님이요 가까이 할 수 없는 분이라고만 믿고 있었다.

그러나 그것은 잘못된 생각이었다. 하나님께서 인간을 창조하실 때 교제의 대상으로 사랑하시기 위하여 창조하셨다. 그런데 인간들이 하나님은 그저 두렵기만 한 존재라고 생각함으로써 하나님으로부터 점점 멀어지게 되고 결과적으로는 하나님을 섬기지도 않고 영영 멀어지고 만 것이다.

이러한 때 누군가가 하나님을 사귀어보고 하나님을 바르게 증거할 사람이 필요한 것이다. 그러나 어느 한사람 하나님의 뜻을 헤아리는 사람은 없었다. 그래서 하나님께서 특별조치법, 곧 나실인 법을 제정하신 것이다.

하나님께서 사람들에게 자신을 알게 하시기가 쉽지 않았다. 하나님을 친근히 하여 사귀어본 사람이라야 하나님께서는 선하시고 인자하시고 사랑이 많으시고 은혜로우시고 노하기를 더디 하시며 좋으신 하나님이심을 알고 선전이 될 터인데 어느 한 사람도 하나님을 사귀어본 사람이 없어서 하나님은 이 세상 사람들에게 소개가 제대로 되지 않았던 것이다. 그래서 하나님께서 특별한 법 즉 특별조치법을 제정하셨으니 곧 나실인의 법이었다.

그런데 이스라엘 사람들은 이러한 나실인들을 타락시키려고 그들을 억지로 끌어다가 술을 마시게 하여 그 성결을 욕되게 했다. 하나님께서는 그 나실인 하나를 얻기 위하여 일부러 어떤 여인으로 하여금 잉태치 못하게 하셨다가 그 여인이 애써 부르짖을 때 만나주시고 아들을 낳게 해주시는 대신 그 아들로 하여금 하나님과 동행하면서 하나님을 배우고 하나님을 섬기며 하나님을 선전(선교)하는 일을 할 수 있도록 계약을 하고 태어나게 하신 것이다.

이러한 사람은 하나님도 얻기가 어려운 것이었다. 또 한 사람이 자라서 하나님의 일을 할 수 있기 위하여서는 상당한 기간이 요하는 일이었다.

그런데 이스라엘 사람들이 이렇게 구별된 사람으로 하여금 타락하게 하려고 술을 억지로 마시게 하였던 것이다.

한편 삼손은 누가 억지로 마시운 것이 아니라 스스로 다니면서 나실인으로서 하지 말아야 할 일들을 많이도 했다. 포도주를 마시는 것이나 시체를 만지거나 해서는 안되는 것이었다. 나실인으로 구별된 사람이 하나님께 헌

신하기로 약속된 기간 동안에는 자기 부모의 시신이라도 만질 수 없게 하셨던 것이다. 그런데 삼손은 죽은 사자 시체를 만지고 거기서 꿀을 내어 먹고 다니고 당나귀 턱뼈로 사람을 때려죽이고 양친이 다 반대하는 여인과 복잡한 관계를 가지게 되었다.

아무도 그를 만류도, 억류도 못하는 것은 그가 큰 능력을 받은 사람이라 결박도 허사요 감금도 허사였기 때문이다. 어떤 성안에 구금하면 그 성의 성문을 설주까지 뽑아서 둘러메고 산으로 올라가버렸다. 결국은 들릴라라는 블레셋 여인의 올무에 걸려 머리카락의 비밀을 토설하게 되었고 그에게 함께 하시던 하나님의 성령은 떠나시게 되었다.

그렇지 않아도 삼손은 머리를 밀고 다시 하나님 앞에서 결례를 행하고 재헌신의 기간을 설정해야 하는 것이었다. 그는 벌써부터 나실인으로서 지켜야 할 규칙을 위반하여왔던 것이다. 이런 경우 하나님 앞에 결례를 행하고 다시 시작해야 하는 것이다. 삼손은 하나님의 말씀을 알지 못하였다. 아무리 능력을 받은 사람이라도 그 능력을 바르게 쓸 수 있는 말씀을 바로 알아야 한다. 기드온의 경우도 마찬가지이다. 사람이 지혜를 얻는 것은 매우 중요하다. 그러나 그런 지혜마저도 말씀을 읽지 않으면 솔로몬처럼 되고 마는 것이다.

하나님께서는 선지자 아모스를 통하여 이스라엘 사람들이 하나님의 사람 나실인에게 포도주를 마시게 했던 죄를 지적하셨다.

아모스 선지자는 말하기를 "또 너희 아들 중에서 선지자를, 너희 청년 중에서 나시르 사람을 일으켰나니 이스라엘 자손들아 과연 그렇지 아니하냐 이는 여호와의 말씀이니라 그러나 너희가 나시르 사람으로 포도주를 마시게 하며 또 선지자에게 명하여 예언하지 말라 하였느니라"(암 2:11-12) 하고 지적을 했다.

이러한 행위는 하나님의 일을 훼방하는 행위였다.

하나님의 은혜와 사랑을 직접 체험해보고 그러한 사랑을 증거하고 하나님의 아름다운 덕을 선전하게 하시려고 하나님은 사람을 찾고 계신 것이다.

"여호와께 영광을 돌리며 섬들 중에서 그의 찬송을 선전할지어다"(사 42:12).

"먼저 다메섹에와 또 예루살렘에 있는 사람과 유대 온 땅과 이방인에게까지 회개하고 하나님께로 돌아가서 회개에 합당한 일을 행하라 선전하므로 유대인들이 성전에서 나를 잡아죽이고자 하였으나 하나님의 도우심을 받아 내가 오늘까지 서서 높고 낮은 사람 앞에서 증거하는 것은 선지자들과 모세가 반드시 되리라고 말한 것밖에 없으니 곧 그리스도가 고난을 받으실 것과 죽은 자 가운데서 먼저 다시 살아나사 이스라엘과 이방인들에게 빛을 선전하시리라 함이니이다 하니라"(행 26:20-23).

"오직 너희는 택하신 족속이요 왕같은 제사장들이요 거룩한 나라요 그의 소유된 백성이니 이는 너희를 어두운 데서 불러내어 그의 기이한 빛에 들어가게 하신 자의 아름다운 덕을 선전하게 하려 하심이라"(벧전 2:9).

거룩하신 하나님의 아름다운 덕을 선전하기 위하여 선발된 사람들은 특별한 사람들이었다. 오늘날 우리는 그러한 사람을 선교사라고 한다. 선교사는 하나님의 아름다운 덕을 선전하기 위하여 선발된 하나님의 사람들이다.

하나님의 아름다운 덕을 선전하는 사람들이 술이나 먹고 횡설수설하면 덕이 안되고 오히려 하나님까지 욕을 먹게 될 것이다. 실제로 이방인들 중에서 이스라엘 사람들의 부도덕한 일로 인하여 하나님의 이름이 모독을 받은 일은 많이 있었다. 우리는 삼손의 일생을 통하여 많은 것을 배울 수 있다.

그는 하나님께서 특별히 구별하여 거룩한 일에 쓰시려고 하셨던 사람이다. 그러나 그는 자신을 거룩하게 구별하지 못하고 하나님의 은사를 함부로 남용하였던 사람이다. 부모님의 말도 듣지 않았고 하나님의 뜻을 헤아리지도 않고 자기의 기분이 내키는 대로 행동했던 사람이다.

올바른 나실인
사무엘

신구약을 망라하고, 동서양을 막론하며, 고금을 통틀어도 사무엘만큼 거룩한 사람은 흔하지 않다. 노아, 다니엘, 욥을 일컬어 3대 의인이라고 한다. 아마도 한 사람을 더 꼽자면 사무엘을 꼽을 것이다. 패역한 시대에 하나님의 진노가 임박했을 때라도 의인의 간구는 역사하는 힘이 많은 것이었다.

사무엘은 암울한 시대를 밝힌 사람이었다. 그의 일생을 통하여 흠을 찾을 수가 없는 나실인이었다. 하나님의 의는 삼손을 통하여 선전되지 못하였다. 삼손은 마치 탕자처럼 행동했다. 참으로 나실인으로서는 해서는 안 될 일들을 많이 저질렀다. 그 후에 하나님께서는 엘가나의 아내 한나를 통하여 한 사람의 나실인을 얻게 되었다.

역사적으로 하나님의 마음을 아프시게 한 적이 한두번이 아니었지만 사사시대의 이스라엘 백성들은 참으로 하나님의 마음을 아프시게 했다. 이러한 시대에 하나님의 사람 사무엘이 하나님의 은혜를 힘입어 거룩한 삶을 살게 됨으로 새로운 시대가 열리게 된 것이다. 하나님께서 역사를 주관하시고 섭리하시지만 언제나 사람을 통하여 하시기 때문에 하나님의 뜻을 이룰 만한 사람이 준비 되기 전에는 아무런 일도 일어나지 않는다.

이스라엘 백성들이 애굽에서 400년 간이나 혹독한 종살이를 하고 있었지만 모세같은 지도자가 준비될 때까지 하나님께서도 기다리셨던 것이다.
 여호수아가 세상을 떠난 후 약 250년 이상의 긴 세월이 흘러갔지만 사무엘 같은 인물이 준비되기까지는 역사의 발전이 없었다.
 말라기 이후에 400년 간의 세월이 지나갔지만 참 나실인으로서 세례 요한 같은 하나님의 사람이 준비되기까지는 역사가 발전이 없었다.
 중세시대 교회가 부패하여 종교 암흑기의 세월이 1,000년이 흘러가지만 마르틴 루터 같은 인물이 준비되기 전에는 역사는 공전을 계속했다.

 하나님께서는 사람을 창조하신 분이시지만 한 사람이라도 억지로나 강제로는 하시지 않으신다. 하나님과의 교제를 통하여 하나님을 알고 하나님의 은혜를 받으며 감사하며 감격하여 하나님을 섬기는 것을 원하시는 것이다. 하나님을 두려워만 한다면 하나님을 바르게 알지 못한 것이다. 하나님은 물론 두려우신 분이시다. 그러나 두렵기만 하다면 하나님의 사랑은 모르고 사는 것이 된다.
 유대인들은 하나님을 섬기면서도 하나님은 두려운 분이시라는 생각만 하고 있었다. 그들은 하나님이 얼마나, 또 어떻게 사랑하시는지를 알지 못하였다. 그것은 그들이 하나님을 가까이 해보지 않고 언제나 범죄하고 멀리하고 살았기 때문이다. 사람은 한쪽으로 치우치기 쉽다. 어떤 사람은 하나님 두려운 줄을 모르고 죄를 범하기에 마음이 담대하다. 반면에 어떤 사람들은 하나님을 난폭한 폭군이나 되는 것처럼 벌벌 떨면서 믿는다. 그러나 하나님은 공의의 하나님이시기도 하지만 사랑의 하나님이시다. 죄는 미워하시지만 사람은 사랑하시는 것이다. 이러한 모든 진리는 사람의 철학으로는 알 수 없다. 하나님의 사랑은 체험을 통해서만 알 수 있고 증거할 수 있는 것이다.
 "너희는 여호와의 선하심을 맛보아 알지어다 그에게 피하는 자는 복이 있도다"(시 34:08). 하나님의 선하심, 하나님의 거룩하심, 하나님의 사랑은 이론이나 철학이나 과학으로 알아지는 것이 아니라 맛보아 알고, 체험해보아야, 알고 겪어보아야 알게 된다. 하나님을 사랑하는 자는 하나님의 사랑을 아는 자이고 하나님의 사랑을 아는 자는 하나님의 사랑을 먼저 받은 자인 것이다.
하나님이 우리들을 사랑하셨다는 사실을 맨 먼저 말한 사람은 모세였다. 모세는 하나님의 사랑과 은혜를 받은 사람이었다.

"여호와께서 네 열조를 사랑하신 고로 그 후손 너를 택하시고 큰 권능으로 친히 인도하여 애굽에서 나오게 하시며"(신 4:37).
"여호와께서 다만 너희를 사랑하심을 인하여 또는 너희 열조에게 하신 맹세를 지키려 하심을 인하여 자기의 권능의 손으로 너희를 인도하여내시되 너희를 그 종 되었던 집에서 애굽 왕 바로의 손에서 속량하셨나니"(신 7:8).
"곧 너를 사랑하시고 복을 주사 너로 번성케 하시되 네게 주리라고 네 열조에게 맹세하신 땅에서 네 소생에게 은혜를 베푸시며 네 토지 소산과 곡식과 포도주와 기름을 풍성케 하시고 네 소와 양을 번식케 하시리니"(신 7:13).
"여호와께서 오직 네 열조를 기뻐하시고 그들을 사랑하사 그 후손 너희를 만민 중에서 택하셨음이 오늘날과 같으니라"(신 10:15).

그러나 이스라엘 백성은 하나님이 인간을 사랑하신 것은 모르고 있었고 오래도록 하나님의 사랑을 깨닫지 못하였다. 모세 시대로부터 사무엘까지는 약 500년이 흘러갔지만 그들은 하나님의 사랑을 깨닫지 못하였다.
하나님이 능력이 많으신 것은 보았다. 그러나 하나님이 사랑하신다는 것은 체험하지 못했다. 하나님의 뜻은 이스라엘 백성이 하나님의 사랑을 체험해보고 이방인에게 가서 하나님의 사랑을 증거하는 것이었다. 그런데 이스라엘 백성이 계속하여 매 맞을 짓만 골라가면서 해왔기 때문에 사랑을 받을 기회가 사실 없기도 했을 것이다.
하나님이 천지를 창조하신 것이나, 하나님이 전지전능하신 것이나, 예수께서 하나님의 아들 곧 그리스도이신 것을 아는 것 정도는 귀신들도 가지고 있는 믿음이다. 우리가 가져야 할 진정한 믿음은 사랑으로 역사하는 믿음이다. "그리스도 예수 안에서는 할례나 무할례가 효력이 없되 사랑으로써 역사하는 믿음 뿐이니라"(갈 5:6).

이스라엘 백성들이 하나님의 사랑을 체험하지 못한 것은 그들이 하나님과의 사귐을 가질 수 있을 만큼 거룩하지 못했기 때문이다. 하나님께서 나실인을 원하신 이유가 바로 여기에 있는 것이다. 나실인들에게는 특별한 의무 조항이 있었다. 그 특별한 의무란 자신을 정결하고 거룩하게 구별하는 것이었다.

"여호와께서 모세에게 일러 가라사대 이스라엘 자손에게 고하여 그들에게 이르라 남자나 여자가 특별한 서원 곧 나실인의 서원을 하고 자기 몸을 구별(區別)하여 여호와께 드리거든 포도주와 독주를 멀리 하며 포도주의 초나 독주의 초를 마시지 말며 포도즙도 마시지 말며 생포도나 건포도도 먹지 말지니 자기 몸을 구별하는 모든 날 동안에는 포도나무 소산은 씨나 껍질이라도 먹지 말지며 그 서원을 하고 구별하는 모든 날 동안은 삭도를 도무지 그 머리에 대지 말 것이라 자기 몸을 구별하여 여호와께 드리는 날이 차기까지 그는 거룩한즉 그 머리털을 길게 자라게 할 것이며 자기 몸을 구별하여 여호와께 드리는 모든 날 동안은 시체를 가까이 하지 말 것이요 그 부모 형제 자매가 죽은 때에라도 그로 인하여 더럽히지 말 것이니 이는 자기 몸을 구별하여 하나님께 드리는 표가 그 머리에 있음이라 자기 몸을 구별하는 모든 날 동안 그는 여호와께 거룩한 자니라 누가 홀연히 그 곁에서 죽어서 스스로 구별한 자의 머리를 더럽히거든 그 몸을 정결케 하는 날에 머리를 밀 것이니 곧 제 칠일에 밀 것이며 제 팔일에 산비둘기 두 마리나 집비둘기 새끼 두 마리를 가지고 회막 문에 와서 제사장에게 줄 것이요 제사장은 그 하나를 속죄 제물로, 하나를 번제물로 드려서 그의 시체로 인하여 얻은 죄를 속하고 또 그는 당일에 그의 머리를 성결케 할 것이며 자기 몸을 구별하여 여호와께 드릴 날을 새로 정하고 일년 된 수양을 가져다가 속건제로 드릴지니라 자기 몸을 구별한 때에 그 몸을 더럽혔은즉 지나간 날은 무효니라"(민 6:1-12).

사무엘의 모범 중에서 우리가 본받아야 할 여러 가지 면이 있지만 특별히 사무엘의 덕목을 살펴보는 것이 유익할 것이다.

첫째, 사무엘은 자신을 거룩하게 구별한 사람이다.

사무엘은 이 법을 따라 자기 몸을 거룩히 구별하여 일생 동안 하나님의 법도를 떠나지 아니하였다. 그리고 그의 손으로 이스라엘의 초대 임금 사울에게 기름을 부어 왕이 되게 하였고, 제 2대 다윗 왕의 머리에도 기름을 부어 왕이 되게 하였다. 사무엘은 하나님께서 친히 구별하여 쓰시던 하나님의 종이었다. 그는 하나님 앞에서 백성을 위하여 기도하는 제사장이었고 백성들 앞에서는 하나님의 말씀을 가르치는 선지자였으며, 사사요 재판관이었다. 그는 하나님의 백성인 이스라엘을 새롭게 하려고 애쓰던 개혁자였다.

둘째, 사무엘은 기도하면서 영적인 각성을 촉구하였다.

그는 온 백성을 미스바에 모이게 하고 하나님 앞에 엎드렸다. 미스바에서의 회개는 우상 숭배의 죄를 회개하고 하나님만을 전심으로 섬기자고 하는 성회였다. 이로 인하여 지금까지 섬겨오던 바알들과 아스다롯 신상을 다 가져다가 내어버리고 하나님만 섬기는 백성이 된 것이다.

"사무엘이 이스라엘 온 족속에게 일러 가로되 너희가 전심으로 여호와께 돌아오려거든 이방 신들과 아스다롯을 너희 중에서 제하고 너희 마음을 여호와께로 향하여 그만 섬기라 너희를 블레셋 사람의 손에서 건져내시리라 이에 이스라엘 자손이 바알들과 아스다롯을 제하고 여호와만 섬기니라 사무엘이 가로되 온 이스라엘은 미스바로 모이라 내가 너희를 위하여 여호와께 기도하리라 하매 그들이 미스바에 모여 물을 길어 여호와 앞에 붓고 그 날에 금식하고 거기서 가로되 우리가 여호와께 범죄하였나이다 하니라 사무엘이 미스바에서 이스라엘 자손을 다스리니라"(삼상 7:3-6).

셋째, 사무엘은 공과 의를 실현한 위대한 정치가였다.

그는 왕이 아니었다. 하나님을 왕으로 모시고 이스라엘을 충성스럽게 돌보고 다스린 참된 사사였다. 사사시대가 약 300년 가량 지나가지만 지금까지 참 사사다운 사사는 한 사람도 없었다. 사사시대를 일반적으로 말할 때 신정통치시대라고 한다. 그것은 왕이 군림하거나 국민이 대표자를 뽑아 세우는 대통령제와도 다른 제도였다. 하나님께서 한 사람을 세우시되 결코 사람 위에 군림하거나 억압하거나 하지 않는 것이다. 사무엘은 정말 그렇게 깨끗하게 통치했던 정치가였다.

"사무엘이 온 이스라엘에게 이르되 보라 너희가 내게 한 말을 내가 다 듣고 너희 위에 왕을 세웠더니 이제 왕이 너희 앞에 출입하느니라 보라 나는 늙어 머리가 희었고 내 아들들도 너희와 함께 있느니라 내가 어려서부터 오늘날까지 너희 앞에 출입하였거니와 내가 여기 있나니 여호와 앞과 그 기름부음을 받은 자 앞에서 내게 대하여 증거하라 내가 뉘 소를 취하였느냐 뉘 나귀를 취하였느냐 누구를 속였느냐 누구를 압제하였느냐 내 눈을 흐리게 하는 뇌물을 뉘 손에서 취하였느냐 그리하였으면 내가 그것을 너희에게 갚으리라 그들이 가로되 당신이 우리를 속이지 아니하였고 압제하지 아니하였고 뉘 손에서 아무 것도 취한 것이 없나이다"(삼상 12:1-4).

"사무엘이 사는 날 동안에 이스라엘을 다스렸으되 해마다 벧엘과 길갈과 미스바로 순회하여 그 모든 곳에서 이스라엘을 다스렸고 라마로 돌아왔으니 이는 거기 자기 집이 있음이라 거기서도 이스라엘을 다스렸으며 또 거기 여호와를 위하여 단을 쌓았더라"(삼상 7:15-17).

넷째, 사무엘은 위대한 개혁자였다.

"사무엘이 백성에게 이르되 오라 우리가 길갈로 가서 나라를 새롭게 하자"(삼상 11:14). 한 사람이 자기 자신의 마음을 새롭게 하는 것도 쉽지 않은 일이다. 그런데 사무엘이 나라를 새롭게 하자고 하는 것이다.

새롭게 하는 일은 개혁자의 일이다. 개혁이란 마구 뜯어고치는 것이 아니라 원래의 모습, 본래의 모습을 회복하게 하는 것이다.

사무엘은 백성들을 이끌고 길갈로 가자고 했다. 사무엘은 백성들을 이끌고 역사적인 기념비가 서 있는 곳에 이른 것이다. 거기는 이스라엘 역사를 기념하는 돌들이 있는 곳이었다.

"여호수아가 그 요단에서 가져온 열두 돌을 길갈에 세우고 이스라엘 자손들에게 일러 가로되 후일에 너희 자손이 그 아비에게 묻기를 이 돌은 무슨 뜻이냐 하거든 너희는 자손에게 알게 하여 이르기를 이스라엘이 마른 땅을 밟고 이 요단을 건넜음이라 너희 하나님 여호와께서 요단 물을 너희 앞에 마르게 하사 너희로 건너게 하신 것이 너희 하나님 여호와께서 우리 앞에 홍해를 말리시고 우리로 건너게 하심과 같았나니 이는 땅의 모든 백성으로 여호와의 손이 능하심을 알게 하며 너희로 너희 하나님 여호와를 영원토록 경외하게 하려 하심이라 하라"(수 4:20-24).

다섯째, 사무엘은 교육자였다.

그는 나라의 역사를 가르치면서 홍해와 요단을 가르고 들어오던 그때 그 정신으로 다시 돌아가자고 호소하고 있는 것이다. 우리가 적어도 믿음을 새롭게 하자면 처음 믿을 때, 그리고 세례받던 날과 같이 마음을 새롭게 해야 한다. 길갈은 여호수아가 요단강 물을 건너올 때 제사장들이 법궤를 메고 물에 들어서자마자 흐르던 물이 멈추어서고 이스라엘 백성이 범람하는 요단강을 마른 땅같이 걸어서 건넌 사건을 기념하기 위하여 세운, 돌로 쌓은 기념비가 있는 곳이었다. 여호수아는 열두돌을 가져오게 하여 거기 세우고 기념하게 하였던 것이다.

우리가 한 시대를 바르게 이끌어가기 위해 반드시 해야 할 일은 역사를 가르치는 것이다. 과거가 있었기 때문에 현재가 있다. 현재를 바르게 해야만 미래가 열리게 된다. 잘못된 줄 알면 원점으로 돌아가야 한다. 출발점으로 돌아가서 새출발을 해야 한다. 우리가 역사를 공부하는 것도 같은 과오을 되풀이하지 않기 위해서이다. 또 과거에서 현재까지의 연장선을 긋고 그 연장선상에서 조심스럽게 미래를 설계하는 것이 역사 공부의 목적이다.

카아(E. H. Carr) 교수는 "역사란 어제와 오늘의 대화"라고 말했다. 보다 낳은 미래를 설계하기 위하여 우리는 어제를 연구해야 한다. 그러므로 위대한 역사를 가진 민족은 언젠가는 다시 일어날 가능성이 있다. 역사 속에는 구체적인 하나님의 말씀이 담겨 있는 것이다. 한걸음 더 나아가 역사는 그 자체가 입체적이고 구체적인 하나님의 말씀이다.

초대 임금
사 울

이스라엘의 초대 임금이었던 사울은 처음에 잘하다가 나중에 잘못된 사람들 중의 대표적인 사람이다. 우리가 주의해야 할 것이 바로 이러한 점이다. 사람마다 처음에는 두렵고 떨림으로, 감격함으로 일을 시작한다. 그러나 거기에 익숙해지면 차츰 긴장도 풀리고, 감격도 없어지고, 겸손도 없어지고 조심성도 없어지게 된다.

우리는 성경과 역사와 우리 주위에서 이런 사람들을 많이 만나게 된다.

우리 자신들도 정도의 차이는 있지만 거의가 이러한 경험을 가지고 있을 것이다.

사울 왕의 뒤를 이어 왕이 된 다윗 왕도 그런 면에는 마찬가지였다.

다윗이 처음에는 참으로 하나님의 마음에 합하게 했다.

그러나 조금 잘 되어 나갈 때 그는 타락의 길을 가게 되는 것이다.

솔로몬도 마찬가지이다. 처음에는 잘하던 사람이 나중에 가서는 아주 고약한 사람이 되었다.

웃시야 왕도 처음에는 잘하였다. 그러나 갈수록 교만해져서 나중에는 문둥이가 되어서 죽었다.

히스기야 역시 마찬가지이다. 처음에는 잘하였다. 그러나 나중에는 잘못된 행동을 하게 된다.

가룟 유다 역시 처음에는 12사도 중의 한 사람으로 세움을 입었다. 그러나 그의 말로는 배신자의 대명사가 되어버렸다.
데마는 한때 바울과 같이 로마에서 바울을 도와서 활동하던 사람이다. 그러나 나중에는 세상을 사랑하여 데살로니가로 가버렸다.

성경은 여러 경우의 삶을 보여주고 있다.
처음에는 잘못하다가 나중에는 회개하고 잘한 사람도 있는 것이다.
야곱의 아들 유다는 처음에는 동생 요셉을 애굽으로 가는 대상들에게 팔아넘기고 아버지의 마음을 심히 아프게 하던 사람이었지만 오래 계속되는 징계를 달게 받고는 새사람이 되었다.
모세도 처음에는 잘못했지만 나중에는 하나님의 백성을 온유와 겸손으로 지도하는 훌륭한 지도자가 되었다.
가버나움의 세리 마태 역시 처음에는 잘못된 길을 걸었지만 예수님을 만난 후에는 그는 거룩한 사람이 되었다.
여리고의 세리장 삭개오 역시 처음에는 백성들을 토색하고 이익에 탐닉된 길을 걸었지만 예수님을 만난 이후의 삶은 변화를 받아 거룩한 사람이 되었다. 베다니의 마리아 등 많은 사람이 처음에는 잘못하다가 나중에는 회개하고 잘한 사람들이 있다.

사도 바울 같은 경우도 마찬가지이다. "내가 전에는 훼방자요 핍박자요 포행자이었으나 도리어 긍휼을 입은 것은 내가 믿지 아니할 때에 알지 못하고 행하였음이라"(딤전 1:13).
그는 교회를 핍박하고 잔해하고 예수 믿는 사람을 잡아다가 때리고 옥에 넘기고 친구 스데반을 죽여야 한다고 주장하던 사람이다. 그러나 후에는 변하여 선교사가 되었다. 진리가 진리 되는 증거는 사람들을 선하게, 진실하게, 거룩하게, 아름답게 변화시키는 데 있는 것이다. 기독교의 역사는 사람들의 변화된 이야기 외에는 할 이야기가 없다.

어떤 사람들은 처음부터 한결같이 진실과 성실로 살아간다. 우리는 성경에서 그러한 사람들을 만나게 된다.

아브라함이 그렇고, 이삭이 그렇다. 요셉이 그렇고 여호수아와 갈렙이 그렇다. 사무엘이 그렇고, 다니엘이 그렇다. 이러한 사람들은 일생을 통하여 변하지 않는 전천후 신앙을 가지고 살았다. 일생을 통하여 그 흠을 찾을 수 없는 사람들이다. 아브라함의 가정 총무 다메섹 엘리에셀이 그렇다. 다윗의 신복 중에는 브나야가 그런 인물이다.

성경은 여러 경우의 사람들이 살아온 길을 우리에게 보여준다. 롯의 처를 보여주고 욥의 인내와 후에 얻은 위로를 보여준다. 예수님께서도 실화와 예화를 통하여 여러 사람들의 삶을 보여주시려고 애를 쓰신 것을 볼 수 있다.

아버지와 탕자의 비유를 통하여 그런 말씀을 하셨다.

부자와 나사로의 비유도 사람의 일생을 그린 비유였다.

두 아들의 자세를 비유한 것도 그런 내용이었다.

"그러나 너희 생각에는 어떠하뇨 한 사람이 두 아들이 있는데 맏아들에게 가서 이르되 얘 오늘 포도원에 가서 일하라 하니 대답하여 가로되 아버지여 가겠소이다 하더니 가지 아니하고 둘째 아들에게 가서 또 이같이 말하니 대답하여 가로되 싫소이다 하더니 그 후에 뉘우치고 갔으니 그 둘 중에 누가 아비의 뜻대로 하였느뇨 가로되 둘째 아들이니이다 예수께서 저희에게 이르시되 내가 진실로 너희에게 이르노니 세리들과 창녀 기생들이 너희보다 먼저 하나님의 나라에 들어가리라"(마 21:28-31).

사람은 이 여러 가지 모델 중의 하나로 살게 될 것이다.

처음에는 잘하다가 나중에는 잘못된 길을 가는 사람들,

처음에는 잘못하다가 나중에는 바르게 돌아온 사람들,

처음부터 끝까지 변함없이 진실하고 성실한 사람들,

처음부터 끝까지 변함없이 악하고 패역한 사람들,

몇번이고 타락했다가 회복하고 또 타락하는 나약한 사람들이 있다.

놀랍게도 사울 왕은 처음에는 겸손하고 감격하고 신령하게 시작하였다가 나중에는 결국 육신적인 욕망의 노예가 되더니 권세욕, 명예욕의 노예가 되어서 비참한 최후를 마치게 되었다. 사울은 성령으로 시작하였다가 육체로 마친 사람의 대명사처럼 되었다.

하나님께서는 사울이 스스로 작게 여길 때 선택하셨다가 교만해졌을 때 사울을 버리신 것이다.

"사무엘이 가로되 왕이 스스로 작게 여길 그때에 이스라엘 지파의 머리가 되지 아니하셨나이까 여호와께서 왕에게 기름을 부어 이스라엘 왕을 삼으시고 또 왕을 길로 보내시며 이르시기를 가서 죄인 아말렉 사람을 진멸하되 다 없어지기까지 치라 하셨거늘 어찌하여 왕이 여호와의 목소리를 청종치 아니하고 탈취하기에만 급하여 여호와의 악하게 여기시는 것을 행하였나이까 사울이 사무엘에게 이르되 나는 실로 여호와의 목소리를 청종하여 여호와께서 보내신 길로 가서 아말렉 왕 아각을 끌어왔고 아말렉 사람을 진멸하였으나 다만 백성이 그 마땅히 멸할 것 중에서 가장 좋은 것으로 길갈에서 당신의 하나님 여호와께 제사하려고 양과 소를 취하였나이다 사무엘이 가로되 여호와께서 번제와 다른 제사를 그 목소리 순종하는 것을 좋아하심 같이 좋아하시겠나이까 순종이 제사보다 낫고 듣는 것이 수양의 기름보다 나으니 이는 거역하는 것은 사술의 죄와 같고 완고한 것은 사신 우상에게 절하는 죄와 같음이라 왕이 여호와의 말씀을 버렸으므로 여호와께서도 왕을 버려 왕이 되지 못하게 하셨나이다"(삼상 15:17-23).

사울은 하나님 앞에 항구적으로 은혜를 받는 길이 무엇인지를 가르치시는 도구로 쓰임을 받은 것 같이 보인다. 그 길은 겸손이다.

"진실로 그는 거만한 자를 비웃으시며 겸손한 자에게 은혜를 베푸시나니"(잠 3:34).

"겸손한 자와 함께 하여 마음을 낮추는 것이 교만한 자와 함께 하여 탈취물을 나누는 것보다 나으니라"(잠 16:19).

"사람의 마음의 교만은 멸망의 선봉이요 겸손은 존귀의 앞잡이니라"(잠 18:12).
"겸손과 여호와를 경외함의 보응은 재물과 영광과 생명이니라"(잠 22:4).
"사람이 교만하면 낮아지게 되겠고 마음이 겸손하면 영예를 얻으리라"(잠 29:23).
"지존무상하며 영원히 거하며 거룩하다 이름하는 자가 이같이 말씀하시되 내가 높고 거룩한 곳에 거하며 또한 통회하고 마음이 겸손한 자의 영을 소성케 하려 함이라"(사 57:15).
"사람아 주께서 선한 것이 무엇임을 네게 보이셨나니 여호와께서 네게 구하시는 것이 오직 공의를 행하며 인자를 사랑하며 겸손히 네 하나님과 함께 행하는 것이 아니냐"(미 6:8).
"나는 마음이 온유하고 겸손하니 나의 멍에를 메고 내게 배우라 그러면 너희 마음이 쉼을 얻으리니 이는 내 멍에는 쉽고 내 짐은 가벼움이라"(마 11:29).

사울이 이러한 교훈을 위하여 값비싼 대가를 지불했다는 것은 의심의 여지가 없다. 하나님의 은혜가 항구적으로 우리에게 머물게 하는 길은 하나님 앞과 사람 앞에서 자신을 낮추는 것이다. 이것은 신구약과 역사를 통틀어 기독교의 덕목 중의 덕목이요, 진리 중의 진리이다.

아름다운 친구
요나단

어떤 사람들은 그 아버지를 그대로 닮는 사람이 있는가 하면 전혀 그렇지 않은 사람도 있다. 사울 왕에게서 어떻게 요나단 같은 아들이 열리게 되었는지를 이해할 수가 없을 정도이다. 우정이 두터운 사람을 두고 말할 때 동양에서는 고래로 관포지교(管鮑之交)를 말하지만 기독교 사회에서는 다윗과 요나단의 우정을 이야기하게 된다.

"다윗이 사울에게 말하기를 마치매 요나단의 마음이 다윗의 마음과 연락되어 요나단이 그를 자기 생명같이 사랑하니라 그 날에 사울은 다윗을 머무르게 하고 그 아비의 집으로 다시 돌아가기를 허락지 아니하였고 요나단은 다윗을 자기 생명같이 사랑하여 더불어 언약을 맺었으며 요나단이 자기의 입었던 겉옷을 벗어 다윗에게 주었고 그 군복과 칼과 활과 띠도 그리하였더라 다윗이 사울의 보내는 곳마다 가서 지혜롭게 행하매 사울이 그로 군대의 장을 삼았더니 온 백성이 합당히 여겼고 사울의 신하들도 합당히 여겼더라"(삼상 18:1-5).

쉬운 말로 하면 요나단이 다윗을 보자마자 첫눈에 반해버렸던 것이다. 요나단이 다윗을 자기 생명같이 사랑하였다고 기록하고 있다. 다윗도 요나단을 사랑하게 되었고 언약을 맺게 되었다. 다윗은 여러 여인들을 거느려 보았지만 요나단의 사랑이 여인들의 사랑보다 더 진하였다고 기록하고 있다. 길보아산 전투에서 사울 왕과 요나단이 함께 전사한 것을 슬퍼하면서 다윗이 애가를 지었는데, 그 노래는 야살의 책에 기록이 되었다.

다윗의 활 노래

이스라엘아
너의 영광이 산 위에서 죽임을 당하였도다
오호라 두 용사가 엎드러졌도다
이 일을 가드에도 고하지 말며
아스글론 거리에도 전파하지 말지어다
블레셋 사람의 딸들이 즐거워할까
할례받지 못한 자의 딸들이 개가를 부를까 염려로다
길보아산들아 너희 위에 우로가 내리지 아니하며
제물 낼 밭도 없을지어다
거기서 두 용사의 방패가 버린 바 됨이라
곧 사울의 방패가 기름부음을 받지 않음 같이 됨이로다
죽은 자의 피에서 용사의 기름에서 요나단의 활이 물러가지 아니하였으며
사울의 칼이 헛되이 돌아오지 아니하였도다
사울과 요나단이 생전에 사랑스럽고 아름다운 자러니
죽을 때에도 서로 떠나지 아니하였도다
저희는 독수리보다 빠르고 사자보다 강하였도다
이스라엘 딸들아 사울을 슬퍼하여 울지어다
저가 붉은 옷으로 너희에게 화려하게 입혔고
금 노리개를 너희 옷에 채웠도다
오호라 두 용사가 전쟁 중에 엎드러졌도다
요나단이 너의 산 위에서 죽임을 당하였도다
내 형 요나단이여
내가 그대를 애통함은

그대는 내게 심히 아름다움이라
그대가 나를 사랑함이 기이하여
여인의 사랑보다 승하였도다
오호라 두 용사가 엎드러졌으며
싸우는 병기가 망하였도다 하였더라.

다윗은 일생 동안 여러 여인들을 취하였지만 요나단의 사랑같은 사랑은 느껴보지 못했던 것 같다. 요나단과 다윗이 그렇게 아름다운 우정으로 맺어진 것을 보면 그 신앙이 아주 서로 닮은 데가 있음을 알 수 있다.

다윗이나 요나단이 어디서 그러한 신앙을 소유하게 되었는지는 잘 알 수 없지만 신앙이 서로 통하고 있음을 분명히 알 수 있다. 요나단이 다윗을 만나기 전, 블레셋 군대가 이스라엘을 쳐들어왔을 때 요나단이 자기의 병기든 자(왕자의 심부름하는 자)와 함께 담대하게 나아가는 장면을 볼 수 있다.

"요나단이 자기 병기 든 소년에게 이르되 우리가 이 할례없는 자들의 부대에게로 건너가자 여호와께서 우리를 위하여 일하실까 하노라 여호와의 구원은 사람의 많고 적음에 달리지 아니하였느니라

병기 든 자가 그에게 이르되 당신의 마음에 있는 대로 다 행하여 앞서 가소서 내가 당신과 마음을 같이 하여 따르리이다"(삼상 14:6-7).

이 두 사람이 블레셋 군대를 향하여 건너가는데 그 믿음과 그 자세가 다윗이 골리앗을 향하여 나아갈 때의 자세와 흡사한 데가 있는 것이다.

"다윗이 사울에게 고하되 그를 인하여 사람이 낙담하지 말 것이라 주의 종이 가서 저 블레셋 사람과 싸우리이다

사울이 다윗에게 이르되 네가 가서 저 블레셋 사람과 싸우기에 능치 못하리니 너는 소년이요 그는 어려서부터 용사임이니라

다윗이 사울에게 고하되 주의 종이 아비의 양을 지킬 때에 사자나 곰이 와서 양

떼에서 새끼를 움키면 내가 따라가서 그것을 치고 그 입에서 새끼를 건져내었고 그것이 일어나 나를 해하고자 하면 내가 그 수염을 잡고 그것을 쳐 죽였나이다 주의 종이 사자와 곰도 쳤은즉 사시는 하나님의 군대를 모욕한 이 할례 없는 블레셋 사람이리이까 그가 그 짐승의 하나와 같이 되리이다

또 가로되 여호와께서 나를 사자의 발톱과 곰의 발톱에서 건져 내셨은 즉 나를 이 블레셋 사람의 손에서도 건져내시리이다

사울이 다윗에게 이르되 가라 여호와께서 너와 함께 계시기를 원하노라

이에 사울이 자기 군복을 다윗에게 입히고 놋투구를 그 머리에 씌우고 또 그에게 갑옷을 입히매 다윗이 칼을 군복 위에 차고는 익숙치 못하므로 시험적으로 걸어 보다가 사울에게 고하되 익숙치 못하니 이것을 입고 가지 못하겠나이다 하고 곧 벗고 손에 막대기를 가지고 시내에서 매끄러운 돌 다섯을 골라서 자기 목자의 제구 곧 주머니에 넣고 손에 물매를 가지고 블레셋 사람에게로 나아가니라

블레셋 사람이 점점 행하여 다윗에게로 나아오는데 방패 든 자가 앞섰더라

그 블레셋 사람이 둘러보다가 다윗을 보고 업신여기니 이는 그가 젊고 붉고 용모가 아름다움이라 블레셋 사람이 다윗에게 이르되 네가 나를 개로 여기고 막대기를 가지고 내게 나아왔느냐 하고 그 신들의 이름으로 다윗을 저주하고 또 이르되 내게로 오라 내가 네 고기를 공중의 새들과 들짐승들에게 주리라

다윗이 블레셋 사람에게 이르되 너는 칼과 창과 단창으로 내게 오거니와 나는 만군의 여호와의 이름 곧 네가 모욕하는 이스라엘 군대의 하나님의 이름으로 네게 가노라 오늘 여호와께서 너를 내 손에 붙이시리니 내가 너를 쳐서 네 머리를 베고 블레셋 군대의 시체로 오늘날 공중의 새와 땅의 들짐승에게 주어 온 땅으로 이스라엘에 하나님이 계신 줄 알게 하겠고 또 여호와의 구원하심이 칼과 창에 있지 아니함을 이 무리로 알게 하리라 전쟁은 여호와께 속한 것인즉 그가 너희를 우리 손에 붙이시리라 블레셋 사람이 일어나 다윗에게로 마주 가까이 올 때에 다윗이 블레셋 사람에게로 마주 그 항오를 향하여 빨리 달리며 손을 주머니에 넣어 돌을 취하여 물매로 던져 블레셋 사람의 이마를 치매 돌이 그 이마에 박히니 땅에 엎드러지니라 다윗이 이같이 물매와 돌로 블레셋 사람을 이기고 그를 쳐 죽였으나 자기 손에는 칼이 없었더라"(삼상 17:32-50).

다윗과 요나단, 요나단과 다윗은 그야말로 신앙의 동지였다. 주 안에서 한 형제가 나누는 사랑이 어떠한 것인지를 보여주는 좋은 본보기라고 할 수 있다. 요나단에게는 다윗이 경쟁의 대상이요 정치적으로 보면 정적이라 할 수 있다. 그러나 이 두 사람의 사이에는 정치나 명예나 권세나 현재나 장래나 높음이나 깊음이나 다른 아무 것이라도 그 두 사람 사이에 맺어진 사랑을 끊을 수 없었다. 두 사람 사이에 맺어진 사랑은 한 사람이 죽은 후에도 계속되고 있는 것을 볼 수 있다. 이러한 우정은 다윗에게서보다도 요나단에게서 발견되는 것이다. 요나단이 정치적인 욕심을 갖지 않았다는 것은 일반 사람들이 참으로 이해하기 어려운 일이다.

더 나아가 요나단은 자기의 친구 다윗이 왕이 될 것을 알고 있을 정도로 맑은 영을 가지고 있었다. 두 사람은 숨기는 것이 없었다. 그리고 서로가 서로을 위하여 아끼는 것이 없었다.

친구란 숨기는 것이 없이 모든 것을 다 털어놓을 수 있는 사이를 두고 하는 말이다. 요나단은 심지어 자기의 아버지 사울이 다윗을 죽이려고 하는 것까지 다 다윗에게 털어놓았던 것이다.

예수님께서 제자들에게 하시는 말씀을 잘 들어볼 필요가 있다.

"사람이 친구를 위하여 자기 목숨을 버리면 이에서 더 큰 사랑이 없나니 너희가 나의 명하는 대로 행하면 곧 나의 친구라 이제부터는 너희를 종이라 하지 아니하리니 종은 주인의 하는 것을 알지 못함이라 너희를 친구라 하였노니 내가 내 아버지께 들은 것을 다 너희에게 알게 하였음이니라"(요 15:13-15).

예수님께서도 자신이 아버지께 들은 것을 다 알게 하였다고 하시면서 이것이 곧 우리를 친구로 여기시는 증거라고 말씀하신 것이다. 다윗을 친구로 여겼던 요나단이 자기 아버지께 들은 것을 다 다윗에게 털어놓은 것과 같은 유비(類比)가 여기에 있는 것이다.

하나님의 마음에 합한 사람
다 윗

신구약 성경을 망라하여 다윗같이 인간미가 있는 사람도 흔하지 않았다. 그는 위대한 사람이었으면서도 우리와 같은 약점과 실수와 허물이 있는 사람이었다. 그리고 그는 하나님의 사랑을 많이 받은 사람이었다.

그는 훌륭한 조상의 후손으로 태어났다. 그는 아브라함의 후손이었다. 그리고 이삭 야곱 유다의 후손이었다. 베레스, 헤스론, 람, 아미나답, 나손, 살몬, 보아스, 오벳, 이새의 아들이었다. 살몬은 여호수아가 가나안 땅을 정탐하기 위하여 파송한 첩보원이었다. 그리고 그의 증조부는 모압여인 룻을 취한 보아스였다. 그는 이새의 여덟 아들 중 막내로 태어났다.

그는 훌륭한 조상들의 후손이었고 위대한 사람들의 조상이 되었다. 다윗 이후로 유다의 왕들은 다 다윗의 자손이었다. 21명의 왕들 중 선한 왕도 있었고 악한 왕도 있었지만 하나님께서 다윗에게 약속하신 대로 그 왕조가 다른 사람들에게 넘어가지 않게 하셨다. 반면에 북왕국 이스라엘은 19명의 왕들이 바뀌는 중 왕조가 9번이나 바뀌게 되고 그 중 7번은 무력에 의하여 왕조가 바뀌었다. 그러나 다윗의 후손 중에서는 한번도 왕조가 바뀌지 않고 마침내는 그 다윗의 자손으로 만왕의 왕, 만주의 주 되시는 예수 그리스도께서 탄생하시게 된다.

그의 조상이나 그의 후손들 중에는 훌륭한 인물들이 많았다.

그는 어려서 아버지의 양떼를 치면서 베들레헴에서 살았다.

그러나 그는 하나님의 은혜를 받아서 이스라엘의 왕이 되었다.
그는 예수 그리스도의 조상이 되었다.
그는 이스라엘 역사상 어느 왕보다 위대한 왕이었다.
그는 훌륭한 장군이었다.
그는 일생 동안 거의 패배를 한 적이 없었다.
그는 위대한 정치가였다.
그는 뛰어난 시인이었다. 시편의 약 절반은 다윗의 작품들이다.
그는 위대한 음악가였다.
그는 참 인간이었다.
그는 참 믿음의 사람이었다.

그의 말하는 자세를 보면 믿음이 무엇인지를 느낄 수 있을 것같이 느껴진다. 그는 하나님 외에는 두려워하는 것이 없었다.
그러나 그의 일생은 결코 행복하기만 한 것은 아니었다. 그의 첫사랑은 무참하게 깨어졌다. 그는 사울의 딸 미갈을 진심으로 사랑했던 것 같다. 그러나 어느날 미갈이 다윗을 멸시하는 언사를 듣고는 그를 향하던 사랑은 식어지고 만다. 그 전후로 여러 여인을 취하여 자녀를 낳게 되지만 그의 삶이 행복하지는 못했다. 특히 그의 삶이 어려워지게 된 이유는 바로 애정 문제에서 출발하는 것을 알 수 있게 된다.
우리가 다윗의 일생을 가만히 살펴보면 미갈과의 관계가 그렇게 된 후 바로 우리아의 아내 밧세바 사건이 발생하게 된 것을 알 수 있다.
사무엘상·하서는 아마도 선지자 나단이 기록했을 가능성이 크다. 다윗의 통치기간 중에 일어났던 사건들을 가감하지 않고 사실대로 기록했다. 어떤 사건이나 어떤 신분이라도 미화시키지 않고 사실대로 기록한 것이 이 책의 가치를 증거하는 것이다. 역사가가 사실을 기록하는 데는 성역이 있을 수 없다. 나단같은 역사의 파수꾼이 있었기 때문에 다윗왕조가 그래도 몰락하지 않고 계승될 수 있었다.
성경을 기록한 사람은 다윗의 통치기간 중에 있었던 공과(功過)를 여과

없이 기록하고 있다. 우리 역사에도 승정원의 도승지는 위인이 대쪽같은 인물이어야 했으며, 승정원에서 기록한 승정원일기는 당대의 왕은 열람도 할 수 없었다고 한다.

다윗은 자기의 공과를 나단이 어떻게 기록했는지 알지 못했을 것이다.

성경은 다윗의 아름다운 정치를 기록하고 있다.

반면에 다윗의 약점과 과오를 가차없이 기록하고 있다.

오늘 우리의 삶을 나단같은 혜안(慧眼)을 가진 사람이 가차없이 기록한다면 어떻게 기록이 되었을까를 생각하게 한다.

더 나아가 우리의 일생을 평가한 내신성적이 하나님의 책에 기록이 된다는 것을 우리는 알아야 한다.

역사가는 이렇게 말한다. "그 후에 이 일이 있으니라." 이 말은 다윗이 우리아의 아내를 범하고 우리아 장군을 궤계로 죽게 하고 나서 나단 선지자의 책망을 받은 후 밧세바와 다윗 사이에서 태어났던 아이는 죽었다. 그 후에도 다윗의 가정에는 심상치 않은 일들이 연속적으로 일어나게 되는 것이다.

암논이라는 왕자가 배다른 공주 다말을 연애하여 상사병이 나게 되고, 그로 인해 마침내 공주를 강간하게 된다. 결국 그 공주의 오라버니 되는 압살롬이라는 왕자가 자기 여동생을 강간한 일에 대하여 원한을 품고 있다가 마침내 암논이란 왕자를 죽이게 된다. 그리고는 다윗 왕을 두려워한 압살롬은 멀리 망명길을 가게 된다.

후에 요압의 상소로 돌아왔지만 압살롬은 백성의 마음을 도적질하여 반역을 한다.

나단은 이러한 모든 일들이 다윗의 가정에 일어나게 된 것은 다윗이 심은 것을 그렇게 거두게 된 것이라는 관점에서 쓰고 있다.

"그 후에 이 일이 있으니라."

무슨 일 후에 무슨 일이 있었는지를 잘 보아야 한다. 재앙은 티끌에서 일어나는 것이 아니라는 말이 있다. 언젠가 누군가가 무엇인가를 어떻게든지 심었기 때문에 거두게 되는 것이다. 하나님께서 다윗을 용서하셨으므로 다윗이 죽지는 않았지만 그 후에 다윗이 거두게 되는 재앙들은 생각해보면 다 자기가 뿌린 것이요, 심은 것을 거두게 된 것이다. 다윗 같은 사람에게도 그런 쓰라린 일들이 있었다. 역사의 그물이 비록 성글은 것 같아도 하나님의 공의로운 섭리의 손길을 벗어날 수는 없다.
"그 일 후에 이 일이 있으니라."
그 일이 선한 것이었다면 이 일도 선한 것이 될 것이다.

다윗의 행위가 여호와 보시기에 악하였다고 기록하고 있다.
다윗이나 솔로몬이나 그 누구라도 비윤리적인 행위를 했을 때 하나님께서 이에 대하여 책망하시고 징계하시는 것이다. 사람이 평소에 아무리 잘해왔다고 해도 악을 행한 사람이 전에 행한 선한 일로 인하여 그의 선과 그의 악이 상쇄(相殺)되지 않는다. 다윗의 선은 선으로써 상을 받게 되고 악은 악으로써 징계를 받게 되었다. 우리가 한가지 알아두어야 할 것은 다윗을 망치는 원수가 골리앗이나 블레셋의 군대가 아니라는 것이다. 모압이나 암몬의 군대도 아니고 바로 자기 자신이었다. 나를 망치는 원수는 언제나 바로 나 자신 속에 있다.
반대로 나를 잘 되게 하는 은혜는 대개 내 속에 있는 것이 아니라 하나님의 은혜요 받들어 협력하는 여러 사람들의 공로이다. 이러한 경험을 하게 될 때 사람은 점점 겸손하게 되는 것이다.

그러나 여러 가지 허물이 있음에도 불구하고 다윗은 역시 위대한 사람임에는 틀림이 없다. 그는 요나단과의 맹세, 그리고 사울왕과의 맹세를 끝까지 지켜서 사울집의 후손들에게 특별한 은혜를 베풀기를 잊지 않았다.

"다윗이 가로되 사울의 집에 오히려 남은 사람이 있느냐 내가 요나단을 인하여 그 사람에게 은총을 베풀리라 하니라 사울의 종 하나가 있으니 그 이름은 시바라 저를 다윗의 앞으로 부르매 왕이 저에게 묻되 네가 시바냐 가로되 종이 그로소이다 왕이 가로되 사울의 집에 남은 사람이 없느냐 내가 그 사람에게 하나님의 은총을 베풀고자 하노라 시바가 왕께 고하되 요나단의 아들 하나가 있는데 절뚝발이니이다 왕이 저에게 묻되 그가 어디 있느냐 시바가 왕에게 고하되 로드발 암미엘의 아들 마길의 집에 있나이다 다윗 왕이 사람을 보내어 로드발 암미엘의 아들 마길의 집에서 저를 데려오니 사울의 손자 요나단의 아들 므비보셋이 다윗에게 나아와서 엎드려 절하매 다윗이 가로되 므비보셋이여 하니 대답하되 주의 종이 여기 있나이다 다윗이 가로되 무서워 말라 내가 반드시 네 아비 요나단을 인하여 네게 은총을 베풀리라 내가 네 조부 사울의 밭을 다 네게 도로 주겠고 또 너는 항상 내 상에서 먹을지니라 저가 절하여 가로되 이 종이 무엇이관대 왕께서 죽은 개 같은 나를 돌아보시나이까

 왕이 사울의 사환 시바를 불러서 이르되 사울과 그 온 집에 속한 것은 내가 다 네 주인의 아들에게 주었노니 너와 네 아들들과 네 종들은 저를 위하여 밭을 갈고 거두어 네 주인의 아들을 공궤하라 그러나 네 주인의 아들 므비보셋은 항상 내 상에서 먹으리라 하니라 시바는 아들이 열다섯이요 종이 스물이라 시바가 왕께 고하되 내 주 왕께서 온갖 일을 종에게 명하신 대로 종이 준행하겠나이다 하니라 므비보셋은 왕자 중 하나처럼 왕의 상에서 먹으니라 므비보셋에게 젊은 아들 하나가 있으니 이름은 미가더라 무릇 시바의 집에 거하는 자들은 므비보셋의 종이 되니라 므비보셋이 항상 왕의 상에서 먹으므로 예루살렘에 거하니라 그는 두 발이 다 절뚝이더라"(삼하 9:1-13).

지혜와 평화의 왕
솔로몬

성경에는 위대한 인물들이 많지만 솔로몬은 참으로 위대한 사람이었다. 특별히 솔로몬은 지혜와 영광이 극에 달하였다. 그러므로 사람들은 "솔로몬의 지혜" "솔로몬의 영광"이라는 말을 자주 하게 된다. 그는 다윗이 우리아의 아내 밧세바를 취하여 낳은 아들이었다. 다윗의 큰 범죄의 결과로 태어났지만 하나님께서는 그러한 솔로몬에게 은혜를 주신 것이다. 솔로몬이 왕위를 계승하게 된 것은 이해하기 어려운 일이다. 왜냐하면 다윗에게는 솔로몬보다 나이가 많고 준수한 왕자가 많이 있었기 때문이다.

"다윗이 헤브론에서 낳은 아들들이 이러하니 맏아들은 암논이라 이스르엘 여인 아히노암의 소생이요 둘째는 다니엘이라 갈멜 여인 아비가일의 소생이요 세째는 압살롬이라 그술 왕 달매의 딸 마아가의 아들이요 네째는 아도니야라 학깃의 아들이요 다섯째는 스바댜라 아비달의 소생이요 여섯째는 이드르암이라 다윗의 아내 에글라의 소생이니 이 여섯은 다윗이 헤브론에서 낳은 자라 다윗이 거기서 칠년 육개월을 치리하였고 또 예루살렘에서 삼십삼년을 치리하였으며 예루살렘에서 낳은 아들들은 이러하니 시므아와 소밥과 나단과 솔로몬 네 사람은 다 암미엘의 딸 밧수아의 소생이요 또 입할과 엘리사마와 엘리벨렛과 노가와 네벡과 야비야와 엘리사마와 엘랴다와 엘리벨렛 아홉 사람은 다 다윗의 아들이요 저희의 누이는 다말이며 이 외에 또 첩의 아들이 있었더라"(대상 3:1-9).

다윗에게는 여러 왕비가 있었다.
다윗의 첫사랑은 사울의 딸 미갈이었던 것 같다.
그러나 그녀에게서는 아들이 나지 못하였다.
그리고 아비가일에게서 다니엘이라는 아들이 태어났다.
아히노암에게서 암논이라는 아들이 태어났다.
마아가에게서 압살롬이란 왕자와 다말이라는 공주가 태어났다.
학깃에게서 아도니야가 태어났다.
아비달은 스바댜라는 왕자를 낳았다.
에글라는 이드르암을 낳았다.
밧세바에게서는 시므아와 소밥과 나단과 솔로몬이 태어나게 된 것이다.
우리아의 아내 밧세바는 다윗과의 불륜의 관계로 시작되었지만 놀랍게도 이 여인의 소생인 나단은 예수님의 어머니 마리아의 혈통이 되었고 솔로몬은 요셉의 혈통이 되었던 것이다. 다윗의 여러 여인들로부터 여러 자녀들이 태어났다. 전부 약 19명의 자녀들이 태어난 것같이 보인다. 그러한 틈에서 맨 나중에 들어온 밧세바에게서 맨 나중에 태어난 솔로몬에게 왕위가 돌아가게 된 것이다.

한때는 마아가에게서 난 압살롬이 아버지 다윗의 허락도 없이 자기가 왕이라고 선포하여 다윗이 아들의 손을 피하여 피난을 가는 사태가 벌어지기도 했다. 그 후에는 아도니야가 반역을 일으켜서 자기가 왕이라고 선포하였던 때도 있었다. 그러나 결국은 솔로몬에게 왕위가 돌아갔다.

솔로몬은 나이도 어렸다. 30세쯤에 왕이 되었는데 여러 어머니들에게서 태어난 여러 형제들 사이에서 큰 나라의 주권자가 된다는 것이 두려운 일인 줄 알고 하나님께 기도하면서 출발하고 있다. 하나님께서 솔로몬을 긍휼히 여기셨다. 나야말로 왕이 될 수 있다고 생각하고 경거망동을 하였던 압살롬과 아도니야를 버리시고 나는 어린아이에 불과하여 내 힘으로는 할 수 없다고 하는 솔로몬의 겸손을 하나님께서는 기뻐하신 것이다.

"여호와는 말의 힘을 즐거워 아니하시며 사람의 다리도 기뻐 아니하시고 자기를 경외하는 자와 그 인자하심을 바라는 자들을 기뻐하시는도다"(시 147:10-11).

솔로몬은 솔직하게 두려워하여 기도하기 시작한 것이다. 그리고 1,000번제를 드리고 나니 하나님께서 꿈에 나타나셔서 "내가 네게 무엇을 줄꼬 너는 구하라!"하고 말씀하셨다. 솔로몬은 자기는 아이라 말할 줄을 알지 못하고 출입할 줄을 알지 못한다고 고백을 하였다.

"이에 왕이 제사하러 기브온으로 가니 거기는 산당이 큼이라 솔로몬이 그 단에 일천 번제를 드렸더니 기브온에서 밤에 여호와께서 솔로몬의 꿈에 나타나시니라 하나님이 이르시되 내가 네게 무엇을 줄꼬 너는 구하라
솔로몬이 가로되 주의 종 내 아비 다윗이 성실과 공의와 정직한 마음으로 주와 함께 주의 앞에서 행하므로 주께서 저에게 큰 은혜를 베푸셨고 주께서 또 저를 위하여 이 큰 은혜를 예비하시고 오늘날과 같이 저의 위에 앉을 아들을 저에게 주셨나이다 나의 하나님 여호와여 주께서 종으로 종의 아비 다윗을 대신하여 왕이 되게 하셨사오나 종은 작은 아이라 출입할 줄을 알지 못하고 주의 빼신 백성 가운데 있나이다 저희는 큰 백성이라 수효가 많아서 셀 수도 없고 기록할 수도 없사오니 누가 주의 이 많은 백성을 재판할 수 있사오리이까 지혜로운 마음을 종에게 주사 주의 백성을 재판하여 선악을 분별하게 하옵소서
솔로몬이 이것을 구하매 그 말씀이 주의 마음에 맞은지라 이에 하나님이 저에게 이르시되 네가 이것을 구하도다 자기를 위하여 수도 구하지 아니하며 부도 구하지 아니하며 자기의 원수의 생명 멸하기도 구하지 아니하고 오직 송사를 듣고 분별하는 지혜를 구하였은즉 내가 네 말대로 하여 네게 지혜롭고 총명한 마음을 주노니 너의 전에도 너와 같은 자가 없었거니와 너의 후에도 너와 같은 자가 일어남이 없으리라 내가 또 너의 구하지 아니한 부와 영광도 네게 주노니 네 평생에 열왕 중에 너와 같은 자가 없을 것이라 네가 만일 네 아비 다윗의 행함 같이 내 길로 행하며 내 법도와 명령을 지키면 내가 또 네 날을 길게 하리라
솔로몬이 깨어보니 꿈이더라 이에 예루살렘에 이르러 여호와의 언약궤 앞에 서

서 번제와 수은제를 드리고 모든 신복을 위하여 잔치하였더라"(왕상 3:4-15).

솔로몬이 지혜의 은사를 받은 후 그 지혜로 재판을 해야 할 일이 벌어졌다. 두 여인이 한 아이를 두고 서로 자기 아이라고 우기는 사건을 심리하게 되었다. 솔로몬의 판결은 아주 희한한 판결을 하였다. 칼을 가져다가 아이를 반으로 쪼개어 나누어주라고 하였다. 그 재판은 역사에 길이 남을 재판이었다. 한문 글자를 보면 재판(裁判)이라는 글자에 특별한 사연이 있었다는 것을 알 수 있다. 판(判)자는 사실 반(半)자에 칼도(刀의 선칼도형)자가 합하여졌음을 알 수있다. 중국인들이 솔로몬의 지혜를 배웠는지 솔로몬이 중국인의 지혜를 배웠는지는 알 수 없으나 모든 지혜는 다 하나님께로부터 나온 것은 의심의 여지가 없다. 심지어 마귀의 지혜도 본래는 하나님께서 품부하신 것이었다.

다만 그 지혜를 악한 일에 사용하는 것이 문제일 뿐 모든 지혜는 다 하나님으로부터 내려온 것이다. 하나님께서는 지혜를 구하라고 하신 것이다(약 1:5-8).

솔로몬이 어떠한 지혜를 얻었는지는 그의 지혜를 집대성한 잠언을 읽으면 알 수 있다.

"다윗의 아들 이스라엘 왕 솔로몬의 잠언이라 이는 지혜와 훈계를 알게 하며 명철의 말씀을 깨닫게 하며 지혜롭게 의롭게 공평하게 정직하게 행할 일에 대하여 훈계를 받게 하며 어리석은 자로 슬기롭게 하며 젊은 자에게 지식과 근신함을 주기위한 것이니 지혜있는 자는 듣고 학식이 더할 것이요 명철한 자는 모략을 얻을 것이라 잠언과 비유와 지혜있는 자의 말과 그 오묘한 말을 깨달으리라 여호와를 경외하는 것이 지식의 근본이어늘 미련한 자는 지혜와 훈계를 멸시하느니라 내 아들아 네 아비의 훈계를 들으며 네 어미의 법을 떠나지 말라 이는 네 머리의 아름다운 관이요 네 목의 금사슬이니라"(잠 1:1-9).

우리가 잠언만 보면 솔로몬의 지혜와 그의 삶을 다 알 수 있을 것 같지만 그것은 그렇지 않다. 솔로몬처럼 지혜가 많아도 타락할 수 있다는 사실을 우리는 역사서를 통하여 알 수 있는 것이다. 그에게는 아쉬운 것이 없었다. 모든 것이 다 충족되었지만 그는 타락하게 된다. 그것은 하나님의 말씀을 읽지 않은 데서 비롯되는 것 같다. 자신이 지혜의 은사가 충만하여 성경을 기록할 정도로 신령한 지혜의 영이 있었으나 그가 얼마나 타락하게 되었는지를 알아보려면 열왕기상 11장을 읽어보면 된다.

무엇이 지혜의 왕 솔로몬을 이처럼 타락시킬 수 있었는지는 거기에 다 기록이 되어 있다. 솔로몬의 젊은 날은 그의 복잡한 애정행각으로 인하여 타락으로 얼룩지게 되었다. 아가서를 기록할 당시의 솔로몬은 왕후가 60이요 비빈이 80이었으며 무수한 시녀들을 거느리고 있었다. 그러나 그러한 연인들을 가지고도 그의 애정은 만족이 되지 않았다. 그는 이 아가서의 노래와 같은 노래로 많은 여인을 탐닉하였던 것 같다. 열왕기상에는 그의 여인들이 많이 늘어나 왕후 왕비가 700명이요, 수청드는 여인들이 300명이었다고 기록되어 있다.

그리고 그 여인들이 원하는 것이면 무엇이든지 다 해준 것 같다. 백성들의 세금을 거두어서 자기의 애정행각에 탕진했다는 것이다.

거기서 더 나아가 그는 그 여인들의 요청을 거절하지 못하고 시돈 사람의 여신 아스다롯을 위하여 산당을 짓고, 암몬 사람의 신 밀곰을 위하여 산당을 짓게 되었다. 또 모압 사람의 신 그모스를 위하여 산당을 지었다.

"솔로몬 왕이 바로의 딸 외에 이방의 많은 여인을 사랑하였으니 곧 모압과 암몬과 에돔과 시돈과 헷 여인이라 여호와께서 일찌기 이 여러 국민에게 대하여 이스라엘 자손에게 말씀하시기를 너희는 저희와 서로 통하지 말며 저희도 너희와 서로 통하게 말라 저희가 정녕코 너희의 마음을 돌이켜 저희의 신들을 좇게 하리라 하셨으나 솔로몬이 저희를 연애하였더라 왕은 후비가 칠백인이요 빈장이 삼백인이라 왕비들이 왕의 마음을 돌이켰더라

솔로몬의 나이 늙을 때에 왕비들이 그 마음을 돌이켜 다른 신들을 좇게 하였으므로 왕의 마음이 그 부친 다윗의 마음과 같지 아니하여 그 하나님 여호와 앞에 온전

치 못하였으니 이는 시돈 사람의 여신 아스다롯을 좇고 암몬 사람의 가증한 밀곰을 좇음이라 솔로몬이 여호와의 눈 앞에서 악을 행하여 그 부친 다윗이 여호와를 온전히 좇음같이 좇지 아니하고 모압의 가증한 그모스를 위하여 예루살렘 앞 산에 산당을 지었고 또 암몬 자손의 가증한 몰록을 위하여 그와 같이 하였으며 저가 또 이족 후비들을 위하여 다 그와 같이 한지라 저희가 자기의 신들에게 분향하며 제사하였더라"(왕상 11:1-8).

솔로몬은 하나님 앞에서 바르게 행하지 못하였다. 우리는 이런 점을 항상 염두에 두고 항상 근신하면서 살아야 한다. 다윗도 우리아의 아내를 인하여 어떤 시험을 겪게 되었는지를 잊지 말아야 한다. 다윗이나 솔로몬은 하나님 앞에 크게 은총을 입은 사람들이었지만 여인들의 유혹이 그들을 타락시켰다는 사실을 성경은 역사적 사건으로 기록하고 있는 것이다.

그리고 솔로몬의 저작중 아가서의 가치는 여러 여인들이 사람의 마음을 기쁘게 하는 것이 아니라 결국은 한 사람을 진실로 사랑하는 데서 얻을 수 있다는 것을 배우게 되는 것이다. 아가서는 하나님께서 본래 주신 애정이란 것은 본래 어떤 것이었는가를 알게 하는 것이었다. 한 사람이 한 사람을 진실로 사랑하게 되는 것은 이렇게 순수하고 아름다운 것이라는 사실을 보여주고 있는 것이다.

솔로몬은 마침내 전도서를 쓰게 된다. 자기의 생애를 돌아보게 된 것이다. 그가 추구하던 것을 돌아본 것이다. 첫째는 지혜였다. 그러나 그 지혜도 자기를 지켜주지 못하였다. 부귀를 추구해보았지만 그 부귀가 자기를 행복하게 하지 못했다는 것을 증거하려 하고 있다. 그리고 희락을 추구해보았지만 희락도 돌아보면 다 미친 짓에 불과했다는 것을 깨닫게 되었다.

"전도자가 가로되 헛되고 헛되도다 모든 것이 헛되도다
전도자가 지혜로움으로 여전히 백성에게 지식을 가르쳤고
또 묵상하고 궁구하여 잠언을 많이 지었으며
전도자가 힘써 아름다운 말을 구하였나니

기록한 것은 정직하여 진리의 말씀이니라
　　지혜자의 말씀은 찌르는 채찍같고
　회중의 스승의 말씀은 잘 박힌 못 같으니 다 한 목자의 주신 바니라
　내 아들아 또 경계를 받으라 여러 책을 짓는 것은 끝이 없고
　많이 공부하는 것은 몸을 피곤케 하느니라
　일의 결국을 다 들었으니 하나님을 경외하고 그 명령을 지킬지어다
　　이것이 사람의 본분이니라
　하나님은 모든 행위와 모든 은밀한 일을 선악 간에 심판하시리라" (전 12:8-14).

　솔로몬이 이러한 사실을 몸소 겪으면서 배우는 데는 실로 엄청난 경비가 들었다. 지혜로운 사람은 이를 읽고 깨달으며 솔로몬의 결론을 배우게 될 것이다.

폐부를 찌르는 선지자
나 단

성경에는 여러 선지자들이 등장한다. 그러한 선지자들 중에는 참 선지자도 있었지만 거짓 선지자도 더러 있었다. 어떤 때는 참 선지자보다 거짓 선지자들이 더 많은 때도 있었다. 참 선지자가 나타나는 것도 실은 좋은 일은 아니다. 사람들이 만약 하나님의 말씀과 그 계명을 따라서 살면 선지자가 나타날 필요가 없다. 선지자가 나타나는 것은 언제나 사람들이 하나님 말씀대로 살지 않기 때문이다.

나단 선지자가 나타나게 된 것도 마찬가지이다. 다윗이 잘해나갈 때는 선지자가 나타날 필요가 없다. 그러나 다윗이 우리아의 아내를 범한 것과 자신의 죄를 은폐하기 위하여 그렇게 충직한 우리아 장군을 전쟁터에서 죽게 만든 다윗을 책망하기 위하여 하나님의 선지자 나단이 나타나게 된 것이다.

우리아 장군이 어떻게 해서 다윗의 휘하에 들어오게 되었는지는 잘 알 수가 없다. 그러나 확실한 것은 우리아가 유대인이 아니고 헷(힛타이트)사람이라는 것이다. 다윗은 자신의 범죄를 완전히 은폐하기 위하여 자신이 범한 여인의 남편인 우리아 장군을 휴가로 귀가케 한후 아내와 잠자리를 같이 하게 하려고 시도했다. 다윗이 우리아에게 발을 씻고 아내에게로 내려가라고 권하였다.

그러나 이 충직한 장군 "우리아가 다윗에게 고하되 언약궤와 이스라엘과 유다가 영채 가운데 유하고 내 주 요압과 내 왕의 신복들이 바깥 들에 유진하였거늘 내가 어찌 내 집으로 가서 먹고 마시고 내 처와 같이 자리이까 내가 이 일을 행치 아니하기로 왕의 사심과 왕의 혼의 사심을 가리켜 맹서하나이다"(삼하 11:11)라며 사양하였다.

다음날은 다윗이 우리아를 불러 술을 억지로 마시게 하였다. 술이 취해서 충성심이나 양심이 흐려지기를 바란 것이다.

일국의 왕이 충성스러운 신하의 충성심이나 양심이 흐려지기를 바라게 되었다. 우리는 죄가 사람을 이렇게까지 만든다는 사실을 직시해야 하겠다. 그렇게 착한 다윗이 어떻게 그렇게까지 될 수 있을까 하는 생각을 하게 한다.

그러나 죄는 언제나 그런 것이다. 한가지 죄를 가리우기 위하여 또 다른 죄를 범하게 되고 또 그 죄를 가리우기 위해서는 또 더 큰 죄가 필요한 것이다. 결국은 죄의 올무, 악의 함정에 걸려들게 되고 스스로의 힘으로는 결코 헤어나지 못하게 되는 것이다.

다윗은 하루 종일 우리아에게 억지로 술을 퍼마시웠다. 그리고는 저녁이 되자 우리아에게 집에 내려가 기다리고 있는 아내에게로 가라고 했다.

그러나 우리아 장군은 아무리 술이 많이 취해도 그의 양심과 충성심은 한치도 요동하지 않았다. 이러한 우리아를 다윗이 불러서 요압 장군에게로 가는 밀서를 들려서 전장으로 보냈다.

그 밀서에는 "어떻게 하든지 우리아를 이번 전투에서 전사하게 만들어라" 하는 내용의 글이 적혀 있었다. 이렇게 해서 다윗은 자신의 죄를 감쪽같이 은폐하려고 했다.

그리고 요압은 우리아를 격렬한 전투에 내보내어 결국은 죽게 했다.

그리고 난 후 다윗은 우리아의 아내 밧세바를 데려다가 자기의 아내로 삼았다. 권력을 가진 자로서 매우 치밀하게 사후처리까지 잘한 것처럼 되었다.

우리아가 헷사람이니까 누가 와서 시비할 사람도 없을 것이다.

그러나 하나님은 다윗의 죄를 간과하지 않으셨다.
그리고 선지자 나단을 보내셨다.

"여호와께서 나단을 다윗에게 보내시니 와서 저에게 이르되 한 성에 두 사람이 있는데 하나는 부하고 하나는 가난하니 그 부한 자는 양과 소가 심히 많으나 가난한 자는 아무 것도 없고 자기가 사서 기르는 작은 암양 새끼 하나뿐이라 그 암양 새끼는 저와 저의 자식과 함께 있어 자라며 저의 먹는 것을 먹으며 저의 잔에서 마시며 저의 품에 누우므로 저에게는 딸처럼 되었거늘 어떤 행인이 그 부자에게 오매 부자가 자기의 양과 소를 아껴 자기에게 온 행인을 위하여 잡지 아니하고 가난한 사람의 양 새끼를 빼앗다가 자기에게 온 사람을 위하여 잡았나이다
다윗이 그 사람을 크게 노하여 나단에게 이르되 여호와의 사심을 가리켜 맹세하노니 이 일을 행한 사람은 마땅히 죽을 자라 저가 불쌍히 여기지 않고 이 일을 행하였으니 그 양 새끼를 사배나 갚아 주어야 하리라"(삼하 12:1-6).

신구약 성경에 많은 비유와 예화가 있지만 이와 같이 무서운 비유는 흔하지 않다. 나단 선지자의 이야기를 듣던 다윗은 그런 못되먹은 놈이 내가 다스리는 나라에 있다면 여호와의 사심을 가리켜 맹세하지만 반드시 죽어야 한다고 서슬이 시퍼래가지고 엄하게 말했다.
이 말을 들은 나단은 "당신이 바로 그 사람이라"고 말했다.
다윗은 그 앞에 꺼꾸러지게 되었다. 왕권이 일사불란하니 감히 다윗을 불러다가 재판할 사람이 없었다. 그러나 나단 선지가가 가서 다윗에게 이 짧은 비유 한마디를 하게 되니 다윗은 그것이 남의 이야기로 알고 십분 공정한 판단을 하여 가로되, "여호와의 사심으로 맹세하거니와 그런 놈은 반드시 죽어야 하고 그 새끼양은 4배나 갚아주어야 한다"고 말했다.
그 판단은 감정으로 한 것이 아니라 지극히 율법적으로 완벽한 재판을 한 것이다(출 22:1).
다윗 자신이 자신을 재판한 것이니 누구에게 항소할 곳도 없다.
나단이 직설적으로 말하지 않고 비유로 말하게 됨으로 다윗은 객관적인

입장에서 공정한 재판을 하게 된 것이다. 다윗이 나단의 책망을 들었을 때 취하는 그의 자세를 보고서야 우리는 과연 하나님이 다윗을 버리지 않게 된 이유를 어느 정도 알 수 있게 된다.

다윗 왕은 하나님의 종 선지자 나단 앞에 무릎을 꿇었다.

이때 하나님께서 다윗을 용서하셨다.

다윗이 자기의 죄를 자복하였기 때문이다.

그래서 다윗이 죽지는 않겠지만 그가 뿌린 것을 거두게 될 것이라고 말씀하시고 있다. 다윗이 그 후에 무엇을 얼마나 거두었는지는 사무엘하를 읽어보면 구체적으로 기록되어 있다.

이러한 다윗이 하나님의 징계를 받는 동안에 하나님의 사람 선지자 나단은 다윗을 범죄한 왕이라고 멸시하거나 배반하거나 하지 않고 다윗의 곁에 서서 다윗을 섬기고 있는 장면을 보게 된다. 그는 다윗이 늙을 때까지 항상 한결 같은 마음으로 다윗의 곁에 있었다. 그리고 하나님의 뜻을 따라 다윗의 뜻을 받들어 솔로몬에게 기름을 붓고 왕을 세우기까지 늘 함께 하고 있다.

비록 다윗이 중죄를 범하기는 했지만 그러한 다윗을 찾아가서 "지혜롭게 말하여 왕으로 하여금 자신의 잘못을 깨닫게 하는 하나님의 사람 나단 같은 참 선지가가 있었기 때문에 다윗의 집은 한번 크게 기우뚱하기는 했지만 다시 바로 세울 수가 있었다. 솔로몬왕에게는 그러한 사람이 없었던 것 같다. 솔로몬이 잘못된 길로 갈 때에 이를 저지할 만한 하나님의 사람이 나타나지 않았던 것이다.

충직한 관리
브나야

하나님의 종 나단과 함께 충성스러운 사람을 생각하자면 브나야를 뺄 수가 없다. 브나야는 그 이름의 뜻이 "여호와께서 세우셨다"는 뜻이다. 그는 여호야다의 아들이었다. 그는 그렛 사람과 블렛 사람을 관할하는 장군이었다(대상 27:5, 삼하 8:18). 다시 말하면 다윗의 경호를 책임지는 사람이었다. 그리고 이스라엘의 12군단장 중 제 3군단을 맡은 사람이었다.

일반적으로 경호실장이나 술 맡은 관원장, 떡 맡은 관원장 등은 왕이 가장 신실한 사람에게만 맡기는 것이라 할 수 있다. 그는 신실할 뿐만 아니라 뛰어난 용장이었다. 아무도 함부로 그를 대할 수 없었다. 그에게는 바른 길이 아니면 한 발자국도 움직이게 할 수 없는 사람이었다.

다윗은 다른 면에서도 뛰어나지만 특별히 사람을 보는 눈이 거의 틀림이 없는 것 같다. 다윗이 여러 사람들을 겪어보았지만 이 브나야 같은 사람은 사실 흔하지 않은 인물이었다.

브나야는 모압의 두 용사를 해치운 적이 있었다.

"또 갑스엘 용사의 손자 여호야다의 아들 브나야니 저는 효용한 일을 행한 자라 일찍이 모압 아리엘의 아들 둘을 죽였고 또 눈 올 때에 함정에 내려가서 한 사자를 죽였으며 또 장대한 애굽 사람을 죽였는데 그의 손에 창이 있어도 저가 막대를 가지고 내려가서 그 애굽 사람의 손에서 창을 빼앗아 그 창으로 죽였더라 여호야다의 아들 브나야가 이런 일을 행하였으므로 세 용사 중에 이름을 얻고 삼십인보다 존귀하나 그러나 첫 삼인에게는 미치지 못하였더라 다윗이 저를 세워 시위대 장관을 삼았더라"(삼하 23:20-23).

    다윗이 세운 사람들이 대체로 다윗에게 충성을 해왔지만 시련의 때에는 시험을 받게 되는 것을 볼 수 있다. 그 중에 어떤 사람들은 압살롬이 다윗에게 반기를 들고 일어날 때 거기에 가담한다. 다른 사람들은 압살롬의 반역에는 가담하지 않았으나 아도니아의 반역에 가담하는 것을 보게 된다.
    그러나 브나야는 돈으로도 힘으로도 움직일 수 없는 사람이었다.
    압살롬이나 아도니야도 브나야에게만은 수작을 부릴 수 없었다. 그는 시대나 상황이 바뀌어도 하나님 앞에서 묵묵히 일하는 사람이었다. 브나야와 같은 사람이 있었기에 다윗의 가문이 지켜진 것으로 볼 수 있다.
    한결같이 다윗과 함께 하는 사람은 브나야와 제사장 사독과 선지자 나단이었다. 그리고 이들은 솔로몬 왕에게까지 충성을 하는 것을 보게 된다.
    요압은 평소에 다윗의 군대장관으로 충성해온 것은 사실이다. 그러나 압살롬의 반란에는 가담하지 않았지만 아도니야의 반란에 가담한다. 나중에 솔로몬은 브나야를 시켜서 아도니야와 요압을 처형한다. 그리고 브나야를 군대장관으로 임명하게 된다. 지금 같으면 내무부나 국무부가 주무부가 되지만 옛날에는 아무래도 군대장관이 막강한 실력을 가졌던 것이다.
    온 세상이 변하고 요동할지라도 심지가 견고하여 흔들리지 않는 브나야 같은 사람과 다윗의 권세를 두려워하지 않는 선지자 나단, 돈이나 권력에 초연한 하나님의 제사장 사독, 이런 사람이 있었기에 다윗의 가문은 다시 바로 서게 되고 이스라엘 나라의 역사를 바로잡게 된 것이다. 훌륭한 지도자란 훌륭한 참모를 거느린 지도자라고 할 수 있다. 위대한 왕은 위대한 참모들을 만들고 위대한 참모들은 위대한 왕을 만드는 것이다. 어떤 사람을 알기 위해서는 그 사람 주위에 있는 그의 친구들을 보라는 말이 있다.

경건한 궁내대신
오바댜

성경에 등장하는 인물들 중에는 참 경건한 사람들이 많이 있다. 그런데 그 중에 공직에 있으면서도 하나님을 공경하면서 경건한 삶을 살아간 사람들이 있다. 좋은 임금, 훌륭한 상사를 모시고 있다면야 그 신앙생활이 쉽겠지만 고약한 왕을 모시고 있으면서도 경건한 신앙으로 살아가기란 쉽지 않은 일이다.

그런데 우리가 만나게 되는 오바댜는 아합과 이세벨의 치하에서 하나님을 경외하는 자라는 것을 기억해야 한다.

"아합이 궁내대신 오바댜를 불렀으니 이 오바댜는 크게 여호와를 경외하는 자라 이세벨이 여호와의 선지자들을 멸할 때에 오바댜가 선지자 일백인을 가져 오십인씩 굴에 숨기고 떡과 물을 먹였었더라 아합이 오바댜에게 이르되 이 땅의 모든 물 근원과 모든 내로 가자 혹시 꼴을 얻으리라 그러면 말과 노새를 살리리니 짐승을 다 잃지 않게 되리라 하고 두 사람이 두루 다닐 땅을 나누어 아합은 홀로 이 길로 가고 오바댜는 홀로 저 길로 가니라"(왕상 18:3-6).

아합과 이세벨이 나라를 다스리고 있을 때 3년 반이나 가물어서 임금까지 물을 찾고 꼴을 찾으러 나서는 판국에 궁내대신 오바댜가 하나님의 선지자 100명을 굴에 숨기고 먹여 살린다는 것은 결코 쉬운 일이 아니었다.

오늘날 공직에 있는 사람들이 신앙생활을 하기가 어렵다고 하는 말을 가끔 듣게 된다. 그러한 사람들은 이 오바댜를 만나보는 것이 좋을 것이다.

이세벨은 시돈왕 엣바알의 딸로 태어나 당시 이스라엘의 유능한 왕 오므리(BC 876-869)의 아들 아합과 결혼하여 이스라엘 왕의 왕비가 되었다. 아합의 아버지 오므리는 상당히 유능한 사람이었다. 그는 이스라엘 왕 바아사의 아들 엘라가 통치하는 동안, 짧은 기간이긴 하지만, 이스라엘의 군대장관을 지낸 사람이었다. 그리고 시므리가 죽고 나서 나라가 두 파벌로 나뉘어져 혼란 중에서 승리하여 이스라엘의 왕이 되었으며 세멜에게서 은 두 달란트를 주고 사마리아 산지를 사서 수도로 삼고 본래 산주인이었던 세멜의 이름을 따서 사마리아라고 하였던 사람이다. 이것이 결국 북왕국의 수도가 된 것이다.

아합은 그러한 오므리의 아들로 태어나 아버지 오므리의 뒤를 이어 왕이 되었고 이세벨은 아합 왕의 왕비가 되어 자기의 친정인 시돈 사람의 신 바알과 아세라를 섬겼다. 아합은 실제로 유능한 왕이었지만 그 아내 이세벨의 영향으로 점점 악한 사람으로 변해갔다. 그는 이스라엘의 궁전을 짓고 여러 성들을 건축한 왕이었다. 그가 지은 궁전은 상아궁전이었다고 한다. "아합의 남은 행적과 무릇 그 행한 일과 그 건축한 상아궁과 그 건축한 모든 성은 이스라엘 왕 역대지략에 기록되지 아니하였느냐(왕상 22:39)."

그리고 그가 지은 상아궁전들이 하나님의 보시기에 미워하는 물건이 되었다. 아합은 자기 아내 이세벨의 조종을 받아서 신전과 궁전과 성들을 지었다. 그러나 그러한 업적이 있다고 해도 하나님을 섬기지 않고 온갖 우상숭배에 빠진 아합은 결국 이세벨의 영향을 받은 것이라는 평을 면치 못하게 되었다.

"예로부터 아합과 같이 스스로 팔려 여호와 보시기에 악을 행한 자가 없음은 저가 그 아내 이세벨에게 충동되었음이라"(왕상 21:25).

"오므리의 아들 아합이 그 전의 모든 사람보다 여호와 보시기에 악을 더욱 행하여 느밧의 아들 여로보암의 죄를 따라 행하는 것을 오히려 가볍게 여기며 시돈 사람의 왕 엣바알의 딸 이세벨로 아내를 삼고 가서 바알을 섬겨 숭배하고 사마리아에 건축한 바알의 사당 속에 바알을 위하여 단을 쌓으며 또 아세라 목상을 만들었으니 저는 그 전의 모든 이스라엘 왕보다 심히 이스라엘 하나님 여호와의 노를 격발하였더라"(왕상16:30-33).

오바댜가 살았던 시기가 바로 이러한 시기였다. 이러한 때 하나님의 종 오바댜는 그 경건을 지켜나가면서 궁내대신으로 있었다는 것이다. 그리고 자기의 생명의 위험을 무릅쓰고 선지자의 생도 100명을 50명씩 굴에 숨기고 그 양식을 공급하였던 것이다. 이러한 일은 결코 아무나 할 수 있는 일은 아니다.

오바댜는 이세벨과 아합보다 하나님을 더 두려워하는 사람이었다.

궁내 대신이면 높은 자리에 있었다.

그러한 자리에 있으면서도 악에 타협하지 않고 자기의 믿음을 지키며 선지자의 생도 100명의 목숨을 돌보고 있었던 것이다.

그의 이름 오바댜('오바드야후')의 뜻은 하나님을 경배하는 자였다. 겁쟁이는 숨을 곳이 없지만 하나님을 경외하는 자에게는 하나님이 곧 피난처가 되어주시는 것이다.

"나의 하나님이시요 나의 피할 바위시요 나의 방패시요 나의 구원의 뿔이시요 나의 높은 망대시요 나의 피난처시요 나의 구원자시라 나를 흉악에서 구원하셨도다"(삼하 22:3). 이는 다윗의 노래 중에 나오는 신앙고백이다.

오바댜가 하나님의 종 선지자의 생도들을 지키고 숨겨주고 양식을 공급하였더니 하나님께서 오바댜의 피난처가 되어주신 것이다.

얼마나 은밀하게 숨겼던지 그 지독한 이세벨이 모를 정도였다.

"하나님은 우리의 피난처시요 힘이시니 환난중에 만날 큰 도움이시라"(시 46:1).
"만군의 여호와께서 우리와 함께 하시니 야곱의 하나님은 우리의 피난처시로다"(시 46:7).

"만군의 여호와께서 우리와 함께 하시리니 야곱의 하나님은 우리의 피난처시로다"(시 46:11).

"나는 주의 힘을 노래하며 아침에 주의 인자하심을 높이 부르오리니 주는 나의 산성이시며 나의 환난 날에 피난처심이니이다"(시 59:16).

"주는 나의 피난처시요 원수를 피하는 견고한 망대심이니이다"(시 61:3).

"나의 구원과 영광이 하나님께 있음이여 내 힘의 반석과 피난처도 하나님께 있도다"(시 62:7).

"백성들아 시시로 저를 의지하고 그 앞에 마음을 토하라 하나님은 우리의 피난처시로다(셀라)"(시 62:8).

"하나님께 가까이 함이 내게 복이라 내가 주 여호와를 나의 피난처로 삼아 주의 모든 행사를 전파하리이다"(시 73:28).

"내가 여호와를 가리켜 말하기를 저는 나의 피난처요 나의 요새요 나의 의뢰하는 하나님이라 하리니"(시 91:2).

"네가 말하기를 여호와는 나의 피난처시라 하고 지존자로 거처를 삼았으므로"(시 91:9).

"여호와여 내가 주께 부르짖어 말하기를 주는 나의 피난처시요 생존 세계에서 나의 분깃이시라 하였나이다"(시 142:5).

"여호와는 나의 인자시요 나의 요새시요 나의 산성이시요 나를 건지는 자시요 나의 방패시요 나의 피난처시요 내 백성을 내게 복종케 하시는 자시로다"(시 144:2).

의인의 이름으로 의인을 영접한 사람은 의인의 상을 받을 것이요, 선지자의 이름으로 선지자를 영접한 사람들은 선지자의 상을 받을 것이다.

마음이 넓은 사람
여호사밧

열왕기상·하는 대체로 북왕국 이스라엘을 중심으로 기록한 것 같고 역대상·하는 남왕국 유다를 중심으로 기록하였다. 남왕국의 왕들 중에는 아주 악독한 왕도 있었지만 반대로 여호사밧 왕과 같이 착한 사람들도 있었다.

여러 왕들 중에서 특별히 여호사밧은 훌륭한 인물이었다. 그의 치적은 실로 본받을 만한 모범이었다. 그는 35세에 그 아비 아사 왕의 뒤를 이어 유다 왕이 되어 예루살렘에서 25년을 다스린 왕이었다.

"아사의 아들 여호사밧이 대신하여 왕이 되어 스스로 강하게 하여 이스라엘을 방비하되 유다 모든 견고한 성읍에 군대를 주둔하고 또 유다 땅과 그 아비 아사의 취한 바 에브라임 성읍들에 영문을 두었더라

여호와께서 여호사밧과 함께 하셨으니 이는 저가 그 조상 다윗의 처음 길로 행하여 바알들에게 구하지 아니하고 오직 그 부친의 하나님께 구하며 그 계명을 행하고 이스라엘의 행위를 좇지 아니하였음이라 그러므로 여호와께서 나라를 그 손에서 견고하게 하시매 유다 무리가 여호사밧에게 예물을 드렸으므로 저가 부귀와 영광이 극하였더라

저가 전심으로 여호와의 도를 행하여 산당과 아세라 목상들도 유다에서 제하였더라 저가 위에 있은 지 삼년에 그 방백 벤하일과 오바댜와 스가랴와 느다넬과 미

가야를 보내어 유다 여러 성읍에 가서 가르치게 하고 또 저희와 함께 레위 사람 스마야와 느다냐와 스바댜와 아사헬과 스미라못과 여호나단과 아도니야와 도비야와 도바도니야 등 레위 사람을 보내고 또 저희와 함께 제사장 엘리사마와 여호람을 보내었더니 저희가 여호와의 율법책을 가지고 유다에서 가르치되 그 모든 성읍으로 순행하며 인민을 가르쳤더라 여호와께서 유다 사면 열국에 두려움을 주사 여호사밧과 싸우지 못하게 하시매 블레셋 중에서는 여호사밧에게 예물을 드리며 은으로 공을 바쳤고 아라비아 사람도 짐승떼 곧 수양 칠천칠백과 수염소 칠천칠백을 드렸더라

여호사밧이 점점 강대하여 유다에 견고한 채와 국고성을 건축하고 유다 각 성에 역사를 많이 하고 또 예루살렘에 크게 용맹한 군사를 두었으니 군사의 수효가 그 족속대로 이러하니라 유다에 속한 천부장 중에는 아드나가 으뜸이 되어 큰 용사 삼십만을 거느렸고 그 다음은 장관 여호하난이니 이십팔만을 거느렸고 그 다음은 시그리의 아들 아마시야니 저는 자기를 여호와께 즐거이 드린 자라 큰 용사 이십만을 거느렸고 베냐민에 속한 자 중에 큰 용사 엘리아다는 활과 방패를 잡은 자 이십만을 거느렸고 그 다음은 여호사밧이라 싸움을 예비한 자 십 팔만을 거느렸으니 이는 다 왕을 섬기는 자요 이 외에 또 온 유다 견고한 성에 왕이 군사를 두었더라"(대하 17:1-19).

여호사밧의 군대는 116만명이나 되었다.

여호사밧(=여호사파트)이라는 이름은 "여호와는 재판장이시다"라는 뜻이다. 그는 항상 자기가 한 일에 대하여 여호와께서 재판하실 것이라는 마음을 가지고 살았고 또 다스렸다. 그래서 그는 언제나 하나님의 사람 선지자를 찾아서 물어보고 일을 진행하였다. 하나님의 재판을 받지 않는 유일한 길은 하나님의 뜻을 따라서 살아가는 것이다. 우리 속담에 "아는 길도 물어서 가라"는 말이 있다. 여호사밧이야말로 정말 아는 길이라도 언제나 하나님의 사람 선지자를 찾아 물어보고 실천하는 사람이었다.

그의 좋은 점을 다 열거하기란 쉽지 않을 것이다.

그는 스스로 국방을 튼튼히 하였다.

그는 하나님의 계명을 따르고 다윗의 처음 길로 행하였다.
그는 전심으로 여호와의 도를 행하고 바알의 산당들을 제하였다.
그는 교육에 힘쓰는 왕이었다.
그는 훌륭한 교사가 있으면 발탁하여 전국을 순회하며 가르치게 하였다.
그는 부국강병책을 쓰고 교육을 통하여 국민을 계몽하였다.
그는 하나님의 사랑과 은총을 받아 부귀가 극에 달하였던 사람이다.
  그는 북왕국 이스라엘의 행위는 본받지 않았으나 한 민족임을 늘 잊지 않고 연합에 힘을 쓰는 사람이었다. 여호사밧은 국방, 교육, 종교, 외교, 건설, 연합 등 모든 면에서 탁월한 정치가였다. 이렇게 원만한 인품과 덕망을 갖춘 지도자는 유다열왕 중에서도 흔하지 않았다. 하나님께서는 여호사밧을 무척 사랑하셨던 것 같다. 그러면서도 하나님의 염려가 있었다.
  그것은 여호사밧이 북왕국의 아합과 자주 만나는 것이었다. 여호사밧은 아합이 와서 협력을 요청하면 거의 거절하는 일이 없이 다 협력하는 편이었다. 하나님께서는 이를 별로 기뻐하시지 않으셨다.

여호사밧의 실수

여호사밧이 아합 가문과 더불어 사돈지간이 된 것이 하나님의 근심거리가 되었다(대하 18:1). 여호사밧은 사람이 너무 선하고 어질어 아무나 잘 믿는 편이었다. 여호사밧은 자신의 아들 여호람과 아합의 딸 아달랴를 결혼시킨 것이 결정적인 실수였다. 여호사밧이 평소에 다른 일은 늘 선지자에게 물어보고 수행을 했는데 어찌된 영문인지 이 중대한 일은 선지자에게 물어보지 않고 그냥 결혼을 시켰던 것이다.
  하나님께서는 여호사밧을 염려만 하시다가 마침내 선지자를 보내셨다.

  "하나니의 아들 선견자 예후가 나가서 여호사밧 왕을 맞아 가로되 왕이 악한 자를 돕고 여호와를 미워하는 자를 사랑하는 것이 가하니이까 그러므로 여호와께로서 진노하심이 왕에게 임하리이다"(대하 19:2).

이러한 책망을 듣고 여호사밧은 정신을 차리게 되었다.

여호사밧은 전국을 -브엘세바에서 에브라임산지까지- 순행하면서 지도자들을 격려하면서 바르게 다스릴 것을 권면하였다(대하 19:4-11).

그 후에 모압 자손과 암몬 자손, 그리고 마온 사람들이 연합하여 여호사밧을 치려고 하였다. 이때 여호사밧은 크게 두려워하여 낯을 여호와께로 향하고 간구하면서 유다사람들에게 금식을 선포하고 하나님께 간구하였다 (대하 20:1-13).

하나님께서 이렇게 겸비한 자세로 기도하는 여호사밧을 긍휼히 여기시고 그 간구를 들어주셨다. 이 전쟁을 인하여 여호사밧은 한 사람의 생명도 잃지 않았고 오히려 하나님께서 모압과 암몬 사람들을 치시되 아주 묘한 방법으로 치셨으니 곧 복병을 두어 세일산의 에돔 족속과 모압과 암몬을 치게 하셨다. 결과적으로는 유다의 대적이 한꺼번에 세 나라가 없어진 결과를 가져오게 되었고 여호사밧의 군대는 칼을 뽑지 않고도 전쟁에 승리하여 전리품을 다 처리하지도 못할 만큼 큰 횡재를 얻게 되었다(대하 20:14-30).

그러나 여호사밧은 다시 아합의 아들 아하시야로 더불어 연합사업을 하려고 했는데 하나님께서는 역시 이를 기뻐하지 않으셨다. 이 아하시야는 아합의 아들로서 하나님께서 미워하신 사람이었다. 그런데도 이런 사람과 공동투자를 하여 배를 진수하여 다시스로, 오빌로 보내고자 하였으나 선지자 엘리에셀이 여호사밧과 아하시야와 교제하는 것을 하나님이 원치 않으시는 일이어서 그 지으신 것이 파상할 것이라고 예언을 했는데 그대로 되었다(대하 20:35-37).

이러한 여러 가지 허물이 있었지만 역시 여호사밧은 좋은 사람으로 기억되고 하나님께서도 그를 매우 사랑스럽게 여기셨다. 사람이 죄와 허물이 아주 없으면 참 좋겠지만 그런 사람은 거의 없다. 다만 죄를 범하거나 허물이 있다 하여도 깨닫는 날에 겸비하여 회개하면 하나님은 그런 사람을 결코 버리지 않으신다.

갈멜산 선지자
엘리야

이스라엘 사람들이 존경하는 인물들 중에서 엘리야를 뺄 수가 없을 것이다. 엘리야는 북왕국 이스라엘의 아합 왕 시대에 하나님의 말씀을 전파한 하나님의 사람이었다. 하나님의 사람, 즉 선지자들이 나타나는 것은 사람들이 하나님의 말씀을 지키지 않게 되어 점점 위험한 데까지 나아가게 될 때 하나님의 사람이 나타나게 되는 것이다. 엘리야가 나타나게 된 것은 아합 왕이 자기의 아내 이세벨의 사주를 받아서 잘못된 길로 행하기 때문에 하나님께서 엘리야를 보내신 것이다.

"길르앗에 우거하는 자 중에 디셉 사람 엘리야가 아합에게 고하되 나의 섬기는 이스라엘 하나님 여호와의 사심을 가리켜 맹세하노니 내 말이 없으면 수년 동안 우로(雨露)가 있지 아니하리라 하니라"(왕상 17:1).

우리가 주목해야 할 사실은 엘리야가 아합에게 "무슨 죄를 어떻게 지었으니 어떻게 회개하라!" 하는 지시나 명령도 없이 "나의 섬기는 이스라엘 하나님 여호와의 사심을 가리켜 맹세하노니 내 말이 없으면 수년 동안 우로가 있지 아니하리라 하니라" 하고 말씀하신 것이다. 이때는 바로 아합이 사마리아에 바알을 위하여 사당을 짓고 바알을 위하여 단을 쌓고 아세라 목상을 만들어 세워놓은 직후였다. 엘리야의 사명은 이 패역한 이스라엘과 아합, 나아가서는 이세벨과 온 세계의 오고오는 세대의 모든 사람들에게 "여호와 그가 하나님이다" 하는 사실을 증거하려는 것이다.

엘리야의 이름이 바로 그러한 뜻을 담고 있는 것이다.

시돈 왕 엣바알의 딸 이세벨을 아내로 맞이한 아합의 시대는 느밧의 아들 여로보암이 만든 송아지우상을 섬기던 이스라엘이 이제는 다시 이세벨의 영향으로 바알신을 섬기기 시작한 시기였다.

바알신과 아세라신을 풍요와 비의 신이라고 믿고 있는 아합 왕과 이세벨에게 엘리야는 비가 오고 풍년이 들고 하는 것이 바알에게 달려 있는 것이 아니라 여호와께 달려 있다는 것을 증거하기 위하여 그러한 선포를 하게 된 것이다. 과연 엘리야의 말대로 3년 6개월 동안 비도 오지 않았고 이슬도 내리지 않았다.

이렇게 되어도 아합이나 이세벨이 누가 하나님인지를 깨닫지 못한다는데 문제가 있는 것이다.

하나님의 경고를 듣고도 깨닫지 못하는 사람들은 구원의 길이 없다.

3년 간이나 비가 오지 않아도 단지 비가 오지 않게 하는 것으로는 아합이나 이세벨이 회개를 하지 않게 되자 이제는 반대로 하나님께서 비가 오게 하시는 표적을 주심으로써 확실히 여호와께서 하나님 되심을 나타내시려 하신 것을 볼 수 있다.

"많은 날을 지내고 제 삼년에 여호와의 말씀이 엘리야에게 임하여 가라사대 너는 가서 아합에게 보이라 내가 비를 지면에 내리리라 엘리야가 아합에게 보이려고 가니 그 때에 사마리아에 기근이 심하였더라"(왕상 18:1-2).

얼마나 기근이 심하고 기갈이 혹심하였던지 아합이 궁내대신 오바댜를 불러 같이 물을 찾아보자고 하였다.

"아합이 궁내대신 오바댜를 불렀으니 이 오바댜는 크게 여호와를 경외하는 자라 이세벨이 여호와의 선지자들을 멸할 때에 오바댜가 선지자 일백인을 가져 오십인씩 굴에 숨기고 떡과 물을 먹였었더라 아합이 오바댜에게 이르되 이 땅의 모든 물 근원과 모든 내로 가자 혹시 풀을 얻으리라 그러면 말과 노새를 살리리니 짐승을 다 잃지 않게 되리라 하고 두 사람이 두루 다닐 땅을 나누어 아합은 홀로 이 길로 가고 오바댜는 홀로 저 길로 가니라"(왕상 18:3-6).

오바댜가 물을 찾아 헤매다가 엘리야를 만나게 되었다.
엘리야가 아합에게 모습을 나타내겠다는 사실을 당시의 궁내대신이었던 이 오바댜를 통하여 왕에게 전달하였다. 이 말을 들은 아합이 엘리야를 만나게 되지만 아합은 한치도 변하지 않았다. 그 뿐만 아니라 이스라엘을 엘리야가 괴롭게 하고 있다고 생각하고 있었다.

"엘리야를 볼 때에 저에게 이르되 이스라엘을 괴롭게 하는 자여 너냐 저가 대답하되 내가 이스라엘을 괴롭게 한 것이 아니라 당신과 당신의 아비의 집이 괴롭게 하였으니 이는 여호와의 명령을 버렸고 당신이 바알들을 좇았음이라 그런즉 보내어 온 이스라엘과 이세벨의 상에서 먹는 바알의 선지자 사백오십인과 아세라의 선지자 사백인을 갈멜산으로 모아 내게로 나오게 하소서 아합이 이에 이스라엘 모든 자손에게로 보내어 선지자들을 갈멜산으로 모으니라"(왕상 18:17-20).

이 갈멜산 대결은 단순한 대결이 아니라 엘리야가 주장하는 여호와가 하나님인지 이세벨이 주장하는 바알이 하나님인지를 판가름하는 대결이었다.
이 대결은 엘리야의 사명이 걸린 대결이었다. 우리가 잘 아는 대로 이 대결은 엘리야의 하나님이 진짜 하나님이요 여호와 그가 하나님이란 사실이 확증되었던 일대 사건이었다. 그리고 엘리야는 바알신을 섬기는 선지자와 아세라 목상을 섬기는 선지자들 850명을 진멸하였다. 그리고 하나님께 간구하여 3년 반이나 가물어 있던 땅에 비가 오게 했다. 이 정도 되면 이세벨이 항복할 만도 한데 이 독한 여자 이세벨은 끝까지 항복하지 않았다.
이세벨은 그렇다 하더라도 아합 왕은 그 갈멜산 사건을 목격하였으니 이제는 왕비의 기만과 사이비 종교에서 벗어날 수도 있을 듯한데 놀랍게도 아합이 이세벨의 우상숭배에서 벗어나지 못한 것 같다.

구약시대의 예언자들 중에는 문서를 기록하여 남긴 사람들도 있지만 문서를 기록하지 않고 하나님의 말씀을 전한 사람들도 상당수가 있었다. 문서를 기록한 사람 중에 대표적인 사람은 모세를 비롯하여 예레미야, 이사야, 에스겔, 에스라와 같이 상당한 분량의 문서를 남긴 사람도 있고 짧은 글을 남긴 오바댜 같은 분도 있었다. 반면에 문서를 남기지 않은 예언자들은 엘리야를 비롯하여 엘리사로 이어지는 계보를 갖는다. 그러나 최초로 선지자라 불리워진 사람은 아브라함이었다(창 20:7). 이러한 관점에서 본다면 노아도 선지자였다고 할 수 있다. 그리고 요셉이야말로 대선지자라고 할 수 있을 것이다. 그리고는 모세와 아론이 등장하게 되었다.

그리고 다음으로는 놀랍게도 모세의 누님이신 미리암이 선지자로 불리우고 있다(출 15:20). 그 후에는 여호수아가 모세의 뒤를 이어 선지자와 사사로, 장군으로 봉사하였다. 그 뒤를 이어 여러 사사들이 약 300년을 봉사하였지만 일반적으로는 사사는 선지자 계열에서 따로 분류한다.

사사시대를 마감하는 시기에 하나님의 선지자로는 사무엘이 있었다. 그리고 그 시대부터 선지자의 무리가 생기게 되었고(삼상 6:14, 10:5, 10:10) 얼마 후에는 선지자의 생도들이 있었는데 대체로 그 시기가 엘리야와 엘리사시대였다고 사료된다. 선지자의 생도들은 벧엘과 여리고에 각각 50명씩 있었던 것이 증명되는 것이다(왕하2:3-7, 2:15, 4:1, 4:38, 6:1, 9:1).

오바댜는 아합 왕과 이세벨의 치하에서 궁내대신을 지낸 사람이었는데 선지자의 생도 100명을 50명씩 굴에다 숨겨두고 식량을 공급하였다고 기록하고 있다.

그렇다면 이들이 바로 벧엘과 여리고에 있었던 선지자의 생도였음이 거의 틀림 없을 것이다. 사무엘시대 이후로 선지자의 무리는 비공식적이기는 해도 계승되어왔다는 것을 짐작할 수 있다(왕상 18:3-4).

선지자들 중에는 엘리야와 엘리사처럼 책을 기록하지 않은 사람들이 더 위대한 경우도 흔히 있었다. 위대한 저서를 남겨서 우리에게 두고두고 은혜를 끼치는 사람들이 있고, 더 위대한 사람들 중에는 책을 쓰지 않았던 위인들이 있다. 정말 위대한 사람들은 책을 쓰는 것이 아니라 다른 사람으로 하여금 그의 생애에 대하여 책을 쓰도록 살았다는 것을 볼 수 있다.

예수님도 책을 쓰지는 않았다. 소크라테스도 저서가 없다. 석가모니도 역시 저서는 없다. 공자 선생도 말씀은 하셨지만 직접 저술한 책은 없다. 다시 말하면 위대한 사람은 위대한 저서를 남겼고, 더 위대한 사람은 그 책의 주인공으로 나오게 된다는 것이다. 열왕기상·하는 일반적으로 예레미야가 쓴 것으로 본다. 예레미야는 위대한 선지자였다. 그러나 엘리야, 엘리사는 예레미야가 저술한 책의 주인공으로 등장하고 있는 것이다. 책을 써서 말하는 사람이 있는가 하면 그의 삶으로써 말하는 사람이 있는 것이다. 역사에 많은 위인들이 살고 갔다. 그들 가운데 죽었으나 그 믿음으로써, 그의 삶으로써 말하는 사람들이 있다는 것을 우리는 알아야 한다.

놀라운 것은 진리를 선포하는 선지자는 어느 시대를 막론하고 환영받지 못했다는 것이다. 이스라엘 백성들은 죽어 무덤 속에 있는 선지자는 존경하지만 살아있는 선지자는 언제나 미워했던 것 같다. 특별히 예루살렘과 사마리아는 더욱 그랬다. 권력이나 금력이나 명예를 가지고 이 세상에서 배부른 사람들에게 예언자의 목소리는 언제나 귀에 거슬렸던 것이다. 그러한 사람들은 언제나 거짓 선지자를 좋아하였다.

이러한 습관은 예수님께서 오셨을 때도 마찬가지였다. 예수님께서는 이러한 서기관들과 제사장들, 그리고 바리새인들을 책망하셨다.

"화 있을진저 외식하는 서기관들과 바리새인들이여 너희는 선지자들의 무덤을 쌓고 의인들의 비석을 꾸미며 가로되 만일 우리가 조상 때에 있었더면 우리는 저희가 선지자의 피를 흘리는 데 참예하지 아니하였으리라 하니 그러면 너희가 선지자를 죽인 자의 자손됨을 스스로 증거함이로다 너희가 너희 조상의 양을 채우라

뱀들아 독사의 새끼들아 너희가 어떻게 지옥의 판결을 피하겠느냐 그러므로 내가 너희에게 선지자들과 지혜있는 자들과 서기관들을 보내매 너희가 그 중에서 더러는 죽이고 십자가에 못박고 그 중에 더러는 너희 회당에서 채찍질하고 이 동네에서 저 동네로 구박하리라 그러므로 의인 아벨의 피로부터 성전과 제단 사이에서 너희가 죽인 바라갸의 아들 사가랴의 피까지 땅 위에서 흘린 의로운 피가 다 너희에게 돌아가리라 내가 진실로 너희에게 이르노니 이것이 다 이 세대에게 돌아가리라 예루살렘아 예루살렘아 선지자들을 죽이고 네게 파송된 자들을 돌로 치는 자여 암탉이 그 새끼를 날개 아래 모음같이 내가 네 자녀를 모으려 한 일이 몇 번이냐 그러나 너희가 원치 아니하였도다 보라 너희 집이 황폐하여 버린 바 되리라 내가 너희에게 이르노니 이제부터 너희는 찬송하리로다 주의 이름으로 오시는 이여 할 때까지 나를 보지 못하리라 하시니라" (마 23:29-39).

집념있는 선지자
엘리사

엘리사는 우리가 새롭게 주목해야 할 특별한 인물인데 언제나 엘리야에게 가리워져 주목을 받지 못하고 있다. 그러나 실상은 엘리사야말로 엘리야의 능력의 갑절을 받은 사람이었다. 엘리야의 이름과 사명은 "여호와가 하나님이다" 하는 사실을 증거하는 것이었다. 반면에 엘리사의 이름과 사명은 "하나님은 구원이시다" 하는 사실을 증거하는 것이었다.

엘리사는 요단강 동편 아벨므홀라 태생으로 사밧의 아들이라고만 알려져 있다. 그리고 엘리야가 시작한 일을 계승한 후계자였다(왕상 19:16).

엘리사는 부유한 농부의 아들로 태어난 것 같다. 그가 밭을 갈고 있을 때 엘리사가 지나가면서 자기의 겉옷을 벗어 쟁기질하는 엘리사에게 던지자 엘리사는 그것이 무엇을 의미하는지 알아차리고 당장에 쟁기질하던 소 두마리를 잡고 또 농기구를 불살라 고기를 구워 사람들에게 잔치를 베푼 후 엘리야를 따라나섰다(왕상 19:20-21). 그리고 그는 엘리야의 손에 물을 붓는 일부터 배웠다.

그것은 종의 일이었다. 후계자가 되기 위하여 제자가 되어야 했고 제자가 되기 위하여 종이 되어야 했던 것이다. 눈의 아들 여호수아가 모세의 후계자가 되기 위하여 모세의 시종자(侍從者)가 되어야 했던 것과 같다. 예수님의 제자들이 예수님의 제자가 되기 위하여 예수님을 주님으로 섬기고 있었다는 것을 우리가 기억해야 한다.

한때 엘리야는 제자 엘리사를 시험하기 위하여 세번씩이나 따라오지 말고 이쯤해서 졸업을 하라고 종용했던 적이 있었다. 그러나 엘리사는 죽자살자 하고 따라붙었다. 이를 지켜본 후에 엘리야가 엘리사에게 무슨 소원으로 그렇게 따라오느냐고 물었다. 이에 대하여 엘리사의 대답은 걸작이었다. "선생님의 영감의 갑절을 원한다"하고 대답했다. 엘리야는 "네가 참으로 어려운 것을 추구하는구나! 그러나 나를 들어올리는 것을 목격하면 그 일이 네게 이룰 것이라"고 말했다. 얼마 후에 하나님께서 회오리바람으로 엘리야를 끌어 올리시게 되었고 엘리사는 그것을 목격했다.

그런데 엘리사는 영감이나 능력을 받지도 못한 채 선생님을 잃어버린 것으로 알았다. 그리고는 엘리야가 올라가면서 벗어 던진 겉옷을 움켜쥐고 통곡을 하게 되었다. 엘리사는 허탈감을 안고 요단강 물에 이르러 다리를 펴고 앉아 엘리야의 겉옷을 둘둘 말아가지고 요단강 물을 치면서 탄식조로 울부짖었다. 그랬는데 요단강 물이 갈라지면서 강바닥이 마른 땅같이 드러나게 되었다. 그제야 자신에게 엘리야의 영감과 능력이 임해 있음을 깨닫게 된 것이다. 그리고 그 후의 그의 일생을 통해 하나님께서 자기 백성을 구원하시는 여러 사건들을 체험하게 되었다.

첫번째 구원

엘리사의 사역은 여리고성의 물을 고쳐서 구원하는 것을 보여준다.

여리고성은 땅은 아름다우나 물이 좋지 못하여 농산물이 결실치 못하고 있었다. 이에 대하여 들은 엘리사는 소금을 조금 가져오게 하여 물 근원으로 나아갔다.

"엘리사가 물 근원으로 나아가서 소금을 그 가운데 던지며 가로되 여호와의 말씀이 내가 이 물을 고쳤으니 이로 좇아 다시는 죽음이나 토산이 익지 못하고 떨어짐이 없을지니라 하셨느니라 하니 그 물이 엘리사의 말과 같이 고쳐져서 오늘날에 이르렀더라"(왕하 2:21-22).

두번째 구원

이스라엘 왕 아합과 이세벨이 다스릴 때는 그래도 국력이 있어서 모압 왕이 해마다 양털을 이스라엘에 조공으로 바치다가 아합이 죽은 후 모압은 이스라엘을 배반하였다. 이에 여호람 왕은 이스라엘 군대를 소집하고 유다의 여호사밧 왕에게 원조를 요청하였다. 여호람은 여호사밧 왕과 에돔 왕으로 더불어 세 왕이 연합으로 작전을 펼쳐 모압을 혼내주려고 했던 것이다.

그런데 약 7일 간 행군하는 가운데 군사와 군마에게 마시울 물을 발견하지 못하게 되었다. 이렇게 되자 믿음이 없는 여호람 왕은 크게 당황하였다. 이런 때 여호사밧은 언제나 하나님의 사람을 불러서 물어보는 사람이었다. 마침 신하 중에서 전에 엘리야의 손에 물을 붓던 사람이 이곳 어디엔가 살고 있다는 정보를 얻고는 엘리사를 만나러 갔다.

엘리사가 믿음이 없는 여호람 왕을 보자 예언하여줄 마음이 일어나지 않았다. 그러나 여호사밧의 낯을 보아 예언을 하기는 하겠는데 마음을 좀 가라앉히게 거문고를 가져다 연주하라고 했다. 거문고를 연주하는 중에 하나님의 성령이 감동하사 지시하기를 "이 골자기에 개천을 많이 파라"고 하셨다. 비도 바람도 보지 못하겠지만 하여튼 물이 개천에 차고 넘치게 될 것이라고 했다.

여호람 왕은 믿음이 없으니 떨떠름했겠지만 여호사밧은 믿음을 가지고 하나님의 종이 시키는 대로 해보자고 우겨서 엘리사의 말대로 개천을 팠다. 그랬더니 아침에 미처 소제드릴 때 물이 에돔편에서부터 흘러와 그 땅에 가득하였다. 모압의 군대가 보니 물이 아침 햇빛에 비쳐 붉게 비치는 것이 꼭 피가 섞인 강물같이 보였다. 이는 필시 에돔과 이스라엘이 서로 마주보고 싸운 것이라고 오판한 모압 군대는 "이스라엘로 약탈하러 가자" 하고 달려나왔다. 이때 복병이 매복하고 있다가 모압을 단숨에 섬멸해버렸다.

이렇게 해서 두번째 구원이 이루어졌다.

세번째 구원

당시에 선지자의 생도들이 있었는데 요즈음으로 말하자면 신학생들이라고 할 수 있을 것이다. 그런데 그들 중에는 결혼한 사람도 있었다. 그런데 선지자의 생도가 죽고 나니 유가족이 살아갈 길이 막연하였다. 그래서 엘리사에게 와서 호소하였다. 엘리사는 그 여인에게 이웃에 가서 기름병을 빌려다가 집에 있는 한 병의 기름을 계속 따르라고 하였다. 그랬더니 그 한 병의 기름병에서 끊임없이 기름이 계속 흘러나왔다. 그리하여 그 가정을 구원하였다. 이것이 세번째 구원이었다.

네번째 구원

예로부터 수넴에는 착하고 아름다운 여인들이 더러 살았던 것 같다. 다윗의 노년에 그 이불 밑을 더웁게 하기 위하여 선택된 여인 아비삭이 이곳 수넴의 여자였다. 그리고 엘리사가 지날 때 가끔 들리면 따뜻하게 영접한 여인이 바로 수넴의 여인이었다. 그 여인은 엘리사를 위하여 방도 마련하고 책상과 침대까지 갖추어둘 정도의 부유한 가정이었으나 아들이 없었다. 정성으로 하나님의 사람을 영접하던 어느날 엘리사가 그녀에게 아들이 있을 것이라고 했다. 그녀는 믿어지지 않았지만 그 후 그녀는 아들을 낳았다.

그런데 그 아이가 자라다가 한번은 갑자기 두통과 함께 죽어버리고 말았다. 이때 엘리사가 와서 그 아이를 살려내었던 것이다. 그리고 엘리사는 곧 7년 간 흉년이 들 것이라고 했다. 엘리야시대는 3년 반이 가물었는데 능력을 갑절로 받아서인지 이번에는 7년이나 흉년이 들게 되었다. 이때 그녀는 고향을 떠나 블레셋 땅으로 가서 살았다. 흉년이 끝나고 돌아왔을 때는 자신의 모든 전답이 다른 사람에 의하여 경작되고 있었다. 그러나 그때 마침 엘리사의 종이 이를 증거하여줌으로써 땅을 다시 되찾을 수 있었다. 이것은 네번째 구원의 역사였다.

다섯번째 구원

이스라엘은 북쪽의 땅을 차지하였는데 이로 인하여 북쪽에 위치한 니느웨와 아람의 침략에 늘 시달려왔다. 그런데 한번은 아람의 군대가 몰려와서 약탈하고 사로잡고 해서 물러갔다. 그 중에 아람의 군대장관 나아만은 사로잡은 계집아이 하나를 자기 집의 여종으로 데리고 가서 자기 아내에게 선물로 주었다.

그런 후에 군대장관 나아만은 문둥병이 걸렸다. 그리고 온 몸에 그 문둥병이 퍼져갔다. 이에 대하여 온 가족이 염려하고 있었다.

이때 그 계집아이가 "그 주모에게 이르되 우리 주인이 사마리아에 계신 선지자 앞에 계셨으면 좋겠나이다. 저가 그 문둥병을 고치리이다"(왕하 5:3)하고 말했다. 이 포로되어 온 계집아이가 주인의 병을 안타까이 여겨 한마디 한 것이 동기가 되어 아람 임금에게까지 전달되고 외교적인 채널을 통하여 결국 나아만이 전에 침범했던 이스라엘로 문둥이가 되어 찾아오게 된 것이다. 그리고 이로 말미암아 나아만은 병이 낫고 겸손해지고 하나님을 믿어서 오랫 동안, 적어도 나아만 장군이 살아있는 동안은 감히 이스라엘을 침략하지 않게 된 것이다. 이것은 하나님께서 포로되어 간 계집아이 하나로도 구원하실 수 있음을 보여주시는 사건으로 다섯번째 구원이었다.

여섯번째 구원

한번은 선지의 생도들이 이제는 엘리사의 정치적 배경을 의지하고 그 숨어 있던 굴에서 나와 제법 선지학교를 짓겠다고 목재를 준비하고 건축을 시작했는데 서투른 솜씨에 남의 집 도끼를 빌어온 것이다. 그런데 도끼질을 하다가 그만 도끼가 자루에서 빠져 물속에 빠져버렸다. 선지자의 생도들은 난감하기 짝이 없었다. 그런데 엘리사에게 가서 호소하니 나뭇가지를 물에 던지면 도끼가 물에 떠오르리라고 했다. 그리고 하나님의 사람 엘리사의 말씀대로 했더니 과연 도끼가 물 위로 떠올랐다. 이것은 여섯번째 구원이었다.

일곱번째 구원

아람의 군대장관 나아만이 죽고 나자 아람 왕은 다시 이스라엘을 침략하였다. 그런데 그때마다 이스라엘이 복병을 요로에 두었다가 무심코 들어오는 아람 군대를 섬멸해버렸다. 아람 왕은 아무래도 자기 신하 중에 이스라엘의 왕과 결탁하여 정보를 이스라엘로 빼내어주는 사람이 있다고 호통을 쳤다. 그랬더니 신하 중 한 사람이 그게 그런 것이 아니라 이스라엘에 하나님의 사람 엘리사가 있어서 왕이 침실에서 머리속으로 생각하는 것까지 다 알고 미리 방어하게 하기 때문이라고 대답을 했다.

이 말을 들은 아람 왕은 그렇다면 그 엘리사를 사로잡아오라고 해서 도단으로 군대를 보내었다. 그러나 이 아람 왕은 그러한 계획까지 엘리사가 알고 방비하리라는 것을 깨닫지 못했던 것 같다.

그들이 와서 도단성을 포위하였다. 엘리사의 종 게하시는 겁이 나서 벌벌 떨고 있었다. 그러나 엘리사는 아람 군대의 눈을 멀게 하였다. 그리고 이곳은 도단이 아니라고 했다. 그리고 그 군대를 사마리아 한복판에까지 끌어들인 후 이스라엘 군대로 다시 준비하게 했다. 그리고는 아람 군대의 눈을 뜨게 하였다. 알고 본즉 자신들이 사마리아 한 가운데 끌려들어와 있었다.

이스라엘 왕은 신이 나서 "칼로 치리이까?" 하고 덤볐다. 그러나 엘리사는 칼로 칠 것이 아니라 음식을 대접하고 선물까지 주어서 곱게 돌려보내라고 했다. 이에 아람 군대는 부끄러워 낯이 뜨뜻하여져서 본국으로 돌아갔다. 이것은 하나님께서 보여주신 일곱번째 구원이었다.

여덟번째 구원

한동안 아람이 이스라엘을 넘어다보지 않더니 다시 아람 왕 벤하닷이 그 온 군대를 모으고 올라와 사마리아를 에워싸므로 사마리아는 굶주리게 되었다. 얼마나 굶주리게 되었던지 당나귀 머리 부분만 잘라서 은 80세겔(약 300,000원) 정도 하고 합분태(합분태=비둘기 똥) 사분의 일갑에 은 5세겔

(약20,000원)이나 하게 되었다. 어떤 여인들은 눈이 뒤집어지고 정신이 나가서 자기의 아기를 삶아서 이웃의 여인과 나누어 먹었다. 그리고 오늘은 다시 상대방 아이를 삶아 먹자느니 못한다느니 하는 사태가 벌어졌다.

하나님께서 엘리야를 통하여 여호와가 하나님이심을 그렇게까지 증거하였고 엘리사를 통하여 하나님은 곧 구원이심을 그렇게까지 증거하였는데도 이를 깨닫지 못하는 이스라엘에 큰 재앙이 임한 것이다. 그런데 이때도 임금이 회개할 생각은 하지 않고 엘리사를 잡기만 하면 목을 잘라버리겠다고 했다(왕하 6:24-33).

그런데 그때 하나님의 사람 엘리사는 말하기를 "내일 이맘때면 사마리아 성문에서 고운 가루 한 스아에 한 세겔에 거래가 되고 보리는 두 스아에 한 세겔하리라!" 하고 말했다. 사람들은 생각하기를 하나님의 사람 엘리사도 이제 너무 배가 고파서 헛소리를 한다고 생각했을 것이다. 그리고 장관 중 한 사람은 말하기를, "당신의 하나님이 설사 하늘에서 창을 열고 곡식을 내려부어도 그런 일이 어떻게 이루어지리요?" 하였다. 엘리사가 말하기를, "당신의 눈으로 보게 될 것이요 그러나 당신은 그것을 먹지는 못할 것이요!" 하고 말했다.

그때 사마리아 성문 어귀에는 문둥이가 네 사람이 있었다. 그들은 자기들을 부정한 사람들로 여겨 성안에 들어가지 못하고 성문 밖에 거하면서 가족들이 가져다주는 음식을 먹거나 아니면 구걸해서 먹어야 했다. 문둥이들이 여러 날을 굶어서 기력이 쇠하고 기진맥진해졌다. 한 문둥이가 제안을 했다. "자, 문둥이들아 내 말을 들으라. 우리가 여기 앉아 있어도 얼마 후엔 말라서 죽을 것이요 성안에는 아기를 삶아먹는 판이라 들어가 보아야 얻어 먹을 것이 없을 테이니 우리가 차라리 아람 군대에게로 다가가보자 우리가 거기서 무엇을 얻을 수 있다면 큰 다행이 될 것이요, 죽여준다면 이 괴로운 문둥이 인생 빨리 청산하게 되니 감사할 것이니 죽이면 죽을 따름이라!" 하고는 문둥이끼리 힘없이 달린 다리와 문드러진 발가락에 슬리퍼를 끌고 질그덕거리면서 아람나라 군대에게로 걸음을 옮기기 시작했다.

그런데 하나님께서 그 문둥이들의 발에 끌리는 슬리퍼 소리를 크게 증폭시켜서 아람 군대로 하여금 마치 질풍노도와 같이 밀어닥치는 군대와 마병과 병거바퀴 소리로 들리게 하셨다. 갑자기 밀어닥치는 소리인지라 아람의 군인들이 혼비백산하여 무기고, 양식이고 온갖 보물들을 그대로 두고 몸만 빼서 줄행랑을 놓고 말았다.

문둥이들이 아람나라 진에 이르러본즉 이상하게도 아람 군대가 한 사람도 남지 않고 다 도망가고 없었다. 문둥이들이 한편은 놀라고 한편은 의아해 하면서도 이왕에 배가 고파 죽을 지경이라 죽을 때 죽더라도 실컷 먹어나 보자 하고 마음껏 먹고 마시고 노략질하고 땅을 파고 묻어 감추고 하다가 한 사람의 문둥이가 양심있는 소리를 했다. "성중에는 주려서 죽어가고 있고 오늘은 아름다운 소식이 있는 날이어늘 우리가 우리 배만 부르다고 이런 짓만 하고 있다면 되겠는가 만약 날이 밝기까지 이러고만 있다면 하나님께서 우리에게 벌을 내리지 않겠는가? 우리가 이 복음을 전하지 아니하면 우리에게 화가 있으리로다" 하고 말하자 다른 문둥이들도 동감이었다.

문둥이들이 신바람이 나서 성에 들어가 고하니 아무도 믿으려 하지 않았다. 그러나 문둥이들이 가지고 온 식물들을 보고야 반신반의하며 확인차 조심스럽게 왕의 타는 말을 태워 정탐하게 하였다. 얼마 후 "사실이다! 나오라!"하고 외치자 성안에서 굶주리던 사람들이 서로 나가려고 밀고 넘어지고 하는 통에 바로 하루 전날 엘리사의 말을 믿지 못하겠다고 하던 장관이 밀리는 군중들의 질서를 잡느라고 "자 여러분 천천히 질서를, 질서를 지켜야한다. 이렇게 밀면 안된다. 아 여러분! 자 이러면!?…" 하다가 떠밀고 나오는 군중들의 발밑에 깔려 죽었다.

엘리사, "하나님은 구원이시라." 계집아이 하나를 가지고도 나라를 구원하실 수 있으며 문둥이 네 사람만 가지고도 나라를 구원할 수 있는 분이 곧 엘리야와 엘리사의 하나님이시며 그 하나님은 전지전능하신 하나님이시다. 이스라엘뿐만 아니라 온 세계 만민이 믿고 섬기며 사랑해야 할 오직 한분이신 하나님이시다.

문둥병을 치유받은
나아만

'나아만'은 '즐거움' 혹은 '사랑스러움'이라는 뜻이다. 그는 아람나라에서는 온 국민들과 왕에게 사랑을 받는 인물이었고 국가적으로는 일등공신이었던 것 같다. 우가리트 문헌에 의하면 나아만(Naaman)의 이름 철자는 '매력' '사랑스러움'을 가리키는 일반적 명칭으로서, 영웅들을 일컫는 하나의 별칭이었다고 한다. 이 시기는 벤하닷 2세가 통치하던 때 (BC 860-841년)였다. 당시에 아람과 이스라엘 사이에는 끊임없이 분쟁이 있어 왔다.

사람들이 대개 그렇듯이 나아만도 자신이 공을 세우고, 왕에게 신임을 받고 국민들에게 사랑과 존경을 받게 되자 그만 교만해졌던 것 같다.

육신의 질병 중에는 매우 혐오스러운 질병이 문둥병이요, 영적인 병 중에 가장 못된 병이 있다면 아마도 교만이라는 병일 것이다.

모세의 누나인 미리암이 교만하여져서 모세를 비방하였다가 문둥병이 발하게 된 경우도 있고, 웃시야 왕이 처음에 잘하다가 조금 형통하게 되자 교만하여져서 하나님께 드리는 제사장까지 겸직하려고 하다가 문둥병이 걸린 사건이 있다.

나아만이 문둥병이 걸리게 되자 온 집은 소동이 났던 것 같다. 문둥병이란 감출래야 감출 수도 없는 혐오스러운 질병이었다. 대체로 쉽게 보이는 손과 코에 그 징후가 나타난다. 또 쉽게 죽는 병도 아니고 그 교만한 콧대가 무너져 쭈그러들고 그 손으로 하던 모든 일을 할 수 없게 손가락이 오그라드는 병이었다. 교만하던 나아만의 콧대는 여지없이 내려앉았다. 나아만과 그의 아내는 안절부절 어찌할 바를 몰랐을 것이다.

이때 그의 집에는 전에 이스라엘을 침공했을 때 납치해와서 식모로 쓰고 있는 계집아이 하나가 있었는데, 그녀의 말이 사마리아의 하나님의 사람 앞에 있었다면 문둥병이 나을 수 있었을 것이라고 한 것이다.

"전에 아람 사람이 떼를 지어 나가서 이스라엘 땅에서 작은 계집아이 하나를 사로잡으매 저가 나아만의 아내에게 수종들더니 그 주모에게 이르되 우리 주인이 사마리아에 계신 선지자 앞에 계셨으면 좋겠나이다 저가 그 문둥병을 고치리이다"(왕하 5:2-3).

이 말을 들은 나아만의 아내가 상세히 묻고는 마침내 왕에게 청원하여 외교적인 통로를 통하여 나아만의 문둥병을 이스라엘왕에게 부탁하게 되었다. 나아만은 은 십 달란트와 금 육천개와 의복 열 벌을 가지고 이스라엘 왕을 찾아갔다.

이러한 부탁을 받은 이스라엘 왕은 다메섹의 왕이 이스라엘에 전쟁을 하기 위한 구실로 시비를 걸어온 것이며 생트집을 잡기 위하여 이러한 무리한 부탁을 해온 것으로 알고 큰 근심에 잠겨 있었다. 그러나 엘리사가 이를 듣고 아람의 군대장관을 부르라고 했던 것이다.

나아만이 엘리사를 찾아왔는데 엘리사는 문도 열어보지 않았다. 요단강에 가서 일곱번 목욕하면 나을 것이라고 종을 시켜서 처방을 말하고는 문도 열어보지도 않고 나와보지도 않았으며 인사도 하지 않은 것이다.

아직도 여전히 교만이 깨어지지 아니한 나아만은 화가 머리끝까지 났다. 아람에는 요단강만한 강물이 없어서 여기까지 온 줄로 아느냐고 하면서 분개하여 돌아가자고 했다.

"나아만이 노하여 물러가며 가로되 내 생각에는 저가 내게로 나아와 서서 그 하나님 여호와의 이름을 부르고 당처 위에 손을 흔들어 문둥병을 고칠까 하였도다 다메섹강 아바나와 바르발은 이스라엘 모든 강물보다 낫지 아니하냐 내가 거기서 몸을 씻으면 깨끗하게 되지 아니하랴 하고 몸을 돌이켜 분한 모양으로 떠나니 그 종들이 나아와서 말하여 가로되 내 아버지여 선지자가 당신을 명하여 큰 일을 행하라 하였더면 행치 아니하였으리이까 하물며 당신에게 이르기를 씻어 깨끗하게 하라 함이리이까 나아만이 이에 내려가서 하나님의 사람의 말씀대로 요단강에 일곱번 몸을 잠그니 그 살이 여전하여 어린아이의 살 같아서 깨끗하게 되었더라"(왕하 5:11-14).

평생 자기가 제일인 줄 알았던 나아만이 하나님의 사람 엘리사 앞에서까지 큰소리를 치다가 수행했던 종들의 말을 듣고 마지 못해 요단강에 가서 일곱번을 목욕을 하고 나니 그의 살이 마치 어린아이의 새 살같이 깨끗해졌다. 그 순간 그는 큰 충격을 받았다. 무엇보다도 이스라엘에 참 하나님께서 계신 것을 깨달은 것이다. 그는 목욕하러 갈 때와는 달리 겸손한 마음, 깨끗한 몸으로 돌아왔다. 그리고 가지고 온 예물을 엘리사 앞에 꺼내놓았다.

"나아만이 모든 종들과 함께 하나님의 사람 엘리사에게로 도로 와서 그 앞에 서서 가로되 내가 이제 이스라엘 외에는 온 천하에 신이 없는 줄을 아나이다 청컨대 당신의 종에게서 예물을 받으소서 엘리사가 가로되 나의 섬기는 여호와의 사심을 가리켜 맹세하노니 내가 받지 아니하리라 나아만이 받으라 강권하되 저가 고사한지라 나아만이 가로되 그러면 청컨대 노새 두 바리에 실을 흙을 당신의 종에게 주소서 이제부터는 종이 번제든지 다른 제든지 다른 신에게는 드리지 아니하고 다만 여호와께 드리겠나이다 오직 한가지 일이 있사오니 여호와께서 당신의 종을 사유하시기를 원하나이다 곧 내 주인께서 림몬의 당에 들어가 거기서 숭배하며 내 손을 의지하시매 내가 림몬의 당에서 몸을 굽히오니 내가 림몬의 당에서 몸을 굽힐 때에 여호와께서 이 일에 대하여 당신의 종을 사유하시기를 원하나이다"(왕하 5:15-18).

엘리사는 나아만에게 "너는 평안히 가라"하고 전송했다. 나아만이 엘리사를 떠나 얼마쯤 갔을 때였다.

"하나님의 사람 엘리사의 사환 게하시가 스스로 이르되 내 주인이 이 아람 사람 나아만에게 면하여주고 그 가지고 온 것을 그 손에서 받지 아니하였도다 여호와의 사심을 가리켜 맹세하노니 내가 저를 쫓아가서 무엇이든지 그에게서 취하리라 하고 나아만의 뒤를 쫓아가니 나아만이 자기 뒤에 달려옴을 보고 수레에 내려서 맞아 가로되 평안이냐 저가 가로되 평안이니이다 우리 주인께서 나를 보내시며 말씀하시기를 지금 선지자의 생도 중에 두 소년이 에브라임 산지에서부터 내게 왔으니 청컨대 당신은 저희에게 은 한 달란트와 옷 두 벌을 주라 하시더이다 나아만이 가로되 바라건대 두 달란트를 받으라 하고 저를 억제하여 은 두 달란트를 두 전대에 넣어 매고 옷 두 벌을 아울러 두 사환에게 지우매 저희가 게하시 앞에서 지고 가니라
언덕에 이르러는 게하시가 그 물건을 두 사환의 손에서 취하여 집에 감추고 저희를 보내어 가게 한 후 들어가서 그 주인 앞에 서니 엘리사가 이르되 게하시야 네가 어디서 오느냐 대답하되 종이 아무 데도 가지 아니하였나이다
엘리사가 이르되 그 사람이 수레에서 내려 너를 맞을 때에 내 심령이 감각되지 아니하였느냐 지금이 어찌 은을 받으며 옷을 받으며 감람원이나 포도원이나 양이나 소나 남종이나 여종을 받을 때냐 그러므로 나아만의 문둥병이 네게 들어 네 자손에게 미쳐 영원토록 이르리라 게하시가 그 앞에서 물러나오매 문둥병이 발하여 눈같이 되었더라"(왕하 5:20-27).

참으로 안타까운 것은, 아람나라 나아만은 단번에 하나님의 사람을 만나보고 병고침을 받고는 하나님을 두려워하여 하나님께만 제사를 드리겠다고 이스라엘의 흙을 얻어가지고 돌아갔는데, 오래도록 엘리사를 모시고 하나님의 전지전능을 목격해온 게하시는 아직도 하나님을 모르고 있다는 것이다.

"내가 참으로 너희에게 이르노니 엘리야 시대에 하늘이 세해 여섯달을 닫히어 온 땅에 큰 흉년이 들었을 때에 이스라엘에 많은 과부가 있었으되 엘리야가 그 중 한 사람에게도 보내심을 받지 않고 오직 시돈 땅에 있는 사렙다의 한 과부에게 뿐이었으며 또 선지자 엘리사 때에 이스라엘에 많은 문둥이가 있었으되 그 중에 한 사람도 깨끗함을 얻지 못하고 오직 수리아 사람 나아만 뿐이니라"(눅 4:25-27).

어느 시대나 그런 것 같다. 먼 데 사람은 아는데 가까운데 사람은 모르는 것이다. 우리 속담에는 등잔밑이 어둡다는 말씀도 있고 대장간 집 칼이 더 무디다고 하는 속담도 있다.

아람나라는 평소에 이스라엘을 저으기 괴롭히던 나라였다. 그러나 이 일이 있은 후 적어도 나아만이 살아 있었을 동안은 감히 이스라엘을 침공하지 못했을 것이다.

그러나 나아만이 벗어놓고 간 문둥병을 엘리사의 종 게하시는 아마 평생 짊어지고 살았을 것이다.

니느웨를 회개시킨
요 나

요 나는 북왕국 이스라엘 사람으로서 여로보암 2세 때의 인물이다. 그의 예언은 요나서에 기록된 것 외에도 상당한 내용이 있었던 것으로 볼 수 있다(왕하 14:25).

요나서는 그 분량은 작은 책이다. 그러나 많은 의미를 지닌 책이다. 당시의 유대인들은 깨닫지 못했지만 하나님께서는 이방인들도 사랑하시며 육축도 아끼신다는 놀라운 진리가 이 책에 있다(욘 4:11).

요나는 참 곤란한 인물이었다.

하나님께서도 다루기 어려운 사람이었다.

요나는 민족주의자요, 이기주의자였다.

이방인들을 미워하는 것은 요나뿐만 아니었다. 이스라엘 사람이면 누구나 이방인들을 미워하거나 아니면 멸시하였던 것이다. 요나서가 보여주는 것은 요나를 보여줌과 동시에 하나님의 뜻을 보여주시는 것이다. 요나가 하나님의 뜻은 모르고 이방인이 망하기만을 바라고 니느웨를 내려다보고 있었는데 하나님께서는 이방인뿐만 아니라 육축도 아끼신다는 것을 깨달은 것이다.

"요나가 성에서 나가서 그 성 동편에 앉되 거기서 자기를 위하여 초막을 짓고 그 그늘 아래 앉아서 성읍이 어떻게 되는 것을 보려 하니라 하나님 여호와께서 박 넝쿨을 준비하사 요나 위에 가리우게 하셨으니 이는 그 머리를 위하여 그늘이 지게 하며 그 괴로움을 면케 하려 하심이었더라 요나가 박 넝쿨을 인하여 심히 기뻐하였더니 하나님이 벌레를 준비하사 이튿날 새벽에 그 박 넝쿨을 씹게 하시매 곧 시드니라

해가 뜰 때에 하나님이 뜨거운 동풍을 준비하셨고 해는 요나의 머리에 쬐매 요나가 혼곤하여 스스로 죽기를 구하여 가로되 사는 것보다 죽는 것이 내게 나으니이다 하나님이 요나에게 이르시되 네가 이 박 넝쿨로 인하여 성냄이 어찌 합당하냐 그가 대답하되 내가 성내어 죽기까지 할지라도 합당하니이다

여호와께서 가라사대 네가 수고도 아니하였고 배양도 아니하였고 하룻밤에 났다가 하룻밤에 망한 이 박 넝쿨을 네가 아꼈거든 하물며 이 큰 성읍 니느웨에는 좌우를 분변치 못하는 자가 십이만여명이요 육축도 많이 있나니 내가 아끼는 것이 어찌 합당치 아니하냐"(욘 4:5-11).

요나가 만약 끝까지 하나님의 마음을 깨닫지 못했다면 이 예언서를 쓰지 않았을 것이다.

이 예언서를 쓴 요나 선지자는 자기 자신이 바로 이런 인간이었는데 자비와 긍휼에 풍성하신 하나님께서는 자기를 버리지도, 죽이지도 않으셨다고 고백하고 있는 것이다. 오히려 고약한 이기주의자를 위하여 물고기까지 예비하시며 불평불만을 토로하는 인간을 참아주셨는데, 이는 다 이방인들과 자신과 같은 죄인까지 아끼시고 사랑하시는 하나님이심을 보여주는 것이다.

유대인들은 하나님께서 이방인들을 사랑하신다는 것을 깨닫지 못하고 있었다. 아마 지금도 이스라엘 사람들은 그것을 깨닫지 못하고 있을 것이다. 요나서가 다루는 문제는 하나님께서 사랑하시는 대상이 유대인에 국한하는 것이 아니라는 것이다. 하나님께서는 이방인을 사랑하실 뿐만 아니라 심지어 육축도 아끼신다는 것을 보여주는 것이다.

차라리 이방인! 오히려 이방인!

성경은 유대인들보다 이방인 중에서 참으로 좋은 사람들이 있었다는 것을 증거하고 있다.

다메섹 엘리에셀의 믿음은 참으로 본받을 만한 믿음이다.

애굽의 바로 왕도 요셉같은 인물을 기용하는 것을 보면 믿음으로 나라를 건진 것이다.

엘리야시대에 사르밧 과부는 이방 여인이었다.

엘리사시대에 이스라엘에 많은 문둥이가 있었지만 고침을 받은 사람은 아람나라의 나아만이었다.

사사시대 룻은 모압 여인이었다.

여호수아시대에 여리고 기생 라합은 가나안 여인이었다.

예레미야 시대에 선조 요나답의 유훈을 지켜나가는 기특한 사람들은 겐 족속들이었다.

예레미야를 진흙 구덩이에서 구출한 사람은 구스인 에벳멜렉이었다.

선지자 요나가 가서 외친 결과 거국적인 회개운동이 일어난 곳은 유대가 아니라 니느웨였다.

다니엘의 하나님을 단번에 알아 모시려 한 사람은 예루살렘 사람들이 아니라 바벨론의 느부갓네살이다.

메대 왕 다리우스는 신의가 있어서 다니엘의 하나님을 공경했다.

바사 왕 고레스는 다니엘의 하나님을 자기 하나님으로 섬겼다.

바사 왕 아닥사스다는 에스라, 느헤미야의 하나님을 공경하는 사람이었다.

다윗의 충직한 장군 우리아는 헷(힛타이트)사람이었다.

솔로몬의 지혜를 들으려고 찾아온 여자는 예루살렘 여자가 아니라 남방 여왕이었다.

솔로몬의 성전을 건축하는 데 가장 많은 정성을 기울인 사람은 두로 왕 히람이었다.

예수님의 십자가를 대신 진 사람은 12제자도 아니요 구레네 사람 시몬이었다.

문둥이 열명을 고쳐주셨지만 감사하려고 되돌아온 사람은 사마리아 사람뿐이었다.
　여리고로 내려가는 길에 강도 만난 자의 이웃은 사마리아 사람이었다.
　수가성 우물 가에서 예수님의 말씀을 듣고 메시야인 줄 알아본 여인도 사마리아 여인이었다.
　예수님이 태어날 때 먼 길을 찾아온 사람들은 동방나라 박사들이었다.
　신약성경 속에 등장하는 모든 백부장들은 인품이 반듯한 사람들이었다.
　바울의 곁에서 그림자처럼 따르며 동역한 사람은 헬라인 누가였다.
　바울의 수족같이 어려운 곳에 보냄을 받아 충성했던 사람은 헬라인 디도였다.
　바울의 심부름을 맡았던 발이 빠른 사람 두기고 역시 이방인이었다.
　백부장 고넬료도 로마인이었다.
　구스 내시 역시 에디오피아 사람이었다.
　바울이 감옥에서 외로울 때 부지런히 찾아서 만난 사람은 오네시보로였다.
　예수님의 칭찬을 들은 여인은 수로 페니키아의 여인이었다.

동물보다 다루기 어려운 인간들

하나님께서는 이방인뿐만 아니라 육축도 아끼시는 분이시다.
　모든 피조물들이 다 순종하는데 타락한 인간은 여간해서는 순종하지 않다.
　파리, 메뚜기, 이, 개구리는 순종하는데 바로왕은 순종치 않았다.
　메추라기는 하나님의 뜻대로 죽기까지 하는데 이스라엘 백성들은 하나님 말씀대로 사는 것도 어렵다.
　당나귀는 하나님의 뜻대로 되는데 돈에 눈이 어두운 선지자 발람은 눈에 보이는 것이 없었다.
　큰 물고기는 순종하는데 하나님의 종 요나는 여간해서는 순종치 않았다.
　벧세메스로 가는 암소는 곁 길로도 가지 않고 바르게 가는데 이스라엘은 바른 길을 알지 못한다.
　까마귀는 하나님의 종 엘리야를 먹여 살리는데 이스라엘에는 밥 한그릇 구걸할 곳이 없다.

미련한 곰들은 하나님의 종 엘리사를 알아보는데 이스라엘 소년들은 알아보지 못한다.
불뱀도 하나님의 명을 순종하는데 이스라엘은 순종치 않았다.
소는 그 임자를 아는데 이스라엘은 하나님을 알지 못한다.
당나귀는 주인이 예비한 구유로 돌아오는데 이스라엘은 하나님이 부를수록 더 멀리 멀어져간다.
비둘기도 제 집을 찾아오고 철새는 철이 되면 돌아오는데 이스라엘은 하나님께로 돌아오지 않았다.
굶주린 사자도 하나님의 종 다니엘을 알아보는데 권력에 눈이 먼 페르시아 관리들은 알아보지 못한다.
갈릴리 바다의 물고기는 예수님 뜻대로 움직이는데 바리새인들은 믿지도 않았다.
동물들은 하나님의 종 노아의 말을 순종하여 방주를 탔는데 인간들은 끝까지 타지 않았다.
동물들의 마굿간은 빌릴 수 있었으나 베들레헴에서는 임산부의 몸을 풀 방 한 칸 빌릴 곳이 없었다.
들개도 새끼에게 젖을 먹이는데 이스라엘 여자들은 자녀들의 고기를 삶아서 먹었다.
모든 동물들과 해물들이 인간들에게 길들므로 길이 드는데 이스라엘을 길들이기는 어렵다.
"만물보다 거짓되고 심히 부패한 것이 사람의 마음이라 이를 누가 능히 알리요"(렘 17:9).

요나서의 핵심은 맨 끝에 있다.

"여호와께서 가라사대 네가 수고도 아니하였고 배양도 아니하였고 하룻밤에 났다가 하룻밤에 망한 이 박 넝쿨을 네가 아꼈거든 하물며 이 큰 성읍 니느웨에는 좌우를 분변치 못하는 자가 십이만여명이요 육축도 많이 있나니 내가 아끼는 것이 어찌 합당치 아니하냐"(욘 4:10-11).

정의의 선지자
아모스

아모스는 그 이름의 뜻이 '짐을 지고 나르는 사람'이다. 성경에 등장하는 많은 예언자가 있지만 아모스는 모든 예언자의 표상과 같은 인물이었다. 그는 이스라엘 백성들의 죄를 책망하였는데 독특한 방법으로 책망하고 있다.

아모스는 요나보다 약간 후의 사람이지만 같은 시대의 사람이다. 그때는 여로보암 2세가 치세하던 때였다. 남쪽에서는 웃시야 왕이 치리하던 시대였다.

이스라엘 지방을 강타한 지진이 일어나기 2년 전이었다. 하나님께서는 가난한 것을 걱정하시는 것이 아니라 경제적으로 여유가 생길 때 걱정하시는 것 같다. 그래서 아모스를 보내어 경고를 하게 하셨고 책망을 하게 했다. 그래도 그들이 정신을 차리지 못하자 마침내 큰 지진이 일어나게 되던 것이다.

경제적으로는 상당히 부흥되어가고 있었다. 북왕국 이스라엘이 멸망하기 약 100년 전의 일이었다.

아모스는 하나님의 마음을 알게 되자 입에 침이 마르고 애가 타고 마음이 초조해졌다. 하나님의 불호령이 떨어지기 직전과 같은 느낌이 들었다.

"저가 가로되 여호와께서 시온에서부터 부르짖으시며 예루살렘에서부터 음성을 발하시리니 목자의 초장이 애통하며 갈멜산 꼭대기가 마르리로다"(암 1:2).

여호와께서 시온에서부터 부르짖으시며 예루살렘으로부터 하나님의 음성이 발하게 되면 목자의 초장이 애통하며 갈멜산 꼭대기가 말라들어갈 것이라고 외쳤다.

아모스는 남쪽 유다의 드고아 출신의 선지자였다. 그러면서 북왕국 이스라엘까지 쳐서 예언을 하였다.

아모스는 맨 처음에는 다메섹을 쳐서 예언하였다.
    그 소리를 들은 이스라엘은 아멘 할렐루야 했다.
그 다음 아모스는 블레셋의 가사지방 사람의 죄를 쳐서 예언하였다.
    그 소리를 들은 이스라엘은 아멘 할렐루야 했다.
그 다음은 두로의 죄를 쳐서 예언하였다.
    그 소리를 들은 이스라엘은 아멘 할렐루야 했다.
그 다음은 에돔의 죄를 쳐서 예언하였다.
    그 소리를 들은 이스라엘은 아멘 할렐루야 했다.
그 다음은 암몬 자손을 쳐서 예언하였다.
    그 소리를 들은 이스라엘은 아멘 할렐루야 했다.
그 다음은 모압의 죄를 쳐서 예언하였다.
    그 소리를 들은 이스라엘은 아멘 할렐루야 했다.
그 다음은 남왕국 유다의 죄악을 지적하면서 쳐서 예언하였다.
    그 소리를 들은 이스라엘은 아멘 할렐루야 했다.
그 다음에는 이스라엘의 죄악을 낱낱이 쳐서 예언하였다
    그 소리를 들은 이스라엘은 아멘 할렐루야 하지 않고 선지자를 보고 으름장을 놓았다.

그때 아마샤라는 사람이 있었는데 그는 아모스를 향하여 말하기를 "선견자야 너는 유다땅으로 돌아가 거기서나 떡을 먹으며 거기서나 예언하고 다시는 벧엘에서 예언하지 말라 이는 왕의 성소요 왕의 궁전임이니라"(암 7:12-13)하고 엄포를 놓았다.

그러나 하나님의 종의 입을 막을 수는 없었다.

아모스는 말하기를 "만약 이스라엘이 회개하지 않는다면 결국은 나라는 멸망할 것이며 백성들은 다 사로잡혀가게 될 것이며, 하나님의 말씀을 듣고자 하여도 들을 수 없는 날이 온다"고 했다.

"보라 날이 이를지라 내가 기근을 보내리니 양식이 없어서 주림이 아니며 물이 없어서 갈함이 아니라 여호와의 말씀을 듣지 못한 기갈이 있으리라"(암 8:11).

여로보암 2세는 정치적으로는 여러 가지 공적이 있는 사람이었다. 여로보암 2세는 경제적으로는 매우 성공을 한 사람이었다. 그러나 그는 영적으로는 무지하였다. 하나님을 전혀 알지 못하는 왕이었다. 사치스러운 생활을 하고 있었다. 가난한 사람은 한없이 가난하고 부자들은 지나칠 정도로 사치하였다. 은을 받고 의인을 팔았다(가룟 유다처럼).
신발 한켤레를 주면 궁핍한 사람을 사고 팔 수 있었다.
모든 것을 가늠하는 척도가 오직 돈이었다. 가난한 사람의 머리에 있는 티끌까지 부자들이 탐을 내었다. 겸손한 사람이 살아갈 수가 없는 세상이었다. 아버지와 아들이 한 여인을 두고 왕래하였다. 가난한 사람의 겉옷을 전당잡고는 추위가 와도 돌려주지 않았다. 우상의 신당에서 벌금으로 받은 돈으로 술이나 퍼마시고 놀아났다.
나실인을 끌어다놓고 억지로 술을 퍼마시게 하였다.
예언자가 예언하면 하지 못하게 하였다.
궁궐 안에서 포학과 겁탈이 자행되었다.
여름궁전과 겨울궁전이 따로 있었으며, 월동별장과 월하별장을 지었다.
상아로 궁전을 지어갔다.
여자들도 함께 타락하여 남편을 시켜서 술을 사오라 하였다.
가난한 자를 학대하였다. 궁핍한 자를 압제하였다.
형식적인 예배를 드린다고 하면서 아침마다 죄없는 짐승만 죽였다.
3일마다 십일조를 드리면서 요란스럽게 떠들어댔다.
흉한 날은 없다고 호언장담하고 있었다.

강포한 자리에 거리낌없이 다가갔다.
상아침대에 뒹굴면서 늦잠이나 실컷 자고 침상에서 기지개를 켜고는 어린 양고기, 송아지 고기만 먹고 저희들이 무슨 다윗이나 된 것처럼 비파에 맞추어 헛된 노래를 지절거렸다.
대접으로 포도주를 퍼마셔댔다.
온갖 귀한 기름과 향수를 몸에 뿌려가면서 환난의 날에 대하여서는 일부러 잊으려 했다.
공법을 쓸개같이 변질시키고 정의를 인진같이 쓰게 하였다.
안식일이 다가오는 것을 귀찮게 여겼다.
에바는 크게, 세겔을 작게 하면서 거짓 저울로 부당이득을 취하였다.
이러한 이스라엘을 향한 하나님의 말씀은

"내가 너희의 절기를 미워한다.
내가 너희의 성회를 미워한다.
내가 너희의 번제를 미워한다.
내가 너희의 소제를 미워한다.
내가 너희의 희생의 화목제도 미워한다.
내가 너희의 노래소리도 미워한다.
내가 너희의 비파소리도 미워한다."

"내가 바라는 것은 이것이니 곧 공법을 물 같이 정의를 하수같이 흐르게 하는 것이다."

그러므로 하나님께서 말씀하시기를,
"돌아오라! 패역한 자식들아 돌아오라" 하여도 돌아오지 않는 이스라엘.

하나님께서 흉년을 보내어 양식이 떨어지게 해보았다.
그래도 돌아오지 않았다.

하나님께서 가뭄을 보내어 마실 물이 없게도 해보았다.
　　그래도 돌아오지 않았다.
하나님께서 해충을 보내어 온 땅에 푸른 것이 없게도 해보았다.
　　그래도 돌아오지 않았다.
하나님께서 염병을 보내어 온 땅에 임하게 해보았지만,
　　그래도 그들은 돌아오지 않았다.
하나님께서 이웃나라를 일으켜 이스라엘을 치게 하였다.
　　그래도 그들은 돌아올 줄을 몰랐다.
하나님께서 성읍을 무너뜨려 소돔같고 고모라같이 되어도,
　　그들은 돌아오지 않았다.

아모스는 그 결국을 예언하였다.
"날이 이르면 앗수르 사람이 올 것이며 악한 백성들이 다 사로잡혀 갈 것이다."
그러나 이스라엘을 영영 없이 하지는 않을 것이다.
"다시 날이 이르면 그 포로잡힌 데서 돌아와 고토에 다시 뿌리를 내릴 날이 있을 것이다."

아모스의 예언은 한 말씀도 땅에 떨어지지 않고 다 이루어졌다.

정신나간 임금
아하스

아 하스는 신구약을 망라하여 보기 드물 정도로 고약한 사람이었다. 그는 요담의 아들이요, 히스기야의 아비가 되는 사람이다.

요담이 그 열조와 함께 자매 그 조상 다윗성에 열조와 함께 장사되고 그 아들 아하스가 대신하여 왕이 되었다.

북쪽의 왕 르말랴의 아들 베가 17년에 유다 왕 요담의 아들 아하스가 왕이 되니 아하스가 위에 나아갈 때에 나이 20세였다. 그는 예루살렘에서 16년을 치리하였으나 16년 간 못된 짓만 골라가면서 행하였다.

아하스는 그 조상 다윗과 같지 아니하였다. 그는 하나님 여호와 보시기에 정직히 행치 아니하였다. 오히려 이스라엘 열왕의 길로 행하였다.

또 여호와께서 이스라엘 자손 앞에서 쫓아내신 이방 사람의 가증한 일을 본받아 자기 아들을 불 가운데로 지나가게 하며 또 산당과 작은 산 위와 모든 푸른 나무 아래서 제사를 드리며 분향하였다.

"또 힌놈의 아들 골짜기에서 분향하고 여호와께서 이스라엘 자손 앞에서 쫓아내신 이방 사람의 가증한 일을 본받아 그 자녀를 불사르고 또 산당과 작은 산 위와 모든 푸른 나무 아래에서 제사를 드리며 분향한지라"(대하 28:3-4).

이에 하나님께서 진노하사 아하스가 다스리는 유다를 아람과 이스라엘의 손에 붙이셨다.

"그러므로 그 하나님 여호와께서 아람 왕의 손에 붙이시매 저희가 쳐서 심히 많은 무리를 사로잡아 가지고 다메섹으로 갔으며 또 이스라엘 왕의 손에 붙이시매 저가 쳐서 크게 살육하였으니 이는 그 열조의 하나님 여호와를 버렸음이라 르말랴의 아들 베가가 유다에서 하루 동안에 용사 12만명을 죽였으며 에브라임의 용사 시그리는 왕의 아들 마아세야와 궁내대신 아스리감과 총리대신 엘가나를 죽였더라 이스라엘 자손이 그 형제 중에서 그 아내와 자녀 합하여 12만명을 사로잡고 그 재물을 많이 노략하여 사마리아로 가져가니라"(대하 28:5-8).

에돔 사람이 다시 와서 유다를 치고 그 백성을 사로잡아 갔다.
블레셋 사람도 유다의 평지와 남방 성읍들을 침노하여 벧세메스와 아얄론과 그데롯과 소고와 그 동네와 딤나와 그 동네와 김소와 그 동네를 취하고 거기 거하였다. 이는 이스라엘 왕 아하스가 유다에서 망령되이 행하여 여호와께 크게 범죄하였으므로 여호와께서 유다를 낮추시는 것이었다.

이렇게 되어도 아하스가 회개하거나 하나님께 기도하지 아니하고 도리어 앗수르 왕 디글랏빌레셀에게 사자를 보내되 여호와의 전과 왕궁 곳간에 있는 은금을 취하여 앗수르 왕에게 예물로 보내면서 이르기를 "나는 왕의 신복이요 왕의 아들이라 이제 아람 왕과 이스라엘 왕이 나를 치니 청컨대 올라와서 나를 그 손에서 구원하소서"하고 앗수르의 원조를 청하였다. 앗수르 왕이 그 청을 듣고 곧 올라와서 다메섹을 쳐서 취하여 그 백성을 사로잡아 길로 옮기고 또 르신을 죽였다.
하나님께서 아하스의 못된 행위를 징벌하시느라고 북왕국 이스라엘을 보내어 유다를 치게 하였다. 그러자 아하스는 회개하려 하지 않고 다시 앗수르 왕 디글랏빌레셀에게 도움을 구하였다.
앗수르 왕 디글랏빌레셀이 이르렀으나 돕지 아니하고 도리어 군박하였다. 아하스가 여호와의 전과 왕궁과 방백들의 집에서 재물을 취하여 앗수르 왕에게 주었으나 유익이 없었다.
　아하스가 하나님의 뜻을 알려 하지 않고 계속하여 사람의 도움을 구하기 위하여 이리저리 뛰어다닐 때 하나님께서는 이스라엘과 에돔과 블레셋의 군대를 차례로 보내어 유다를 치게 하였다. 그래도 아하스는 정신을 차리지 못하였다.
　이 아하스 왕이 곤고할 때에 더욱 여호와께 범죄하여 자기를 친 다메섹 신들에게 제사하여 가로되 "아람 열왕의 신들이 저희를 도왔으니 나도 그 신에게 제사하여 나를 돕게 하리라" 하였으나 그 신이 아하스와 온 이스라엘을 망케 하였을 뿐이다. 아하스가 하나님의 전의 기구들을 모아 훼파하고 또 여호와의 전 문들을 닫고 예루살렘 구석마다 단을 쌓고 유다 각 성읍에 산당을 세워 다른 신에게 분향하여 그 열조의 하나님 여호와의 노를 격발케 한 것이다(대하 28:22-25).

　이때 이스라엘은 남쪽 유다에 가서 많은 사람들을 죽이고 수많은 사람들을 포로로 잡아가지고 돌아오는데 그 곳에 여호와의 선지자가 있었다. 그 이름은 오뎃이라는 선지자였다.
　저가 사마리아로 돌아오는 군대를 영접하고 저희에게 이르되, '너희 열조의 하나님 여호와께서 유다를 진노하신 고로 너희 손에 붙이셨거늘 너희는 노기가 충천하여 살육하고 이제 너희가 또 유다와 예루살렘 백성들을 압제하여 노예를 삼고자 생각하는도다 너희는 너희 하나님 여호와께 범죄함이 없느냐?! 그런즉 너희는 내 말을 듣고 너희가 형제 중에서 사로잡아 온 포로를 놓아 돌아가게 하라 여호와의 진노가 너희에게 임박하였느니라" 하고 책망하였다.
　에브라임 자손의 두목 몇 사람, 요하난의 아들 아사랴와 무실레못의 아들 베레갸와 살룸의 아들 여히스기야와 하들래의 아들 아마사가 일어나서 전장에서 돌아오는 자를 막으며 군인들에게 말하기를, '너희는 이 포로를 이리로 끌어들이지 못하리라 너희의 경영하는 일이 우리로 여호와께 허물이 있게 함이니 우리의 죄와 허물을 더하게 함이로다 우리의 허물이 이미 커서 진노하심이 이스라엘에게 임박하였느니라" 하고 말하자 이에 군인들이 포로와 노략한 물건을 방백들과 온 회중 앞에 두었다. 그러자 이스라엘의 지도자 곧 에브라임의 두목 몇 사람이 일어나서 포로를 맞고 노략하여 온 중에서 옷을 취하여 벗은 자에게 입히며 신을 신기며 먹이고 마시우며 기름을 바르고 그 약한 자는 나귀에 태워 데리고 종려나무 성 여리고에 이르러 그 형제에게 돌린 후에 사마리아로 돌아갔다(대하 28:9-15).

하나님께서는 진노하셔서 혹 이웃의 나라에 붙이셨다가도 자기 백성의 고난을 보면 긍휼이 불일듯하여 오히려 침략한 나라를 책망하시곤 하셨다. 그럴 때 북왕국 이스라엘 사람이라도 그 선지자 오뎃의 경고를 두렵게 듣고 포로로 잡아온 것도 다 대접하여 옷을 덧입혀 돌려보내기까지 했다.

그러나 정신나간 아하스 왕은,

"앗수르 왕 디글랏 빌레셀을 만나러 다메섹에 갔다가 거기 있는 단을 보고 드디어 그 구조와 제도의 식양을 그려서 제사장 우리아에게 보내었더니 아하스왕이 다메섹에서 돌아오기 전에 제사장 우리아가 아하스왕이 다메섹에서 보낸 모든 것대로 단을 만든지라 왕이 다메섹에서 돌아와서 단을 보고 단 앞에 나아가 그 위에 제사를 드리되 자기의 번제와 소제를 불사르고 또 전제를 붓고 수은제 짐승의 피를 단에 뿌리고 또 여호와의 앞 곧 전 앞에 있던 놋단을 옮기되 새 단과 여호와의 전 사이에서 옮겨다가 그 단 북편에 두니라 아하스왕이 제사장 우리아에게 명하여 가로되 아침 번제와 저녁 소제와 왕의 번제와 그 소제와 모든 국민의 번제와 그 소제와 전제를 다 이 큰 단 위에 불사르고 또 번제물의 피와 다른 제물의 피를 다 그 위에 뿌리고 오직 놋단은 나의 물을 일에 쓰게 하라 하매 제사장 우리아가 아하스 왕의 모든 명대로 행하였더라"(왕하 16:11-16).

정신나간 아하스 왕과 얼빠진 제사장이 함께 합력하여 못된 짓을 한 것이다. 뿐만 아니라,

"아하스 왕이 물두멍 받침의 옆판을 떼어내고 물두멍을 그 자리에서 옮기고 또

놋바다를 놋소 위에서 내려다가 돌판 위에 두며 또 안식일에 쓰기 위하여 성전에 건축한 낭실과 왕이 밖에서 들어가는 낭실을 앗수르 왕을 인하여 여호와의 전에 옮겨 세웠더라"(왕하 16:17-18).

"아하스가 그 열조와 함께 자매 이스라엘 열왕의 묘실에 들이지 아니하고 예루살렘성에 장사하였더라 그 아들 히스기야가 대신하여 왕이 되니라"(대하 28:27).

겸손한 임금
히스기야

히스기야는 남왕국 유다의 14번째 왕이었다. 그의 이름은 '여호와는 나의 힘'이라는 뜻이다. 히스기야를 알기 위하여 우리가 먼저 그의 아비 아하스를 알아야 할 것이다. 히스기야의 아버지인 아하스는 정신나간 사람이었다.

그는 온갖 못된 짓을 골라가면서 저질렀다.

아버지인 아하스가 한 짓들은 읽어보기도 민망스러울 정도이다.

그러나 그 아하스의 아들인 히스기야는 자기 아버지의 뒤를 따르지 않고 오직 하나님의 말씀을 따라 다윗의 길로 행하여 바른 정치를 해나갔다. 히스기야의 선한 정치는 그 아버지 아하스와 비교하여 생각할 때 실로 놀라운 것이었다(왕하 18:1-20:21).

이스라엘 왕 엘라의 아들 호세아(북왕국 마지막 왕) 삼년에 유다 왕 아하스의 아들 히스기야가 유다의 왕이 되었는데 위에 나아갈 때에 나이 25세였으며 예루살렘에서 29년을 다스렸다.

그 모친의 이름은 아비요, 스가리야의 딸이었다.

히스기야가 그 조상 다윗의 모든 행위와 같이 여호와 보시기에 정직히 행하여 여러 산당을 제하며, 주상을 깨뜨리며, 아세라 목상을 찍으며, 모세가 만들었던 놋뱀을 이스라엘 자손이 이때까지 향하여 분향하므로 그것을 부수고 '느후스단'이라('놋 조각=아무 것도아니다') 하였다.

히스기야가 이스라엘 하나님 여호와를 의지하였는데 그의 전후 유다 여러 왕 중에 그러한 자가 흔하지 않았다. 그는 여호와께 연합하여 떠나지 아니하고 여호와께서 모세에게 명하신 계명을 지켜나갔다.

여호와께서 히스기야와 함께 하시매 저가 어디로 가든지 형통하였다.

앗수르 왕을 배척하고 섬기지 아니하였고 블레셋 사람을 쳐서 가사와 그 사방에 이르고 망대에서부터 견고한 성까지 영토를 확보하였다.

히스기야 왕 4년 곧 이스라엘 왕 엘라의 아들 호세아 7년에 앗수르 왕 살만에셀이 사마리아로 올라와서 포위하였다. 사마리아가 그로부터 3년 후에 함락되니 곧 히스기야의 6년이요, 이스라엘 왕 호세아의 9년이었다.

사마리아가 함락되매 앗수르 왕이 이스라엘 사람들을 사로잡아 앗수르에 이르러 할라와 고산하볼 하숫가와 메대 사람의 여러 성읍에 두었다. 반대로 다른 지방 사람들을 옮겨다가 사마리아에 심어서 식민정책을 펴나갔다.

이는 저희가 그 하나님 여호와의 말씀을 준행치 아니하고 그 언약을 배반하고 여호와의 종 모세의 모든 명한 것을 거스려 듣지도 아니하며 아모스나 호세아의 경고를 듣고도 끝내 회개하지 않은 결과였다.

사마리아가 멸망한 후 8년 곧 히스기야 왕 14년이 되었을 때 앗수르 왕 산헤립이 올라와서 유다 모든 견고한 성읍들을 쳐서 취하였다.

유다 왕 히스기야가 라기스로 보내어 앗수르 왕에게 항복하면서 "내가 범죄하였나이다 나를 떠나 돌아가소서 왕이 내게 지우시는 것을 내가 당하리이다"라고 말하니 앗수르 왕이 곧 은 삼백 달란트와 금 삼십 달란트(1달란트=약 32kg)를 정하여 유다 왕 히스기야에게 바치라고 하였다.

이에 히스기야는 여호와의 전과 왕궁 곳간에 있는 은을 다 주었고 여호와의 전 문의 금과 자기가 모든 기둥에 입힌 금을 벗겨 모두 앗수르 왕에게 주었다.

그럼에도 불구하고 앗수르 왕이 다르단과 랍사리스와 랍사게로 대군을 거느리고 라기스에서부터 예루살렘으로 가서 히스기야 왕을 공격하였다.

그리고는 심히 교만한 말로 이스라엘의 하나님의 이름을 모독하고 히스기야의 신하들을 조롱하였다. 앗수르 왕이 아람과 북왕국 사마리아를 함락시켰다고 기고만장하여 하나님 두려운 줄도 모르고 자기들이 능력이 커서 이긴 것으로 착각을 하고 있었다. 그러나 실상은 이스라엘의 부패를 징계하시는 하나님의 채찍으로 이용된 것 뿐인데 앗수르가 심히 방자한 말을 한 것이다.

앗수르의 능욕은 참기 어려울 정도의 모욕이었다. 유다의 군사를 두고 얕보는 것은 이해할 수 있지만 여호와 하나님까지 모욕하는 말을 한 것이다. 또 탈 사람만 있다면 말 2천필을 줄 테니까 나와서 싸워보자고 했다.

그러나 히스기야는 그런 오만한 자들의 말에 대답도 하지 말라고 지시했다. 히스기야는 어려운 상황에 처하게 되자 선지자 이사야에게 기도를 부탁하였다. 히스기야 왕이 듣고 그 옷을 찢고 굵은 베를 입고 여호와의 전에 들어가서 궁내대신 엘리야김과 서기관 셉나와 제사장 중 장로들에게 굵은 베를 입혀서 아모스의 아들 선지자 이사야에게로 보내었다.

그들이 이사야에게 말하기를,

"히스기야의 말씀이 오늘은 곤란과 책벌과 능욕의 날이라 아이가 임산하였으나 해산할 힘이 없도다 랍사게가 그 주 앗수르 왕의 보냄을 받고 와서 사신 하나님을 훼방하였으니 당신의 하나님 여호와께서 혹시 저의 말을 들으셨을지라 당신의 하나님 여호와께서 그 들으신 말을 인하여 꾸짖으실듯 하니 당신은 이 남아 있는 자를 위하여 기도하소서 하더이다" (왕하 19:3-4).

이와 같이 히스기야 왕의 신하들이 이사야에게 전달하니 이사야가 저희에게 말하기를,

"너희는 너희 주에게 이렇게 고하라 여호와의 말씀이 너는 앗수르 왕의 신복에게 들은 바 나를 능욕하는 말을 인하여 두려워하지 말라 내가 한 영을 저의 속에 두어 저로 풍문을 듣고 그 본국으로 돌아가게 하고 또 그 본국에서 저로 칼에 죽게 하리라 하셨느니라" (왕하 19:1-7).

"유다 족속의 피하고 남은 자는 다시 아래로 뿌리가 서리고 위로 열매를 맺을지라 남은 자는 예루살렘에서부터 나올 것이요 피하는 자는 시온산에서부터 나오리니 여호와의 열심이 이 일을 이루리라 하셨나이다
그러므로 여호와께서 앗수르 왕을 가리켜 이르시기를 저가 이 성에 이르지 못하며 이리로 살을 쏘지 못하며 방패를 성을 향하여 세우지 못하며 치려고 토성을 쌓지도 못하고 오던 길로 돌아가고 이 성에 이르지 못하리라 하셨으니 이는 여호와의 말씀이시라 내가 나와 나의 종 다윗을 위하여 이 성을 보호하여 구원하리라 하셨나이다 하였더라" (왕하 19:30-34).

그리고 그 밤에 여호와의 사자가 나와서 앗수르 진에서 군사 십팔만오천을 친지라, 아침에 일찍이 일어나보니 그들이 다 송장이 되어 있었다.
이를 본 앗수르 왕 산헤립이 유다에서 떠나 돌아가서 니느웨에 거하는 중 그 신 니스록의 묘에 경배할 때에 아드람멜렉과 사레셀이 산헤립을 칼로 쳐 죽이고 아라랏 땅으로 도망하매 그 아들 에살핫돈이 대신하여 왕이 되었다.
바로 눈 앞에 있던 적이라도 하나님이 하시고자 하면 하룻밤에 앗수르의 군대처럼 다 송장이 되게 하실 수 있는 분이 우리 하나님이시다. 만약 이러한 하나님을 히스기야가 알고 믿었다면 항복할 필요도 없었고 하나님의 성전의 금 은 기명을 가져다 바칠 필요도 없었던 것이다.
이러한 일이 있은 후 히스기야가 병들어 죽게 되었다. 히스기야가 병이 든 것은 어떤 면에서는 이해할 수 있는 일이다. 자기가 믿음이 없어서 앗수르 왕에게 굴욕적인 항복을 한 것과 하나님의 성전에서 금과 은을 벗겨서 앗수르 왕에게 가져다 바친 일을 생각하면 병이 나고도 남을 일이었다. 사실 앗수르는 강한 나라였지만 하나님께서 히스기야의 믿음을 시험한 종이 호랑이였던 것이다.
그러자 그는 아모스의 아들 선지자 이사야가 히스기야에게 찾아와서 말하기를 "여호와의 말씀이 너는 집을 처치하라 네가 죽고 살지 못하리라 하셨나이다"라고 하였다.

이 말을 들은 히스기야는 낯을 벽으로 향하고 여호와께 기도하기를, "여호와여 구하오니 내가 진실과 전심으로 주 앞에 행하며 주의 보시기에 선하게 행한 것을 기억하옵소서"하고 심히 통곡을 하였다.

히스기야의 눈물을 보신 하나님은 다시 마음이 약해져서 통곡하는 히스기야의 수명을 연장해주시기로 하셨다. 그래서 이사야를 히스기야에게 보내셨다. 선지자 이사야에게 여호와의 말씀이 임하였다.

"너는 돌아가서 내 백성의 주권자 히스기야에게 이르기를 왕의 조상 다윗의 하나님 여호와의 말씀이 내가 네 기도를 들었고 네 눈물을 보았노라 내가 너를 낫게 하리니 네가 삼일만에 여호와의 전에 올라가겠고 내가 네 날을 십오년을 더할 것이며 내가 너와 이 성을 앗수르 왕의 손에서 구원하고 내가 나를 위하고 또 내 종 다윗을 위하므로 이 성을 보호하리라 하셨다 하라"(왕하 20:5-6).

이사야는 이 소식을 가지고 히스기야에게 찾아가서 전하였다.
그리고 무화과 반죽을 가져오라 하여 가져다가 그 종처에 놓으니 히스기야의 병이 나았다.

"히스기야가 이사야에게 말하기를 여호와께서 나를 낫게 하시고 삼일만에 여호와의 전에 올라가게 하실 무슨 징조가 있나이까 이사야가 가로되 여호와의 하신 말씀을 응하게 하실 일에 대하여 여호와께로서 왕에게 한 징조가 임하리이다 해 그림자가 십도를 나아갈 것이니이까 혹 십도를 물러갈 것이니이까 히스기야가 대답하기를 그림자가 십도를 나아가기는 쉬우니 그리할 것이 아니라 십도가 물러갈 것이니이다"(왕하 20:8-10).

선지자 이사야가 여호와께 간구하였다.
그랬더니 아하스의 해그림자 시계에 나아갔던 해 그림자가 십도를 물러가게 하셨다.
그때에 바벨론 왕 부로닥발라단이 히스기야가 병들었다 함을 듣고 편지와 예물을 저에게 보냈다. 히스기야는 너무 기분이 좋아서 사자의 말을 듣고 자기 보물고의 금은과 향품과 보배로운 기름과 그 군기고와 내탕고의 모든 것을 다 사자에게 보여주었는데, 왕궁과 그 나라 안에 있는 것을 속속들이 다 보여주었다. 선지자 이사야가 히스기야 왕에게 나아와서 말하기를 "이 사람들이 무슨 말을 하였으며 어디서부터 왕에게 왔나이까?"하고 물었다.

"히스기야가 가로되 먼 지방 바벨론에서 왔나이다 이사야가 가로되 저희가 왕궁에서 무엇을 보았나이까 히스기야가 대답하되 내 궁에 있는 것을 저희가 다 보았나니 나의 내탕고에서 하나도 보이지 아니한 것이 없나이다 이사야가 히스기야에게 말하기를 왕은 여호와의 말씀을 들으소서 여호와의 말씀이 날이 이르리니 무릇 왕궁의 모든 것과 왕의 열조가 오늘까지 쌓아두었던 것을 바벨론으로 옮긴 바 되고 하나도 남지 아니할 것이요 또 왕의 몸에서 날 아들 중에서 사로잡혀 바벨론 왕궁의 환관이 되리라 하셨나이다"(왕하 20:14-18).

히스기야가 이사야에게 말하기를 "당신의 전한 바 여호와의 말씀이 선하니이다"하고 또 가로되 "만일 나의 사는 날에 태평과 진실이 있을진대 어찌 선하지 아니하리요!"하고 말했다.

히스기야는 사람이 악한 사람은 아니었지만 약한 사람이요, 위인이 신중하지 못하였다. 사람이 강하면 교만하기 쉽고 약하면 겁쟁이가 되니 참으로 온전한 사람이 된다는 것은 어려운 것 같다. 강하고 담대하여 심지가 견고하면서도 고집대로 하지 않고 하나님의 말씀을 잘 분별하여 순종하는 사람을 만나기란 참으로 어려운 것 같다.

히스기야의 남은 사적과 그 모든 권력과 실로암못과 수로를 만들어 물을 성중으로 인도하여 들인 일은 유다 왕 역대지략에 기록되었다. 히스기야가 그 열조와 함께 자고 그 아들 므낫세가 대신하여 왕이 되었다. 므낫세는 히스기야가 죽을 때 불과 12세로서 왕위에 나아가게 되었다.

므낫세의 생애는 자기 할아버지 아하스의 정신나간 짓을 되풀이하는 것이었다. 자기 아버지 히스기야가 이룩한 선한 일들을 이 못된 므낫세가 다 훼파하였다. 실로 므낫세의 악행은 기록하기가 민망스러울 정도였다.

"므낫세가 위에 나아갈 때에 나이 십이세라 예루살렘에서 오십오년을 치리하니라 그 모친의 이름은 헵시바더라 므낫세가 여호와 보시기에 악을 행하여 여호와께서 이스라엘 자손 앞에서 쫓아내신 이방 사람의 가증한 일을 본받아서 그 부친 히스기야의 헐어버린 산당을 다시 세우며 이스라엘 왕 아합의 소위를 본받아 바알을 위하여 단을 쌓으며 아세라 목상을 만들며 하늘의 일월성신을 숭배하여 섬기며 여호와께서 전에 이르시기를 내가 내 이름을 예루살렘에 두리라 하신 여호와의 전의 단들을 쌓고 또 여호와의 전 두 마당에 하늘의 일월성신을 위하여 단들을 쌓고 또 그 아들을 불 가운데로 지나게 하며 점치며 사술을 행하며 신접한 자와 박수를 신임하여 여호와 보시기에 악을 많이 행하여 그 진노를 격발하였으며 또 자기가 만든 아로새긴 아세라 목상을 전에 세웠더라

옛적에 여호와께서 이 전에 대하여 다윗과 그 아들 솔로몬에게 이르시기를 내가 이스라엘 모든 지파 중에서 택한 이 전과 예루살렘에 내 이름을 영원히 둘지라 만일 이스라엘이 나의 모든 명령과 나의 종 모세의 명한 모든 율법을 지켜 행하면 내가 그들의 발로 다시는 그 열조에게 준 땅에서 떠나 유리하지 않게 하리라 하셨으나 이 백성이 듣지 아니하였고 므낫세의 꾀임을 받고 악을 행한 것이 여호와께서 이스라엘 자손 앞에서 멸하신 열방보다 더욱 심하였더라 여호와께서 그 종 모든 선지자들로 말씀하여 가라사대 유다 왕 므낫세가 이 가증한 일과 악을 행함이 그 전에 있던 아모리 사람의 행위보다 더욱 심하였고 또 그 우상으로 유다를 범죄케 하였도다

그러므로 이스라엘 하나님 여호와가 말하노니 내가 이제 예루살렘과 유다에 재앙을 내리리니 듣는 자마다 두 귀가 울리리라 내가 사마리아를 잰 줄과 아합의 집을 다림 보던 추로 예루살렘에 베풀고 또 사람이 그릇을 씻어 엎음같이 예루살렘을 씻어버릴지라 내가 나의 기업에서 남은 자를 버려 그 대적의 손에 붙인즉 저희가 모든 대적에게 노략과 겁탈이 되리니 이는 애굽에서 나온 그 열조 때부터 오늘까지 나의 보기에 악을 행하여 나의 노를 격발하였음이니라 하셨더라

므낫세가 여호와 보시기에 악을 행하여 유다로 범하게한 그 죄외에 또 무죄한 자의 피를 심히 많이 흘려 예루살렘 이 가에서 저 가까지 가득하게 하였더라 므낫세의 남은 사적과 무릇 그 행한 바와 범한 죄는 유다 왕 역대지략에 기록되지 아니하였느냐 므낫세가 그 열조와 함께 자매 그 궁궐 동산 곧 웃사의 동산에 장사되고 그 아들 아몬이 대신하여 왕이 되니라"(왕하 21:1-26).

이 므낫세의 악독이 극에 달하여 하나님의 진노는 오래도록 풀리지 않으셨다. 일반적으로 하나님께서는 노하시기를 더디하시고 노하셨다 할지라도 그의 노여움은 잠깐이며 또 노하신 중에도 긍휼을 잊지 않으시는 분이시다.

그런데 므낫세의 행한 악은 그 후대 아몬 왕의 때를 지나서 므낫세의 손자 요시야 왕이 하나님의 말씀과 선하신 뜻을 깨닫고 우상대청소를 해드렸어도 도무지 풀리지 않았던 것이다.

돌이켜보면, 하나님께서 죽어야 한다고 하셨을 때 히스기야가 죽었으면 므낫세 같은 괴물이 태어나지 않는 것이다. 히스기야가 울고 불고 하는 바람에 하나님이 15년을 더 연장해주신 일이 있었는데, 그 어간에 태어난 것이 바로 이 므낫세였기 때문이다. 이 므낫세는 신구약을 망라하여 가장 못된 왕으로 기록된 것 같다.

개혁에 힘쓰던
요시야

요시야('요시야후:여호와께서 격려하신다' BC 640-609)는 아버지 아몬이 암살당하게 되자 나이 겨우 8세에 졸지에 왕위에 나아가게 되었던 사람이다. 요시야는 유다의 여러 왕들 중에서 하나님을 향한 열심이 특심한 사람이었다.

요시야는 8세에 유다 왕이 되어 예루살렘에서 31년을 다스리게 되었다. 그는 위에 나아간 지 18년이 되자 하나님을 찾기 시작하였다. 그가 비록 나이가 어리지만 여호와 보시기에 정직히 행하여 그 조상 다윗의 길로 행하여 좌우로 치우치지 아니하였다. 12년 되던 해에 그는 유다와 예루살렘을 비로소 정결케 하여 산당들과 아세라 목상들과 아로새긴 우상들과 부어 만든 우상들을 제하여버렸다. 이에 신하들도 열심을 내어 왕의 앞에서 바알들의 단을 훼파하였다.

왕이 또 그 단 위에 높이 달린 태양상들을 찍어버렸다.

또 아세라 목상들과 아로새긴 우상들과 부어 만든 우상들을 빻아 가루를 만들어 거기 제사하던 자들의 무덤에 뿌렸다.

우상에게 제사를 지내던 제사장들의 뼈를 단 위에서 불살라 유다와 예루살렘을 정결케 하였다. 또 므낫세와 에브라임과 시므온과 납달리까지 사면 황폐한 성읍들에도 그렇게 행하여 단들을 훼파하며 아세라 목상들과 아로새긴 우상들을 빻아 가루를 만들며 온 이스라엘 땅에 있는 모든 태양상을 찍고 예루살렘으로 돌아왔다.

요시야가 위에 있은 지 18년에 그 땅과 전을 정결케 하기를 마치고 그 하나님 여호와의 전을 수리하려 하여 아살랴의 아들 사반과 부윤 마아세야와 서기관 요아하스의 아들 요아를 보냈다.

저희가 대제사장 힐기야(아마도 예레미야의 아버지인 듯)에게 나아가 전에 하나님의 전에 드린 돈을 저에게 주었다.

이 돈은 문을 지키는 레위 사람이 므낫세와 에브라임과 남아 있는 이스라엘 사람과 온 유다와 베냐민과 예루살렘 거민들에게서 거둔 것이었다.

그 돈을 여호와의 성전 공사를 감독하는 자의 손에 주어 저희가 여호와의 성전에 있는 기술자들에게 주어 그 전을 수리하게 하되 곧 목수와 건축하는 자에게 맡겨 다듬은 돌과 연접하는 나무를 사며 유다 왕들이 관리를 잘못하여 허술해진 부분들을 위하여 들보를 만들게 하였다.

그 일을 맡은 사람들이 진실히 그 일을 하였다.

그 감독은 레위 사람 곧 므라리 자손 중 야핫과 오바댜요, 그핫 자손 중 스가랴와 무술람이라는 사람이었다.

또 음악에 익숙한 레위 사람이 함께 하였다.

어떤 레위 사람은 서기와 관리와 문지기가 되었다.

그런데 무리가 여호와의 전에 연보한 돈을 꺼낼 때에 제사장 힐기야가 모세의 전한 여호와의 율법책을 발견하게 되었다. 이에 서기관 사반에게 일러 가로되 "내가 여호와의 전에서 율법책을 발견하였노라" 하고 그 책을 사반에게 주매 사반이 책을 가지고 왕에게 나아가서 보고하기를 "왕께서 종들에게 명하신 것을 종들이 다 준행하였나이다. 또 여호와의 전에 있던 돈을 쏟아서 감독자와 공장의 손에 붙였나이다" 하고 서기관 사반이 또 왕에게 고하여 가로되 "제사장 힐기야가 내게 책을 주더이다" 하고 사반이 왕의 앞에서 읽었다.

요시야 왕이 율법의 말씀을 듣자 곧 자기 옷을 찢으며 통곡을 했다.

"왕이 제사장 힐기야와 사반의 아들 아히감과 미가야의 아들 악볼과 서기관 사반과 왕의 시신 아사야에게 명하여 가로되 너희는 가서 나와 및 이스라엘과 유다의 남은 자를 위하여 이 발견한 책의 말씀에 대하여 여호와께 물으라 우리 열조가 여호와의 말씀을 지키지 아니하고 이 책에 기록된 모든 것을 준행치 아니하였으므로 여호와께서 우리에게 쏟으신 진노가 크도다"(왕하 22:12-13).

이에 힐기야와 왕의 보낸 사람들이 여선지자 훌다에게로 갔다.
여선지자 훌다는 예복을 주관하는 살룸의 아내였는데 예루살렘 둘째 구역에 살고 있었다. 여선지자 훌다가 말하기를,

"이스라엘 하나님 여호와의 말씀으로 너희는 너희를 내게 보낸 사람에게 고하기를 여호와의 말씀이 내가 이 곳과 그 거민에게 재앙을 내리되 곧 유다 왕 앞에서 읽은 책에 기록된 모든 저주 대로 하리니 이는 이 백성이 나를 버리고 다른 신에게 분향하며 그 손의 모든 소위로 나의 노를 격발하였음이라 그러므로 나의 노를 이 곳에 쏟으매 꺼지지 아니하리라 하라 하셨느니라
너희를 보내어 여호와께 묻게 한 유다 왕에게는 너희가 이렇게 고하라 이스라엘 하나님 여호와의 말씀이 네가 들은 말을 의논컨대 내가 이곳과 그 거민을 가리켜 말한 것을 네가 듣고 마음이 연하여 하나님 앞 곧 내 앞에서 겸비하여 옷을 찢고 통곡하였으므로 나도 네 말을 들었노라 여호와가 말하였느니라
그러므로 내가 너로 너의 열조에게 돌아가서 평안히 묘실로 들어가게 하리니 내가 이 곳과 그 거민에게 내리는 모든 재앙을 네가 눈으로 보지 못하리라 하셨느니라"(왕하 22:15-17).

이에 심부름 갔던 사람들이 왕에게 그대로 보고하였다.
왕이 사람들을 보내어 유다와 예루살렘의 모든 장로를 불러모으고 이에 여호와의 전에 올라가매 유다 모든 사람과 예루살렘 거민과 제사장들과 레위 사람들과 모든 백성이 다 모였다. 왕이 여호와의 전 안에서 발견한 언약책의 모든 말씀을 읽어 무리의 귀에 들려주고 왕이 자기 처소에 서서 여호와 앞에서 언약을 세우되 "마음을 다하고 성품을 다하여 여호와를 순종

하고 그 계명과 법도와 율례를 지켜 이 책에 기록된 언약의 말씀을 이루리라!"하고 예루살렘과 베냐민에 있는 자들로 다 이에 참가하게 하였다. 그랬더니 예루살렘 거민이 하나님 곧 그 열조의 하나님의 언약을 좇아 준행하기로 다짐을 했다.

이와 같이 요시야가 이스라엘 자손에게 속한 모든 땅에서 가증한 것을 다 제하여버리고 이스라엘의 모든 사람으로 그 하나님 여호와를 섬기게 하였으므로 요시야가 사는 날에 백성이 그 열조의 하나님 여호와께 복종하고 떠나지 아니하였다.

요시야가 예루살렘 여호와 앞에서 유월절을 지켜 정월 십사일에 유월절 어린양을 잡았다. 아마 여호수아 이후에 거의 찾아볼 수 없었던 일이다.

"이스라엘 자손들이 길갈에 진 쳤고 그 달 십사일 저녁에는 여리고 평지에서 유월절을 지켰고 유월절 이튿날에 그 땅 소산을 먹되 그 날에 무교병과 볶은 곡식을 먹었더니 그 땅 소산을 먹은 다음 날에 만나가 그쳤으니 이스라엘 사람들이 다시는 만나를 얻지 못하였고 그 해에 가나안 땅의 열매를 먹었더라"(수 5:10-12).

유월절은 이스라엘 백성이 대대로 지킬 영원한 규례였지만 지금까지 한 번도 제대로 지켜지지 않았던 것이다.

"왕이 뭇 백성에게 명하여 가로되 이 언약책에 기록된 대로 너희의 하나님 여호와를 위하여 유월절을 지키라 하매 사사가 이스라엘을 다스리던 시대부터 이스라엘 열왕의 시대에든지 유다 열왕의 시대에든지 이렇게 유월절을 지킨 일이 없었더니 요시야 왕 18년에 예루살렘에서 여호와 앞에 이 유월절을 지켰더라"(왕하 23:21-23).

사무엘이나 다윗, 솔로몬이나 여호사밧, 히스기야 왕이 나름대로 사람들은 다 좋은 사람들이었지만 하나님의 말씀을 읽지 않았기 때문에 전혀 유월절을 알지도 못했던 것이다.

요시야 왕은 이스라엘 왕 다윗의 글과 다윗의 아들 솔로몬의 글대로 준행하여 각 족속대로 반열을 따라 스스로 예비하고 자기 형제들 곧 모든 백성의 족속의 차서대로, 또는 레위 족속의 차서대로 성소에 서서 스스로 성결케 하고 유월절 어린양을 잡아 각기 형제를 위하여 예비하되 여호와께서 모세로 전하신 말씀을 좇아 행하도록 명령을 했다.

요시야 왕이 그 모인 백성들에게 자기의 소유 양떼 중에서 어린양과 어린 염소 삼만과 수소 삼천을 내어 유월절 제물로 주매 방백들도 즐거이 희생을 드려 백성과 제사장들과 레위 사람들에게 주었고 하나님의 전을 주장하는 자 힐기야와 스가랴와 여히엘은 제사장들에게 양 이천육백과 수소 삼백을 유월절 제물로 내어놓았다. 이에 레위 사람들과 백성의 두령들이 서로 다투어 제물을 내어놓았다.

이와 같이 준비하고 왕의 명을 좇아 제사장들은 자기 처소에 서고 레위 사람들은 그 반열대로 서고 유월절 양을 잡으니, 제사장들은 저희 손에서 피를 받아 뿌리고 또 레위 사람들은 잡은 짐승의 가죽을 벗기고 그 번제물을 옮겨 족속의 차서대로 모든 백성에게 나누어 모세의 책에 기록된 대로 여호와께 드리게 하고 소도 그와 같이 하고, 이에 규례대로 유월절 양을 불에 굽고 그 나머지 성물은 솥과 가마와 남비에 삶아 모든 백성에게 속히 분배하고 그 후에 자기와 제사장들을 위하여 준비하니, 이는 아론의 자손 제사장들이 번제와 기름을 저녁까지 드리는 고로 레위 사람들이 자기와 아론의 자손 제사장들을 위하여 준비한 것이었다.

아삽의 자손 노래하는 자들은 다윗과 아삽과 헤만과 왕의 선견자 여두둔의 명한 대로 자기 처소에 있고 문지기들은 각 문에 있고 그 직임에서 떠날 것이 없었으니 이는 그 형제 레위 사람들이 저희를 위하여 예비하였기 때문이다.

선지자 사무엘 이후로 이스라엘 가운데서 유월절을 이같이 지키지 못하였고 이스라엘 열왕도 요시야가 제사장들과 레위 사람들과 모인 온 유다와 이스라엘 무리와 예루살렘 거민과 함께 지킨 것처럼은 유월절을 지키지 못하였던 것이다. 그 해는 요시야가 위에 있은 지 18년이었다.
　이 모든 일 후 곧 요시야가 전을 정돈하기를 마친 후에 애굽 왕 느고가 유브라데강가의 갈그미스를 치러 올라왔다. 요시야가 나가서 방비하였더니 느고가 요시야에게 사자를 보내어 말하기를,

"유다 왕이여 내가 그대와 무슨 관계가 있느뇨 내가 오늘날 그대를 치려는 것이 아니요 나로 더불어 싸우는 족속을 치려는 것이라 하나님이 나를 명하사 속히 하라 하셨은즉 하나님이 나와 함께 계시니 그대는 하나님을 거스리지 말라 그대를 멸하실까 하노라"(대하 36:21).

　그러나 요시야가 기어이 싸우고자 하였다.
　요시야는 하나님의 입에서 나온 느고의 말을 듣지 아니한 것이다.
　마침내 므깃도 골짜기에 이르러 싸울 때에 활 쏘는 자가 요시야 왕을 쏜 살이 왕의 가슴을 뚫었다.
　요시야가 그 신복에게 "내가 중상하였으니 나를 도와 나가게 하라"고 하였다.
　그 신복이 요시야를 병거에서 내리게 하고 버금 병거에 태워 예루살렘에 이른 후에 요시야가 숨을 거두었다. 요시야의 죽음을 온 유다와 예루살렘 사람들이 슬퍼하고 예레미야는 저를 위하여 애가를 지었다. 노래하는 남자와 여자는 요시야를 슬피 노래하니 이스라엘에 규례가 되어 오늘날까지 이르렀으며 그 가사는 애가 중에 기록되었다.
　요시야의 남은 사적과 여호와의 율법에 기록된 대로 행한 모든 선한 일과 그 시종 행적이 이스라엘과 유다 열왕기에 기록되었다.

눈물의 선지자
예레미야

예레미야는 유다의 포로될 것을 예언한 눈물의 예언자로서 요시야 왕으로부터 시드기야 왕까지 예언했던 선지자이다. 그의 이름은 '여호와께서 세우신다'는 뜻을 가지고 있다. 그러나 그가 실제로 목격하게 된 것은 여호와께서 세우시는 것을 본 것이 아니라 나라를 무너지게 하는 것이었다. 그의 이름은 지금 이렇게 하여 무너지는 예루살렘을 여호와 하나님께서 언젠가 때가 되면 다시 세우실 것을 내다보는 믿음으로 지어진 이름이었다.

"여호와의 말씀이 내게 임하니라 이르시되 내가 너를 복중에 짓기 전에 너를 알았고 네가 태에서 나오기 전에 너를 구별하였고 너를 열방의 선지자로 세웠노라 하시기로 내가 가로되 슬프도소이다 주 여호와여 보소서 나는 아이라 말할 줄을 알지 못하나이다 여호와께서 내게 이르시되 너는 아이라 하지 말고 내가 너를 누구에게 보내든지 너는 가며 내가 네게 무엇을 명하든지 너는 말할지니라 너는 그들을 인하여 두려워 말라 내가 너와 함께 하여 너를 구원하리라 나 여호와의 말이니라 하시고 여호와께서 그 손을 내밀어 내 입에 대시며 내게 이르시되 보라 내가 내 말을 네 입에 두었노라 보라 내가 오늘날 너를 열방 만국 위에 세우고 너를 뽑으며 파괴하며 파멸하며 넘어뜨리며 건설하며 심게 하였느니라"(렘 1:4-10).

예레미야가 기록한 책은 4권이 있다. 예레미야서와 함께 애가가 있다. 그리고 열왕기상·하가 예레미야의 저작이라고 보는 분들이 많다.

그는 요시야 왕 13년에 선지자로 부르심을 입었던 것 같다.

예레미야와 동시대에 활동한 예언자로는 하박국, 스바냐, 에스겔, 다니엘, 나훔 등이 있었다.

그는 예루살렘에서 약 10리쯤 떨어진 작은 마을 아나돗 출신의 청년으로 하나님의 부르심을 받았다.

그의 아버지는 제사장으로서 요시야 임금 시대에 성경을 발견하여 대부흥을 일으켰던 힐기야였다.

예레미야는 자신의 나이가 어린 점을 들어 하나님의 부르심을 극구 사양했던 사람이다. 그가 부르심을 입었을 때는 나이가 어렸던 것 같다.

그가 부르심을 받았을 때는 아마 30세 전후였을 것으로 보인다.

그러나 하나님께서는 그를 세워 어려운 시절에 하나님의 말씀을 전하게 하셨다(렘 1:7-8).

예레미야는 그냥 자랐다면 제사장으로서, 역사가로서도 훌륭한 사역을 감당했을 것이다.

그러나 하나님께서는 그로 하여금 힘들고 외로운 길, 좁고 험난한 길을 가게 하였다.

예레미야의 일생이 얼마나 괴로운 날들이었던지, 그는 자기의 생일을 한탄하고 있다(렘 20:14-18).

하나님께서는 태어나기 전에, 복중에 짓기 전에 하나님의 일을 위하여 구별되었다고 하셨다.

예레미야는 험악한 시대에 하나님의 말씀을 전하는 사명을 완수하기 위하여 결혼도 할 수 없었다(16:1-2).

예레미야는 임박한 유다의 멸망을 예언했지만 그의 예언을 듣고 믿는 사람은 없었다. 아무도 귀를 기울이지 않는 설교를 한평생 해야만 했다.

예레미야는 회개를 촉구한 것이 아니라 징계를 순히 받으라고 권면하고 있다. 모세시대로부터 시드기야 왕 때까지 약 1,000년을 하루같이 돌아오라고 하셨으나 선지자들이 부를수록 저희가 점점 더 멀리 갔고 우상을 섬기면서 하나님의 노를 격발하였다.

하나님께서 그 종 선지자들을 보내되 부지런히 보냈지만 이스라엘 백성들은 돌아오지 않았다. 몇 번씩이나 진노하사 멸망받을 백성들을 멸하려 하시다가도 중보자의 기도를 인하여 뜻을 돌이키사 참아 오시기를 천년 동안 해오신 하나님께서 이제는 뜻을 돌이키시는 데도 염증이 나셨다(렘 15:6).

예레미야가 이 성을 용서해달라고 기도했으나 하나님은 그 기도를 듣지 않으셨다. 백성들에게 울면서 호소해도 사람들은 전도를 듣지 않았다.

이제는 징계를 피할 수 없게 되었으니 바벨론의 느부갓네살이 정복해오거든 대항하지 말고 순순히 항복하라고 예언을 했다. 상식적으로 받아 들이기 어려운 예언이다. 주님의 이름으로 나가서 믿음으로 힘써 싸우라고 격려하는 것이 보통인데 가서 원수에게 항복하라는 예언을 하니까 소위 애국자인 체하는 사람들은 예레미야를 바벨론의 앞잡이로 매도하기도 했다.

그러나 예레미야의 예언은 한결 같았다.

그는 자기가 예언한 것이 자기 당대에 이루어지는 것을 몸소 겪은 선지자였다. 바벨론에 항복하는 것은 사망의 길이 아니라 생명의 길이라고 역설하였으며 그 길에는 하나님의 계획이 있었던 것이다. 그것은 영원한 멸망이 아니라 잠깐 동안의 징계를 인하여 영원히 보존하시려는 하나님의 특별하신 교육의 계획이었다.

출애굽 당시에 그들은 40년을 광야에서 훈련을 받았다.

그 기간은 곧 한 세대의 교체 기간에 해당하였다. 그러나 그 결과는 사사기 시대의 암흑으로 이어졌다. 이제 하나님께서 재차 교육의 계획을 진행하시고자 하신 것이다.

이번에는 갑절의 훈련기간이 되어 곧 70년을 계획하셨다.

70년이면 두 세대가 교체되는 기간이 된다.

옛적에 애굽으로 갈 때는 요셉을 앞서 보내어 준비하셨던 하나님께서는 노하신 중에도 긍휼을 잊지 않으셨다. 다니엘과 사드락, 메삭, 아벳느고, 모르드개, 에스더, 에스겔, 에스라, 느헤미야, 스룹바벨 등 많은 사람을 준비해놓으신 것이다. 70년 간 그들이 바벨론에 가서 여러 가지 훈련을 받는 장면이 다니엘서에 나타나고 있다.

예레미야는 요시야 왕이 다스리던 때에 하나님의 부르심을 받아서 일하다가 요시야 왕의 슬픈 죽음을 보았다. 예레미야는 요시야를 위한 애가를 지어서 백성들로 하여금 부르게 하였다. 그는 그 후 여호야김 왕과 여호야긴 왕을 거쳐서 시드기야 왕의 시대까지 하나님의 말씀을 전하게 되었다.

예레미야는 열왕기상·하에서 이스라엘의 왕들이 무슨 정치를 어떻게 하다가 멸망을 당하게 되었는지를 차근차근 정리한 후 유다 역시 계속되는 죄악으로 말미암아 바벨론에게 멸망될 것과 70년 후의 회복에 관하여 예언했다. 그리고 이방나라 애굽, 바벨론, 블레셋, 모압, 암몬, 에돔, 엘람 등의 운명에 관해서도 예언했다.

예레미야서에는 예레미야 자신의 자서전적인 내용이 상당 부분이 있다. 그리고 끝까지 말을 듣지 않는 패역한 유다의 모습을 묘사하고 있다. 거짓 선지자들에 대한 기사가 있다. 유다의 역사가 있다. 메시야에 대한 예언들과 새 언약에 대한 예언이 있다.

예레미야는 요시야의 죽음을 슬퍼한 애가 외에 예루살렘의 멸망을 슬퍼하는 애가를 남겼다. 시편과 예언서에는 여러 애가들이 있다.

그러나 이 예레미야 애가처럼 애절한 애가는 없다.

예루살렘은 함락되었다. 그 안에서 불신앙하고 불순종하면서 사람의 눈치만 보던 우유부단한 시드기야 왕은 두 왕자가 죽임을 당하는 것을 목도하고는 눈알이 뽑힌 채 바벨론으로 끌려갔다. 귀인들, 대인들도 다 포로되어 끌려갔다.

청년남녀가 포로 되어 끌려갔다.

거룩한 성전은 다 훼파되어 무너져 내렸다.

그 안의 금, 은, 기명은 다 약탈되었다.
거민이 많아서 더운 기운이 훈훈하던 성읍이 이제는 처량하게 되었다.
오호라 열국 중에 공주 같던 성읍이 이제는 공공 드리는 자가 되었다.
시온의 도로가 처량하고 절기가 되어도 거리에 오가는 사람도 없다.
어린 자녀들마저 대적에게 사로잡혀 가버렸다.
골목길에서 장난하던 어린아이들이 사라졌다.
대대로 간직해온 보물이란 보물은 다 약탈되었다.
소년 소녀들이 피어보지도 못한 채 죽임을 당하였다.
시온이 손을 펴도 위로할 자가 없다.
제사장들과 장로들이 식물을 구걸하다가 성중에서 기절하였다.
밖에는 살육자의 칼이 난무하고 집집에는 시체들을 치우지 못하여 피비린내와 썩는 냄새로 눈과 코를 뜰 수가 없다.

눈이 눈물에 상하여 짓무르도록 울어도 위로할 자가 없다.
어린아이들이 길머리에서 양식을 구하다가 지쳐서 쓰러졌다.
아이들이 어머니 품에 안기어 배가 고파 혼미한 중에 그 혼이 떠나면서 그 어미에게 "엄마 곡식과 빵이 어디 있어?!" 하다가 숨이 끊어졌다.
"여인이 어찌 자기 열매 자기 몸에서 난 자기 손에 받든 아이를 먹으며 제사장이 그 성소에서 살육을 당하오리까?"
여인들은 배가 고파서 자녀를 삶아서 식물을 삼았다.
들개는 오히려 젖을 내어 새끼에게 먹이는데 예루살렘의 자비로운 부녀들이 무정하고 잔인하기가 광야의 타조같이 되었다.
젖먹이가 목말라서 혀가 입천장에 붙었다.
어린아이가 빵을 구하나 떼어줄 사람이 없었다.
진수를 먹던 자가 거리에서 쓰러지며
붉은 옷을 입던 자, 색동옷을 입었던 자가 이제는 거름더미에 엎어졌다.
전에는 존귀한 자의 몸이 눈보다 깨끗하고 우유보다 희며 산호같이 붉어 그 윤택함이 마광한 청옥 같더니 이제는 그 얼굴이 숯보다 검고 그 가죽이

뼈에 붙어 막대기같이 말랐으니 거리에서 알 사람이 없다.
　거리에서 혼미하게 말라가는 여인들은 "어찌 칼에 죽지 못하였던고" 하다가 숨이 끊어졌다.
　대적이 유다의 각 성에서 부녀와 처녀들을 욕보이고 지나갔다.
　어린아이들이 쓰레기 더미를 뒤적거리나 먹을 것이 없었다.
　주림의 열기로 인하여 피부가 아궁이같이 검어졌다.
　장로의 얼굴이 존경을 받지 못했다.
　어린아이들의 노래소리가 사라졌다.
　우리 마음에서 희락이 영영 끝이 났다.

　"여호와여 우리를 다시 주께로 돌이키소서 그리하시면 우리가 주께로 돌아가겠사오니 우리의 날을 다시 새롭게 하사 옛적 같게 하옵소서"(애 5:21).

　예레미야는 아마도 죽는 날까지 이 슬픈 노래를 부르다가 하나님께 갔을 것이다. 예레미야가 어디서 어떻게 죽었는지는 아는 사람이 없다. 그의 삶과 죽음을 지켜보거나 귀히 여길 사람조차 없었던 시대를 살다가 어느 하늘 아래서 울어줄 사람도 없이 홀로 울다가 하나님께로 간 것이다. 그는 눈물의 선지자였다.

사자도 알아보는
다니엘

다니엘은 지금으로부터 약 2,500년 전 사람이다. 그의 이름은 '하나님은 나의 재판관이시다' 라는 뜻이다. 남쪽 유다의 귀한 가정에서 태어나 어려서부터 신앙과 학문적인 훈련을 제대로 받으면서 자라난 사람으로 볼 수 있다.

유다 왕 여호야김 3년(주전 605년)에 바벨론 왕 느부갓네살에 의하여 포로가 되어 끌려간 왕족이었을 것으로 본다. 옛날 제국주의 시절에는 종주국의 왕이 속국의 왕자나 왕족을 볼모로 잡아갔다. 만약 속국이 배반하게 되면 볼모의 신변이 위태롭게 되는 것이었다. 느부갓네살이 다니엘과 그의 세 친구들을 사로잡아간 것도 이러한 맥락에서 이해할 수 있을 것이다. 다니엘과 그의 친구 세 사람은 특별히 구별되어 일반 포로들과는 다른 대우를 받게 되었는데 그것은 왕을 모시는 것이었다. 그들 중에서 특출한 사람들을 교육시켜서 왕에게 충성하게 하는 것이었다.

우리말 성경은 다니엘과 그의 친구들을 '환관'을 삼았다고 기록하고 있다. 그런데 그 '환관'이란 말은 우리 나라의 제도에서는 임금의 내시(內侍)로서 남성 중에서 성적인 기능이 없는 남자로 임금님의 처소를 돌보는 사람을 말하는 것인데 성경을 볼 때 다니엘과 그의 친구가 그런 대우를 받은 것 같지는 않다.

다니엘과 그의 친구들은 바벨론식 생활을 강요받았을 때 목숨을 걸고 거부하였는데, 지혜롭게 그리고 믿음으로 사양하면서 하나님께 기도하고 있는 것을 볼 수 있다. 하나님께서는 그들의 순수한 기도를 들어주시고 바벨론 왕 느부갓네살의 총애를 받게 하셨다. 다니엘과 그의 친구들은 채식을 하였고 물만 마시고도 바벨론의 여타 청년들보다 얼굴에 윤기가 있고 지혜가 10배나 뛰어났던 것이다.

다니엘서는 유대인들이 바벨론 왕 느부갓네살의 포로가 되어 끌려가서 어떤 과정을 거치면서 징계와 교육을 받았는지를 기록하고 있다.

하나님께서 유대인을 바벨론에 보내신 것은 저주가 아니라 징계였다.

언제나 그렇듯이 징계는 목적이 있는 것이다.

유대인들이 바벨론에 가서 배운 것을 다 열거할 수는 없지만 확실히 배우게 된 것이 있다.

1. 우상은 아무리 커도 아무 것도 아니라는 것을 배웠다.

시날평지에 세운 금신상은 높이가 30미터나 되는 거대한 것이었지만 사드락과 메삭과 아벳느고가 끝까지 그 우상에게 절하지 않고 버티다가 마침내 극렬히 타는 풀무불 가운데 던지우게 되었다. 그러나 전능하신 하나님이 그 불 가운데서도 함께 하여주셔서 불에 타지도 않게 하셨던 것이다. 이러한 사건을 통하여 이스라엘 백성들과 바벨론 백성들이 함께 배우게 된 것은 "우상은 아무 것도 아니며 진정한 구원의 능력은 오직 다니엘과 사드락 메삭 아벳느고가 믿는 하나님께만 있다"는 사실이었다.

2. 여호와 하나님이 바벨론 왕도 다스리고 계신다는 것을 깨달았다.

유대인들은 처음에는 하나님이 능력이 없거나 바벨론의 신 마르둑보다 약해서 전쟁에서 패한 것이라고 생각을 했을 것이다. 왜냐하면 옛날 사람들은 전쟁할 때마다 신의 뜻을 따라서, 신의 이름으로 전쟁을 수행하는 것으로 알고 있었기 때문이다. 그러니까 이스라엘 사람들은 언제나 여호와의 이름으로 전쟁을 한 것이고 바벨론 사람들은 마르둑 신의 이름으로 전쟁을 한 것이다.

이 전쟁에서 이스라엘이 져서 포로가 되었으니 여호와가 마르둑신에게 패배한 것으로 이해되는 것이다.

그런데 놀랍게도 지금 이스라엘 백성들 눈 앞에 이해하기 어려운 사건들이 연속으로 벌어지고 있는 것이다. 어찌된 영문인지 느부갓네살 왕이 나이 어린 다니엘 앞에 쩔쩔매고 있으며 바벨론 신을 섬기는 술사와 박사들이 다니엘 앞에 꼼짝 못하는 것이었다. 이러한 사건들을 통해 바벨론 사람들과 이스라엘 사람들에게 동시적인 교육이 이루어지고 있었던 것이다.

3. 바벨론의 신은 아무 것도 아니라는 것을 알게 되었다.

이스라엘 사람들은 가나안 땅에서는 바알신을 섬기고 아세라 목상을 섬기고 모압의 신 그모스와 니스록, 밀곰, 아스다롯 등 여러 가지 우상숭배에 빠졌던 사람들이다. 그리고 바벨론의 신이나 앗수르의 신, 아람의 신을 섬겼던 사람들이다.

이스라엘 사람들이 다른 신을 섬기게 된 것은 그러한 신들이 여호와 하나님보다 더 강하다고 여겼기 때문일 것이다. 그런데 바벨론에 와서 살아가는 동안에 바벨론의 신은 실로 아무 것도 아니라는 것을 뼈에 사무치도록 체험하게 되었다. 이스라엘 백성들은 바벨론에서 아마도 가장 고귀한 진리를 체험적으로 터득하게 된 것이다.

4. 이스라엘의 하나님 여호와께서 지극히 높으신 참 하나님이신 것과 그 하나님께서 인간 나라를 다스리신다는 것을 깨달았다.

이것 역시 바벨론의 왕 느부갓네살과 그 신민들과 이스라엘이 동시에 배우고 깨달아야 할 진리였다. 뿐만 아니라 오늘날 온 세계 만민과 오고 오는 세대의 모든 사람들이 공히 배우고 깨닫고 믿어야 할 진리였다.

5. 하나님께서는 교만한 사람을 물리치신다는 것을 배웠다.

이러한 사실은 성경 전체를 관통하는 진리이다. 하늘에 있는 천사라 할지라도 교만하면 타락하여 마귀가 되고 만다는 것이 성경의 교훈이다. 모든 죄와 허물이 다 용서될 수 있지만 교만한 자는 설 곳이 없다. 사실 느부갓네살 정도 되면 교만할 만도 할 것이다. 짧은 시간에 온 세계를 다 제패했으니 우쭐해질 수도 있을 것이다. 그러나 그가 잠시라도 우쭐해지자 그는 짐승처럼 되어 왕위에서 쫓겨나 하늘 이슬에 젖으며 소처럼 풀을 먹으며 징계를 받게 되었다. 이러한 사실들이 이스라엘과 바벨론, 나아가 온 세계 만민이 배워야 할 영적인 교훈인 것이다.

6. 하나님께서는 자기를 믿고 의지하는 자들을 구원하신다는 것을 배웠다.

다니엘의 세 친구는 하나님을 의지하고 끝내 느부갓네살이 세운 금신상에 경배하는 것을 거부했다. 하나님께서는 그러한 하나님의 종들을 극렬히 타는 풀무불 가운데서도 지켜 주심으로써 하나님은 자기를 믿고 의지하는 자를 어떠한 환경에서도 구원하신다는 것을 배우게 되었다.

7. 상당한 기간 동안 열강들의 틈에서 유대인들이 환난을 겪을 것이라는 것을 알게 된다.

하나님께서는 다니엘에게 장차 될 일들을 여러 차례에 걸쳐서 여러 가지 이상으로 보여주셨다. 그리고 다니엘은 선지자 예레미야의 책과 선지자 이사야의 글을 부지런히 공부했다. 그리고 겸손히 금식하면서 하나님께 기도했다. 자기 민족의 죄를 스스로 지고 하나님께 용서를 구하는 기도를 드렸다.

하나님께서는 기도하는 다니엘에게 장래사의 개요를 여러 가지 모양으로 계시해주셨지만 다니엘은 이해하기 어려운 것이 많았다. 그러나 다니엘은 하나님께 알게 해달라고 간구하지는 않았다. 그 일들은 다니엘의 시대를 훨씬 넘어서 대저 오랜 후에 이루어질 일들이었다.

8. 모든 역사는 정해진 때가 있다는 것을 깨닫게 된다.

다니엘이 다 알지 못하여 벙벙해 있으면서도 감히 하나님께 입을 열지 못한 것은 천하만사가 다 하나님의 정하신 뜻대로 되며 모든 것은 인간이 뜻한 대로 되는 것이 아니라는 사실을 깨달았기 때문이다.

그리고 하나님이 하시는 일은 옳지 않음이 없으심을 그는 충분히 깨달았을 것이다. 사실 모든 것을 바르게 깨달을수록 하나님께 간구할 일은 줄어들고 만사를 하나님께 맡기고 내가 무엇을 할 것인가를 찾게 될 것이다.

9. 조상들과 자신들의 죄악이 얼마나 큰지를 뼈에 사무치게 깨달았다.

이스라엘 백성들이 만약 고국에 그대로 있었다면 성경을 열심히 연구하지도 않았을 것이고 또 위와 같은 체험적인 교훈을 받을 수 없었을 것이다. 바벨론에 가서 많은 사람들이 율법과 함께 예언서를 중시하고 열심으로 성경을 연구하게 되었다. 그 중에 특별한 사람이 다니엘이고 또 에스라와 느헤미야 같은 인물이다.

이렇게 보면 바벨론에서의 70년은 허송세월이 아니었다. 얼른 생각하면 그 몇가지를 배우는 데 지불한 대가가 너무 크다고 생각할 수도 있다. 그러나 한 민족이 영적인 진리를 체험하면서 구체적으로 확신에 이르기까지는 상당한 시간과 연단과 훈련이 필요한 것이었다. 우리가 알 것은 이스라엘이 시내산에서부터 광야생활과 사사시대를 거쳐서 왕정시대를 다 망라하면 약 800-900년이란 세월이 흘러갔지만, 유다와 이스라엘은 하나님을 배우지 못하였고 바벨론에서 배운 사실들을 결코 배우지 못했다는 것이다.

유대교의 신학은 대개 이 시대에 시작된 것이라고 할 수 있다.

많은 문서들이 이 시기에 기록된 것이다. 탈무드와 미쉬나, 게메라 등의 기록물들이 거의 이 시대를 기점으로 기록된 것이다.

무엇보다 중요한 것은 이스라엘의 하나님 여호와께서 지극히 높으신 하나님이라는 사실을 깨닫는 것이다(단3:26, 4:2, 4:17, 4:24, 4:25, 4:32, 4:34, 5:18, 5:21, 7:18, 7:22, 7:25, 7:27, 9:24).

계시 일지를 쓴
에스겔

에스겔이 쓴 에스겔서는 일반적으로 어렵게 느끼는 책이다. 그리고 신약성경에 인용도 거의 없다. 에스겔서는 역사적인 배경을 알아야만 이해할 수 있는 책이다. 에스겔은 주전 597년 4월 5일 여호야긴 왕이 포로될 때 같이 포로된 청년 중 한 사람으로서, 그가 소명을 받은 것은 주전 593년이었다. 그는 예레미야 시대로부터 하나님의 말씀을 잘 받아들이지 않는 유대인들을 향하여 하나님의 말씀을 외치도록 부르심을 받았다. 그래서 그는 강하게 되지 않으면 안되었다. 그의 이름의 뜻은 '하나님이여 강하게 하소서'이다.

에스겔이 처음 하나님의 소명을 받은 때는 포로 된 지 5년이었다.

당시 에스겔은 30세였다. 제사장으로 봉직할 수 있는 나이는 30세였다. 예수님도 왕이요 제사장, 선지자로 일하시기 위하여 30세에 공생애에 들어가게 되었다. 그가 마지막으로 하나님의 말씀을 받은 것은 BC 571년이었다(겔 29:17).

그는 포로되어 간 후 바벨론성과 니푸르 사이에 있는 그발강(운하)가에서 살았다. 그가 하나님의 뜻을 받들어 예언자로 봉사한 기간은 약 23년간이었다.

사로잡힌 유대인들은 하나님의 징계에 대하여 못마땅하게 생각하고 있었다. 그들은 생각하기를 하나님이 공평치 않다고 생각하고 있었다.

하나님이 만약 전능하다면 바벨론의 신 마르둑에게 자기 백성을 빼앗기지 않았어야 한다고 생각했다. 또 어떤 사람들은 생각하기를 우리 조상이 죄를 범해서 이렇게 된 것이라면 이제는 우리가 선을 행한다고 해도 우리는 좋은 날 보기는 틀렸다고 떠들었다.
아버지가 포도를 먹어서 아들이 이가 신 것이라고 생각하고 있었다.
하나님께서는 그들의 이런 생각에 대하여서도 책망을 하셨다.
에스겔은 바로 그런 사람들에게 보내심을 받은 것이다.
에스겔은 자기 민족, 자기 백성에게 보내심을 입었다.
그들은 뻔뻔스러운 사람들이었다.
그들은 회개할 위인들이 아니었다.
그들은 패역한 무리들이었다.
그들은 하나님을 배반한 사람들이었다.

에스겔은 그런 뻔뻔스런 사람들을 대할 수 있도록 이마를 금강석같이 굳게 하였다고 한다. 에스겔은 민족의 파수꾼으로 부르심을 받았다고 한다. 에스겔이 받은 메시지는 애가와 애곡과 재앙의 말이었다.

에스겔은 여러 가지 행동으로 예조를 보이면서 예언을 했다.
에스겔은 오랫 동안 하나님의 말씀을 받아서 증거했다.
에스겔은 여러 차례 신비한 체험과 함께 이스라엘의 죄악상을 보았다.
이스라엘의 죄악은 우상숭배였다. 에스겔서에 나타난 하나님의 사랑은 아가페가 아니라 에로스였다. 하나님은 우리를 사랑하시되 시기하시고 질투하시면서 사랑하시는 것을 우리가 알아야 한다. 서양 신학자들은 하나님의 사랑은 무조건 아가페로만 이해했다. 그러나 실상은 구약성경 전반에 걸쳐서 묘사된 하나님의 사랑은 거의 다 하나님의 질투의 이야기로 가득차 있다. 이스라엘 사람들은 나이 30세 이전에는 에스겔서와 아가서를 읽지 못하게 했다. 하나님께서 이스라엘 백성들의 죄를 창녀의 문란한 성생활과 같이 묘사하셨기 때문이다. 이스라엘의 죄악은 영적인 창녀들의 행동으로 묘사되었다.
　이스라엘 백성들은 바벨론으로 끌려온 후에도 정신을 차리지 못하고 하나님을 원망하고 멸시하거나 바벨론의 신을 믿으려고 하는 사람들이 있었다. 여자들도 바벨론 신 담무스를 위하여 애곡하고 분향하는 해괴한 일이 있었다. 혹은 하나님의 사람 에스겔에게 따지려고 하는 사람들도 있었다.
　온갖 우상숭배에 빠진 이스라엘의 죄악을 인하여 하나님의 징계가 내려진 것을 이스라엘은 깨닫지 못하고 있었다. 에스겔서는 이런 이스라엘에 대한 하나님의 진노와 징계가 무겁게 느껴지는 책이다. 에스겔도 하나님의 진노와 질투를 인하여 무거운 말씀을 받아서 전하게 되었다. 에스겔도 처음에는 하나님의 마음을 이해할 수 없었다. 그러나 하나님의 말씀을 받아서 전하면서 차츰 하나님의 마음을 헤아리게 되었다.
　하나님께서는 하나님의 말씀을 전하는 에스겔까지도 곱게 다루시지 않으셨던 것으로 보인다. 심지어 하나님께서는 에스겔의 아내를 취하여가시면서 울지도 못하게 하셨다. 이러한 일련의 사건까지도 다 하나님의 심정을 헤아리는 데 필요한 사건들이었다.

　하나님께서 에스겔에게 나타나실 때는 대개 이상한 비행물체 속에서 말씀하시고 전광석화같이 위엄과 권능으로 임하셨던 때가 있었다. 그 후 일반적으로는 말씀이 에스겔에게 임하였다. 처음에 하나님께서 에스겔에게 이스라엘의 죄악상을 보여주실 때는 그 비행물체가 나타나서 그 아래에 사람의 손 같은 손이 내려와 에스겔의 머리카락 한 모습을 움켜쥐고 천지 사이로 덩경 들어올려서 텔아빕까지 데리고 가셨다. 그리고 어떤 때는 예루살렘까지 데리고 가셨다.
　이러한 방법으로 에스겔을 다룰 때 에스겔은 두렵기도 하고 분한 마음으로 끌려갔었다고 기록하고 있다.
　에스겔이 포로 된 지 제 6년 6월 5일이었다. 에스겔이 집에 앉아 있을 때 유다 장로들이 에스겔의 집에 모여 있었다. 그 때 하나님의 영광이 권능으로 임하여 에스겔을 들어올려서 천지 사이로 끌고 올라갔다. 에스겔은 자기 영혼이 몸 안에 있었는지 몸 밖에 있었는지 모를 일이다. 그것은 이상(異常) 중에 이루어진 일이었다. 그리고는 곧장 예루살렘으로 데리고 갔다. 에스겔이 예루살렘으로 끌려가서 목격한 이스라엘의 죄악상은 에스겔 선지자 자신이 보아도 가증스러운 죄였다.

에스겔은 먼저 북향한 문으로 들어가보았다. 거기서 본 것은 하나님의 진노를 격발케 하는 투기의 우상이었다. 하나님께서는 에스겔에게 눈을 들어 북편을 바라보라고 하셨다.

"그가 내게 이르시되 인자야 이제 너는 눈을 들어 북편을 바라보라 하시기로 내가 눈을 들어 북편을 바라보니 제단문 어귀 북편에 그 투기의 우상이 있더라 그가 또 내게 이르시되 인자야 이스라엘 족속의 행하는 일을 보느냐 그들이 여기서 크게 가증한 일을 행하여 나로 내 성소를 멀리 떠나게 하느니라 너는 다시 다른 큰 가증한 일을 보리라 하시더라"(겔 8:5-6).

에스겔이 두번째 본 것은 뜰의 문에 이르러 담을 헐고 그 안에서 일어나는 일들이었다. 하나님께서 그 담을 헐고 그 가증한 일들을 보라고 하셨다. 에스겔이 그 안에 들어가보니, 각양 곤충과 가증한 짐승과 모든 우상을 그 4면 벽에다 그려놓았고 이스라엘 장로 70인이 그 앞에 서 있었다. 그리고 거기에서 발견된 또 하나의 놀라운 사실은 요시야 왕 시절에 개혁에 열심이었던 사반의 아들 중 야아사냐가 거기 있더라는 것이다. 이 70인의 장로들은 결국 이스라엘 전체가 다 타락하여 은밀한 중에서 우상숭배에 빠져있었다는 것이다. 그들이 우상을 위하여 피우는 향불연기가 구름같이 올라가고 있었다.

에스겔이 마음에 의분을 느끼고 있을 때 하나님께서는 또 다른 가증한 일들을 볼 것이라고 하셨다. 그리고는 에스겔을 데리고 성전으로 들어가는 북문에 이르게 되었다. 거기서 본 가증스러운 일은 여인들이 앉아서 담무스를 위하여 애곡하는 것이었다.

담무스는 바벨론에서 시작된 신이었다. 전설에 의하면 니므롯의 아내 세미라미스가 남편 니므롯이 죽은 후 사생아를 낳아서는 변명하기 위하여 만들어낸 신화가 어리석은 옛날 사람들에게 사실처럼 전파된 것이다.

세미라미스의 뻔뻔스러운 거짓말은 자기 몸에서 태어난 담무스가 자기의 남편 니므롯이 자기 몸을 통하여 신으로 환생한 것이라는 주장이었다. 그러므로 담무스는 곧 자기의 아들이면서 또한 자기의 남편도 된다고 주장을 하였고, 그 아들이 자라나자 이 뻔뻔스러운 여자는 그의 아들 담무스와 결혼을 한 것이다. 그래서 그녀는 마침내 신의 아내이자 신의 어머니가 되고 신의 어머니라면 곧 여신이 되는 길이었다. 그런데 예루살렘의 하나님의 백성들이 나라가 멸망에 가까운 줄도 모르고 담무스를 위하여 애곡을 하고 있었던 것이다.

하나님께서는 에스겔을 데리고 또 다른 그리고 더 가증스러운 일들을 보여주시기 위하여 이번에는 여호와의 전 안뜰에까지 들어가 보이셨다. 거기에는 성전 문이 있고 그 앞에 현관과 제단 사이에 25명의 사람들이 있는데 놀랍게도 하나님의 성전을 등지고 낯을 동방으로 향하고 동방태양을 경배하고 있었다.

하나님께서 에스겔에게 말씀하시기를, "인자야 네가 이 모든 것을 보았느냐 이들이 행한 죄악이 적다 하겠느냐?"하고 질문을 하셨다(겔 8:1-18).

에스겔은 비로소 인간들이 하나님의 마음을 얼마나 아프게 했는지를 알 수 있게 되었다. 에스겔이라도 하나님의 눈에는 인간 이상도 이하도 아니고 별수 없는 '인간의 아들'(人子 = 사람의 자식)일 뿐이다. 하나님께서는 에스겔에 대해서도 온유하게 대하신 것이 아니라 매우 거칠고 고통스럽게 다루었다.

에스겔은 자기가 본 것과 들은 것을 기록하되 마치 계시일지(啓示日誌)를 쓰듯이 써나가고 있다.

에스겔은 열방의 운명에 관한 예언을 하고 있다.

에스겔은 오랜 후에 회복될 이스라엘의 환상을 보았다(36-48장).

하나님의 종
고레스

고레스라는 이름은 불과 몇번만 등장하지만 성경과 세계 역사에 있어서 그의 등장은 큰 변수로 작용하게 되고 또한 그가 하나님의 특별 섭리를 이루기 위하여 선택되었다는 점에서 우리가 고레스를 아는 것이 필요한 것이다. 그의 이름은 '큐노'(암이리)의 아들이라는 뜻이다. 큐노는 고레스가 어린 시절 기구한 운명으로 친어머니가 아닌 어떤 하녀의 손에서 길러진 것을 기념하기 위하여 붙여진 이름이었다.

성경만으로는 고레스에 대하여 많은 것을 알 수가 없다. 고레스가 태어나게 된 배경을 알기 위하여 읽을 만한 책은 역사의 아버지 헤로도투스의 「역사 이야기」라고 할 수 있다. 역사를 약간 거슬러 올라가 고대 근동에서 전개된 역사를 언급하지 않을 수 없다. 아브라함시대에는 바벨론이나 애굽이 패권을 잡고 있다가 한때는 힛타이트 족속(헷 족속)이 철을 사용하여 근동을 주름잡기 시작했다(BC 1900-1190). 그러다가 다시 앗수르시대 (BC 740-612)를 거쳐서 신바벨로니아 시대(BC 612-539)를 맞게 된다.

고레스는 메디아의 아스티아게스 왕의 공주 만다네가 페르시아의 캄비세스 1세에게 시집을 가서 낳은 아들이었다고 한다. 당시에는 동쪽에 메디아가 세력을 가지고 있었고 서쪽으로는 리디아의 크로이수스 왕이 사르디스 (사데)를 수도로 하여 크게 융성하던 시대였다. 리디아의 크로이수스가 자기의 여동생을 메디아 왕 아스티아게스에게 주어서 결혼을 시켰는데 그녀는 만다네라는 공주를 낳고는 아들을 낳지 못하였다.

하루는 아스티아게스 왕이 꿈을 꾸게 되었는데 그 꿈이 징조가 있는 꿈이었다. 그 꿈은 공주 만다네가 오줌을 싸는데 그 오줌에 온 아시아가 다 잠기게 되는 꿈이었다. 하도 해괴한 꿈이라 술사와 박사를 불러 해몽을 하게 하였는데, 그 해몽은 공주의 몸에서 태어날 아기가 장차 세계를 다스리게 될 것이라는 해석이었다. 이 해석을 들은 왕은 그 공주를 멀리 남쪽 페르시아 지방의 캄비세스라는 청년에게 시집을 보내버렸다. 그것은 그 꿈이 이루어지지 못하게 하기 위해서였다. 그런데 시집을 보낸 후 일년이 채 못되어 다시 왕이 꿈을 꾸었는데 이번에는 그 공주의 아랫배에서 포도덩굴이 뻗어나더니 그 덩굴이 온 세계를 향하여 뻗어나가 온 세상을 다 덮어버렸던 것이다.

아스티아게스 왕은 매우 불쾌하게 생각하고 다시 술사와 박사들을 불렀다. 그리고 그 꿈의 해석을 물었다. 그런데 술사들의 해석은 한결같은 것이었다. 그러자 왕은 사람들을 공주에게로 보내어 아기를 낳되 친정인 메디아로 와서 엑바타나의 좋은 조산원의 도움을 받아야 한다고 전갈을 보내어 결국 공주가 메디아의 수도 엑바타나(성경의 악메다)로 와서 아기를 낳게 되었다.

한편 왕은 신하 하르파고스를 시켜서 아기를 낳는 순간에 사산시켜서 땅에 묻으라고 지시를 했다고 한다. 그러자 하르파고스가 산파를 시켜서 아기를 목욕시키는 것처럼 해서 빼내가지고 떨리는 손으로 죽이기 위하여 나오면서 생각을 해보았다. 왕의 하는 일이 옳지도 않을 뿐만 아니라 공주에게 이 사실이 알려지는 날은 자기의 목이 달아날 것을 생각하고는 두려워하면서 그 아기를 자기 집 하인에게 넘겨주면서 "네가 반드시 죽여서 땅에 묻으라"고 했다는 것이다. 그런데 그날 하인의 아내가 아기를 낳다가 사산을 하게 되자 하인은 아내 모르게 죽은 아이와 공주의 아이를 바꾸어서 땅에 묻었고, 만다네 공주의 아이를 자기 아이인 양 기르게 되었고 세월은 그냥 지나갔다.

그런데 그 아이가 자라면서 남다른 데가 있어서 하인의 아들인 주제에 골목대장 정도가 아니라 언제나 임금 놀이를 하였다. 그런데 대신들의 아들들을 다 신하로 삼고 왕노릇을 할 뿐만 아니라 그 군기가 엄하여 불충한 아이들을 엄하게 벌을 주고 있다는 소문이 왕궁에까지 들리게 되었다. 왕은 심상치 않은 일이라 생각하고 신하를 불러 그 아이를 데려오라고 했다.

왕이 그 아이를 보는 순간 소스라치게 놀라서 기절을 할 뻔하였는데 그 이유는 아이의 얼굴이 만다네 공주의 얼굴과 꼭 같았다는 것이다. 왕이 정신을 차리고는 신하 하르파고스를 불러서 자초지종을 이실직고하라고 호통을 쳤다. 숨길 수 없는 줄 알고 하르파고스가 사실대로 토로하자 왕이 그 날로 그 아이를 왕궁으로 불러서 궁에서 자라게 했다.

그러한 일이 있었던 후 어느날 왕이 하르파고스를 만찬에 초대하여서 만찬석에 들어서니까 이상하게 하르파고스의 식탁에는 검은 보자기가 덮여 있었다. 하르파고스가 이상하다 하면서 그 검은 보자기를 걷어내자 거기는 하르파고스의 아들을 바베큐로 만든 요리가 그 아들의 머리와 함께 차려져 있었다고 한다. 아스티아게스 왕이 하르파고스에게 자기의 명령을 어긴 것을 이렇게 잔인한 방법으로 처벌한 것이다.

하르파고스는 얼굴을 감싸쥐고 만찬장에서 물러나왔다. 그리고는 식음을 전폐하고 몸져 누워버렸다. 그리고 공주의 아들은 페르시아의 공주의 품으로 돌아가 씩씩하게 자라났다. 만다네 공주는 죽은 줄 알았던 아들이 살아서 돌아오자 기뻐서 어찌할 줄을 몰랐다. 그리고 아들의 이름을 '큐노'(하르파고스의 신하의 아내 이름 = 암 이리)의 아들이라고 하여 '퀴루스'(고레스)라고 이름을 지었다고 한다. 고레스는 훌륭한 인품과 덕망을 갖추고 건강하고 용감하게 자라났다.

하루는 메디아의 아스티아게스 왕이 고레스가 훌륭한 청년이 되어간다는 말을 듣고 하르파고스에게 군대를 소집하게 한 후 정식으로 명령을 내렸다. 고레스가 반역을 도모하여 일어나고 있으니 총력을 경주하여 고레스를 잡아오라는 것이었다. 하르파고스는 군대를 이끌고 페르시아를 향하여 출발하였다. 이 소식을 들은 고레스는 청년들을 모아서 대비하고 있었다. 그런데 하르파고스가 페르시아 가까이 오자 몇사람을 설득하여 고레스에게로 투항하고 말았다. 고레스는 그 여세를 몰아 메디아를 쳐들어가 아스티아게스를 쳐부수고 결국은 메디아와 페르시아를 합병하고 말았다.

성서적으로 보면 고레스 제 3년까지 다니엘이 살아 있었다고 기록되어 있다(단 10:1). 그렇다면 고레스는 다니엘의 지도를 받았을 가능성이 크다고 볼 수 있다. 그리고 예레미야의 예언을 보여주고 고레스가 유대인을 고국으로 돌려보내도록 하는 것도 다니엘의 지도하에서 이루어진 일이라고 볼 수 있을 것이다.

바사(페르시아) 왕 고레스 원년에 여호와께서 예레미야의 입으로 하신 말씀을 응하게 하시려고 바사(페르시아) 왕 고레스의 마음을 감동시키시매 저가 온 나라에 공포도 하고 조서도 내려 가로되,

"바사(페르시아) 왕 고레스는 말하노니 하늘의 신 여호와께서 세상 만국으로 내게 주셨고 나를 명하사 유다 예루살렘에 전을 건축하라 하셨나니 이스라엘의 하나님은 참 신이시라 너희 중에 무릇 그 백성 된 자는 다 유다 예루살렘으로 올라가서 거기 있는 여호와의 전을 건축하라 너희 하나님이 함께 하시기를 원하노라 무릇 그 남아 있는 백성이 어느 곳에 우거하였든지 그곳 사람들이 마땅히 은과 금과 기타 물건과 짐승으로 도와주고 그 외에도 예루살렘 하나님의 전을 위하여 예물을 즐거이 드릴지니라 하였더라" (스 1:1-4).

이사야서에도 고레스에 관하여 기록하고 있다.

"야곱아 이스라엘아 이를 기억하라
너는 내 종이니라 내가 너를 지었으니 너는 내 종이니라
이스라엘아 너는 나의 잊음이 되지 아니하리라 내가 네 허물을 빽빽한 구름이 사라짐같이 네 죄를 안개의 사라짐같이 도말하였으니 너는 내게로 돌아오라

내가 저를 구속하였음이니라
여호와께서 이 일을 행하셨으니 하늘아 노래할지어다
땅의 깊은 곳들아 높이 부를지어다 산들아 삼림과 그 가운데 모든 나무들아
소리내어 노래할지어다
여호와께서 야곱을 구속하셨으니 이스라엘로 자기를 영화롭게 하실 것임이로다
네 구속자요 모태에서 너를 조성한 나 여호와가 말하노라
나는 만물을 지은 여호와라
나와 함께 한 자 없이 홀로 하늘을 폈으며 땅을 베풀었고
거짓말하는 자의 징조를 폐하며 점 치는 자를 미치게 하며
지혜로운 자들을 물리쳐 그 지식을 어리석게 하며
내 종의 말을 응하게 하며 내 사자의 모략을 성취하게 하며
예루살렘에 대하여는 이르기를 거기 사람이 살리라 하며
유다 성읍들에 대하여는 이르기를 중건될 것이라 내가
그 황폐한 곳들을 복구시키리라 하며
깊음에 대하여는 이르기를 마르라 내가 네 강물들을 마르게 하리라 하며
  고레스에 대하여는 이르기를 그는 나의 목자라 나의 모든 기쁨을 성취하리라 하며 예루살렘에 대하여는 이르기를 중건되리라 하며 성전에 대하여는 이르기를 네 기초가 세움이 되리라 하는 자니라
  나 여호와는 나의 기름 받은 고레스의 오른손을 잡고 열국으로 그 앞에 항복하게 하며 열왕의 허리를 풀며 성문을 그 앞에 열어서 닫지 못하게 하리라
  내가 고레스에게 이르기를 내가 네 앞서 가서 험한 곳을 평탄케 하며 놋문을 쳐서 부수며 쇠빗장을 꺾고 네게 흑암 중의 보화와 은밀한 곳에 숨은 재물을 주어서 너로 너를 지명하여 부른 자가 나 여호와 이스라엘의 하나님인 줄 알게 하리라
  내가 나의 종 야곱 나의 택한 이스라엘을 위하여 너를 지명하여 불렀나니 너는 나를 알지 못하였을지라도 나는 네게 칭호를 주었노라 나는 여호와라 나 외에 다른 이가 없나니 나 밖에 신이 없느니라
  너는 나를 알지 못하였을지라도 나는 네 띠를 동일 것이요 해 뜨는 곳에서든지 지는 곳에서든지 나 밖에 다른 이가 없는 줄을 무리로 알게 하리라

나는 여호와라 다른 이가 없느니라 나는 빛도 짓고 어두움도 창조하며 나는 평안도 짓고 환난도 창조하나니 나는 여호와라 이 모든 일을 행하는 자니라 하였노라 너 하늘이여 위에서부터 의로움을 비같이 듣게 할지어다 궁창이여 의를 부어 내릴지어다 땅이여 열려서 구원을 내고 의도 함께 움돋게 할지어다 나 여호와가 이 일을 창조하였느니라" (사 44:21-45:8).

고레스는 하나님을 알지 못할지라도 하나님께서는 고레스의 생명을 그렇게 보존하게 하시고 그를 통하여 예레미야의 입으로 한 말을 응하게 하였던 것이다. 고레스는 물론 이스라엘 사람의 입장에서 보면 이방인이었다. 그러나 하나님의 입장에서는 선택하시면 선택하시는 그 날부터 선택받은 사람이지 결코 이방인이 없는 것이다.

이 고레스를 통하여 결국은 바벨론도 멸망시키게 되었던 것이다.

강직한 유대인
모르드개

모르드개는 바벨론의 마르둑신의 이름을 따서 지은 것으로 보아 아마도 청년 시절에 사로잡혀가서 이름을 바벨론식으로 바꾼 것 같다. 그는 베냐민 지파에 속했던 사람으로서 기스의 증손이요, 시므이의 손자였다. 그는 아하수에로 왕의 대신으로 봉직하고 있었다.

당시의 아하수에로 왕(BC 485-465)은 세계사에 나오는 대로는 그 이름이 크세르크세스였다. 그는 인도로부터 이디오피아까지 광대한 영토를 점령하여 다스리던 왕이었다. 전체 제국을 127도로 행정구역을 나누어서 다스리던 왕이었다. 모르드개는 매우 강직한 성품의 소유자였다.

모르드개에게는 4촌 여동생(모르드개의 삼촌의 딸)이 있었는데 고아가 된 후 양녀로 입양하여 길러왔다. 이름을 에스더(본명은 하닷사)라고 하는 이 처녀는 곱게 자라났고 심성이 아름답고 외모가 심히 아리따운 처녀였다.

아하수에로 왕이 당시의 왕비 와스디가 고분고분하지 않는다는 이유로 폐위시키고 왕비감을 선발할 때 페르시아 제국 내에서 가장 아름다운 처녀를 물색하는데 거기에 이 에스더도 한번 나가보았다. 놀랍게도 아하수에로 왕의 눈에 에스더가 가장 아름답게 보였다. 다니엘과 사드락, 메삭, 아벳느고 등이 왕의 눈에 피부가 윤택해보인 것과 무관하지 않은 것 같다. 그것은 유대인들의 식생활이 그들의 얼굴을 깨끗하게 하였을 가능성이 충분히 있다.

왕비 후보들을 주관하는 부서가 있어서 그 용모와 피부를 정결케 하는데 일년이 걸렸다. 그중 6개월 간은 알로에 즙을 쓰고 다음 6개월은 다른 화장품을 써서 아름답게 하였다.

여러 처녀들이 아하수에로 앞에 나아갔지만 선택되지 못했다. 그러다가 에스더의 차례가 되어 왕의 앞에 나아갔는데 왕의 마음이 첫눈에 끌려서 마침내 에스더가 대 페르시아 제국의 황후가 되었고 큰 잔치를 배설하였다.

그리고 왕은 매우 기분이 좋아서 세금을 감면하고 그 동안 공로자들에게 후한 상을 내렸다.

때에 아하수에로 왕에게 원한을 품은 자들이 있었다. 그들은 왕의 문을 지키는 내시들이었다. 그 모반자는 빅단이라는 자와 데레스라고 하는 자였다.

아하수에로의 생명이 위태하게 되었을 때 이 사실을 알게 된 모르드개가 이를 왕후 에스더에게 전하고 에스더가 왕에게 알게 하여 왕은 위기를 모면하게 된 일이 있었다. 그러나 왕은 모르드개의 공로에 대하여 무관심하게 지나쳐버렸다.

그때에 수사에는 왕의 신임을 받는 하만이라는 대신이 있었는데 왕이 그의 지위를 모든 대신들 위에 높여서 모든 신하들로 하여금 하만이 출입할 때 그 앞에 꿇어 절하게 명령을 내렸다. 이로 인하여 하만이 거드름을 피우기 시작하였다. 그가 출입할 때 모두 엎드려 절을 하라는 지시가 있었다. 그러자 다른 신하들은 하만이 출입할 때 다 엎드려 절을 하는데 오직 한 사람 유대인 모르드개만은 그대로 서 있었다. 이를 괘씸하게 생각한 하만은 계속 절을 하라고 강요했는데 그때마다 모르드개의 대답은 자신은 유대인이라고만 대답했다.

우리는 모르드개의 자세보다도 그의 대답에 흥미를 느끼게 된다.

하만이 다시 사람을 보내어, "왜 너만 절하지 않고 버티고 섰느냐?"고 물으면 모르드개는 여전히 자신은 유대인이라고만 대답을 했다는 사실이 우리를 놀라게 한다. 모르드개는 번번이 그렇게만 대답을 했다. 모르드개가 왜 그렇게 대답을 했는지 잘 알 수는 없으나 아마도 모르드개의 마음속에는 '나뿐만 아니라 어느 유대인이든지 유대인이라면 너같은 위인에게 엎드려 절할 사람은 없다는 것을 알기나 해라!' 하는 뜻이었을 것이다.

그래서 결국 하만은 모르드개뿐만 아니라 유대인 모두에게 적개심과 앙심을 품게 되었고 모르드개 한 사람만 죽이는 것은 너무 가볍다고 생각하였다. 그는 결국 인도로부터 이디오피아까지 온 페르시아 제국 내에 거주하는 유대인이란 유대인은 모조리 죽여서 그 씨를 없애버리겠다고 결심을 한다.

모르드개는 비록 포로되어 이국 땅에 있지만 하나님의 백성으로서, 그리고 유대인으로서의 긍지와 자부심은 대단했던 인물 같다. 그 심지가 견고하여 아무에게도 호락호락하지 않았던 것이다.

그러나 하만 역시 대제국의 재상까지 오른 인물이라 쉽게 물러서지 않을 것이고 보면 마침내 한판 승부를 가리지 않을 수 없게 된 것이다.

하만은 일인지하 만인지상이 되어 부러울 것이 없었으나 대궐 문에서 모르드개만 보면 영 기분이 상하고 입맛이 싸악 가시고 심사가 불편해서 견딜 수가 없었다. 참다 못한 하만이 드디어 꾀를 내어 유대인을 멸망시킬 작전을 짜기 시작하였다.

하만은 왕에게 나아가 간절한 말로 고하기를, "폐하, 폐하의 은덕으로 이 나라가 이렇게 융성하게 되었는데 여러 민족을 다스리시다 보니 그 민족들 중에는 율법과 관습이 유별나서 자기들의 율법을 고수한답시고 왕명을 고의로 거스리는 민족들이 있습니다. 소신이 왕의 나라의 대신이 되어 차마 이런 무리를 그냥 둘 수 없어서 감히 청원하오니 그러한 족속들을 시범으로 진멸하는 것이 옳은 줄로 아옵니다. 이를 위하여 소신이 은화 일만 달란트를 왕께 드리겠나이다!" 하였다.

아무 것도 모르는 왕은 인장반지를 빼어 건네주면서 "그 은화 일만 달란트도 그대에게 맡기노니 그대의 소견에 옳은 대로 처리하게나!" 하는 것이었다. 참으로 어처구니없게도 천하에 유대인들의 생명이 이 악한 하만의 손에 진멸될 운명에 놓이게 되었다.

이렇게 되어도 모르드개는 구차하게 목숨을 부지하기 위하여 하만에게 굴복하지는 않았다. 오히려 모르드개는 하나님 앞에 베옷을 입고 재에 앉아 기도하고 있었다. 이 사실을 알게 된 왕후 에스더가 사람을 보내어 사연을 물어왔을 때 모르드개는 왕에게 나아가 유대인을 구하라는 전갈을 했다. 에스더는 비록 왕후라고는 해도 왕의 앞에 함부로 들어갈 수 없는 처지를 알기 때문에 두려워했다. 그러나 모르드개의 의지는 추상같고 대쪽같았다.

"네게 왕후의 지위를 얻게 하신 하나님의 뜻은 너 한 사람의 영달과 안일을 위한 것이 아닌 줄 누가 알겠느냐 오히려 이러한 때 민족의 운명을 구하기 위하여 네가 왕후가 되었는지 누가 알겠느냐? 만약 이러한 때에 잠잠하고 있으면 유대인들은 하나님께서 다른 방법, 다른 손길로써 구원을 베푸실 것이고 너와 네 아비 집은 망하게 될 것이다!"

이 편지를 읽어본 에스더는 비장한 결단을 하게 된다.
"내가 죽으면 죽으리라."
에스더는 규례를 어기고 왕 앞에 나아가 자기 민족이 처한 운명을 설명하고 하만이 꾸민 모든 음모를 폭로하여 하만을 제거하는 일을 추진하기로 결심한 것이다. 아무리 왕비라고 해도 나이 어린 에스더가 왕비의 자리에 나아간 지 얼마 되지도 않는 주제에 일국의 대재상, 그것도 일생 동안 그 정치적 발판을 다져온 총리를 제거한다는 것은 결코 쉬운 일이 아니라는 것을 생각할 때 목숨을 걸지 않을 수 없었을 것이다. 그렇게 목숨을 걸지 않는다면 결국은 가만히 앉아서 하만의 칼을 기다리는 꼴이 되는 것이다. 이러나 저러나 죽기는 마찬가지라고 생각을 했을 것이다. 그리고 자기같이 천한 포로의 양녀가 왕비가 되어 세계를 제패한 대 페르시아 제국의 왕후가 된 것은 바로 이 때를 위한 것이라고 믿었던 것이다.

그 뒤에 이어진 사건들은 어려움이 없었다. 모든 일이 하나님의 뜻이면 그것은 필연적으로 이루어지게 되는 것이고, 하나님의 뜻이 아니라면 수단으로도 방법으로도 이루어지지 않는 것이다.

"죽고자 하면 살고 살고자 하면 죽게 된다"는 역설적인 진리는 이러한 때도 여실하게 증명된 것이다. 하나님을 사랑하는 자 곧 그 뜻대로 부르심을 입은 사람들에게는 모든 것이 합력하여 선을 이룬다는 사실이 다시 한 번 증명된 것이다. 전화위복이란 바로 이런 일을 두고 한 말일 것이다.

하만은 모르드개를 매어달기 위하여 세운 나무에 자기가 달리게 되었다. 높아지기를 좋아하다가 높은 나무에 매어달렸다.

"저가 웅덩이를 파 만듦이여 제가 만든 함정에 빠졌도다"(시 7:15).
"함정을 파는 자는 그것에 빠질 것이요 돌을 굴리는 자는 도리어 그것에 치이리라"(잠 26:27).
"함정을 파는 자는 거기 빠질 것이요 담을 허는 자는 뱀에게 물리리라"(전 10:8).

마치 구구셈이 어느 때 어느 곳에서 누구에게나 진리이듯이 성경의 말씀도 그렇다. 반대로 모르드개는 하만의 지위에 나아가게 되었다. 하나님의 그물이 엉성하게 성글어보여도 하나님께서는 하나도 빠뜨리거나 잊어버리거나 하시지는 않는다. 모르드개가 모반자 빅단과 데레스를 발견하고 제때에 손을 써서 왕의 운명을 위험에서 구한 그 공로가 아무런 훈장도, 작위의 하사도 없이 지나갔을 때 어쩌면 모르드개가 섭섭한 생각을 했을는지도 모른다. 그러나 이제 와서 돌이켜보면 모르드개의 공로가 필요한 때를 위하여 저장되어 있다가 적시적절한 때에 나타나서 완전한 구원과 상급이 되게 하신 것을 알 수가 있다. 에스더서는 하나님이란 단어가 한번도 쓰여지지 않은 책이다. 그러나 이 책의 내용을 알면 알수록 하나님의 손길이 역사를 구체적으로 섭리하고 계심을 의심할 수가 없다.
　오히려 이 모든 된 일이 하나님께서 연출하신 한편의 드라마처럼 느껴지는 것이다.

　"모르드개가 이 일을 기록하고 아하수에로 왕의 각 도에 있는 모든 유다인에게 무론 원근하고 글을 보내어 이르기를 한 규례를 세워 해마다 아달월 십 사일과 십 오일을 지키라 이 달 이 날에 유다인이 대적에게서 벗어나서 평안함을 얻어 슬픔이 변하여 기쁨이 되고 애통이 변하여 길한 날이 되었으니 이 두 날을 지켜 잔치를 베풀고 즐기며 서로 예물을 주며 가난한 자를 구제하라 하매 유다인이 자기들의 이미 시작한 대로 또는 모르드개의 보낸 글대로 계속하여 행하였으니"(에 9:20-23).

　이것이 곧 부림절이라는 유대인들의 명절이 된 것이다.

일사각오를 한
에스더

에스더의 시대는 페르샤의 아하수에로(크세르크세스1세 = BC 485-465) 왕의 재위기간이었다. 유대인들이 포로되어 온 지 약 100년 정도 되는 때였다. 고레스칙령에 의하여 돌아온 유대인의 수는 그리 많지 않았다. 그리고 상당수는 그대로 페르시아 혹은 바벨론에 남아 있었다.

그 당시 페르시아는 인도로부터 에디오피아까지와 마케도니아 북부까지 다스리던 시절이었다. 유대인들은 도처에 많이 흩어져 살고 있었다. 유대인들은 사실 다니엘과 사드락과 메삭과 아벳느고를 비롯하여 바벨론시대와 메대를 거쳐 페르시아시대까지 왕의 신임과 총애를 받게 되었는데, 그것은 본국 관료들에게 시기와 질투의 대상이 되었다.

다니엘은 느부갓네살왕의 신임과 총애를 받게 되었고 그로 인하여 바벨론의 다른 장관들로부터 시기와 질투의 대상이 되었던 것이다. 후에 메대왕 다리우스 시대에도 다니엘을 무함하는 사람들에 의하여 다니엘은 사자굴에 던지우게 되었다.

사드락과 메삭과 아벳느고도 그런 점에서는 마찬가지였다. 이들이 느부갓네살의 총애를 받게 되자 바벨론 여러 신하들이 시기하고 질투하여 마침내 극렬히 타는 풀무불 가운데 던지우게 되었던 것이다. 그러나 그 불 속에서 하나님의 은혜와 능력으로 구원을 얻게 되자 느부갓네살 왕은 사드락, 메삭, 아벳느고의 지위를 더 높였던 것이다.

우리는 에스라 역시 페르시아의 왕 아닥사스다의 신임을 받았던 사람임을 알 수 있다(스 7:1-8:23).
뿐만 아니라 느헤미야 역시 아닥사스다 왕의 신임을 받았던 것을 알 수 있다(느 1:1-2:10).

일반적으로 에스더서는 쉬운 책으로 알고 있다. 그 이유는 사실 이 책이 쉬워서가 아니라 재미(?)가 있어서 단번에 읽되 전체를 통독하기 때문에 쉬운 것이다. 우리가 만약 성경의 다른 책도 그와 같이 통독을 하게 되면 부분적으로 읽을 때보다 훨씬 쉽다는 것을 알 수 있다. 다른 책은 통독을 잘하지 않지만 에스더서는 읽는 사람마다 통독을 하기 때문에 쉬운 것이다.
에스더서는 페르시아시대에 유대인들이 겪은 위기를 보여주고 있다. 칼 바르트는 "위기란 위험일 수도 있고 기회일 수도 있다"고 말한 적이 있다.
하나님께서 페르시아에서의 그 위기를 위험으로가 아니라 기회로(危機=危險 & 機會) 인도하여주신 것이다. 하나님을 사랑하는 자 곧 그 뜻대로 부르심을 입은 자들에게는 모든 것이 합력하여 선을 이루심을 볼 수 있다. 요셉의 일생과 에스더의 일생이 다 같이 합력하여 선을 이루시는 하나님의 섭리를 다룬 것이다. 다니엘의 일생도 언제나 그랬다.
그 공통적인 점은,
"하나님을 사랑하는 자들"이었다는 것이요,
또 "하나님의 부르심을 입은 사람들"이었다.
슬픔이 변하여 기쁨이 되고 애통이 변하여 춤이 되게 하신 하나님의 은총의 섭리를 보여주신 것이다.
이를 기념하는 명절로서 유대력으로 아달월 14-15일 양일을 지키게 된 것이다.
유대인들은 이 명절을 '퓨림'이라 한다.
살고자 하면 죽게 되고 죽고자 하면 살게 된다는 역설적인 진리가 구체적으로 증명된 사건이다.

에스더서에는 하나님이란 이름이 단 한번도 나오지 않지만 하나님의 섭리는 가장 명확하게 나타난 책이다. 이 책은 아가서와 함께 성경으로 인정을 받는 데 어려움이 있었던 책이다. 우리가 이 책의 주인공 에스더를 알기 위해서는 먼저 그를 길러낸 모르드개도 함께 알아야 할 것이다. 한 사람이 성장하고 성숙해가는 데 그 주위에 누가 있었는가 하는 것은 매우 중요한 것이다. 그리고 이 책은 아마도 모르드개가 쓴 책으로 볼 수 있을 것이다.

모르드개가 그리고 있는 에스더의 초상은 우선 외모가 참으로 아름다웠던 것으로 나타난다. 그의 아름다움은 천하에서 가장 아름답다는 것이 증거된 것이다. 그리고 지혜가 있는 여성이었다.

하나님의 일을 하기 위하여서는 지혜가 있어야 한다. 예수님께서도 말씀하시기를 뱀처럼 지혜로와야 한다고 가르치셨고 비둘기처럼 순결해야 한다고 가르치셨다.

슬기는 지혜에서 나오고 용기는 순결하고 순수한 데서 나오는 것이다.

아하수에로의 마음을 얻기 위하여 경솔하게 서두르지 않고 충분히 뜸을 들이고 있는 에스더의 모습은 쉽게 그려볼 수 있을 정도로 묘사되었다. 그리고 용기과 결단력이 있는 여성이었다. 아무리 용모가 아름답고 지혜가 있어도 겁쟁이는 아무 일도 해낼 수가 없다. 두려워할 줄을 모르는 용기는 진정한 용기가 아니라 만용에 불과한 것이다. 그런 용기는 인디안 추장의 용기와도 같은 것이다. 그러나 에스더는 그 일의 어려움과 위험을 충분히 인식하고 있다. 그러나 민족을 위하여, 정의를 위하여 의연히 나아가는 에스더에게서 우리는 그녀의 또 다른 아름다움을 보게 된다.

우리는 에스더의 믿음을 간과할 수 없을 것이다. 자신이 먼저 하나님 앞에 금식을 할 터이니 모든 유대인들도 함께 금식하면서 기도하여 줄 것을 부탁하는 모습에서 에스더의 믿음을 볼 수가 있다.

어려서 고아가 된 계집아이 하나를 주워다 기른 것이 마침내 천하를 제패한 페르시아 제국의 왕비가 되고 마침내 민족의 위기를 극복하게 될 줄은 아무도 몰랐을 것이다. 우리는 삼가 아무도 멸시해서는 안될 것이다.

성경 66권 중 두 권이 여성의 이름으로 일컬어지는데 그 중 한 권은 룻기이고, 다른 한 권이 바로 에스더서이다.

이스라엘의 역사에 에스더만큼 유명한 여성은 흔하지 않았다. 그녀의 이름은 '별' 이란 뜻이고 그녀의 본명 하닷사는 '복숭아꽃과 같은 여자' (桃金孃)라는 뜻이었다. 아름답기로 말하자면 화사한 연분홍 복사꽃과도 같고 그의 지혜와 슬기는 하늘의 별처럼 영원히 빛나는 것이었다.

독일의 시성 괴테는 말하기를 "하늘에 별이 있고 들에 꽃이 있으면 우리에겐 희망이 있다"고 노래했다. 에스더는 이스라엘의 꽃이요, 유다의 별과도 같은 여성이었다.

구약시대의 부흥사
학 개

학개 선지자는 포로귀환 후의 선지자이다. 그의 이름은 '축제'라는 뜻을 가지고 있다. 그는 스룹바벨과 함께 돌아온(BC 538) 선지자로서 연세가 많은 분이었다. 성전을 재건하기 위하여 돌아온 귀환 공동체가 천신만고하여 그 어려운 여건을 무릅쓰고 성전을 건축하는데 그 일이 순탄치가 않았다. 하나님의 일을 하는 데는 언제나 훼방자가 있다.

그 어려운 중에 겨우 기공식을 하고 성전 지대를 놓고 나자 방백 르훔과 서기관 심새라는 사람이 함께 방해공작을 하게 된 것이다. 그들은 여러 사람의 이름으로 아닥사스다 왕에게 투서를 해서 결국 공사가 중단되고 말았다.

이렇게 해서 중단된 공사는 바사 왕 다리우스 제 2년까지 방치된 채 14년이란 세월이 흘러갔다.

이러한 때 사람들은 말하기를,
1. 하나님의 성전을 지을 때가 아직 되지 않았다고 말했다.
2. 하나님이 우리와 함께 하지 않는 것 같다고 말했다.
3. 하나님의 뜻이 아닌 것 같다고 했다.
4. 스룹바벨과 대제사장 여호수아가 능력이 없어서 그렇다고 했다.

이러한 말들은 흔히 들을 수 있는 말들이다.

학개 선지자에게 하나님의 말씀이 임한 것은 다리오 왕(BC 522-486) 2년 6월 1일이었다.

이에 대하여 학개 선지자는 분연히 일어나서 백성들을 꾸짖었다.

백성들이 공사를 중단한 채 14년이란 세월이 흘러갔다. 그들은 각각 자기 집들을 짓는 데만 정신이 팔려 있었다. 이러한 형편에 처해 있을 때 학개라는 나이 많은 선지자가 일어나서 이스라엘 백성들을 책망하였다.

그리고 성전 건축의 때가 이르지 아니한 것이 아니라 때는 벌써 늦었다고 했다. 뿐만 아니라 성전을 건축하는 것이 우리를 바벨론에서 돌아오게 하신 하나님의 뜻이라고 했다.

하나님이 함께 하시지 않은 것이 아니라 출애굽 때로부터 하나님은 오히려 항상 함께 하고 있다고 했다.

하나님의 성전이 황무해져 있는데도 사람들은 각기 자기 주택을 짓는 데만 급급했다. 나무든지 돌이든지 그저 반듯한 것이 있으면 자기 주택을 짓는 데로 가져갔다. 황폐한 예루살렘산 정상에 건설되었다가 폐허가 된 터 위에 피난봇짐을 풀어서 하나님의 성전을 건축하는 것은 쉽지 않은 일이었다. 그런 중에 훼방자가 나타나 성전 건축을 방해하기 시작한 것이다.

그러자 백성들은 이때다 하고 각기 열심으로 자기 집 짓는 데 몰두했다.

이에 대하여 학개 선지자는 책망을 하게 된 것이다.

"여호와의 말씀이 선지자 학개에게 임하여 가라사대이 전이 황무하였거늘 너희가 이때에 판벽한 집에 거하는 것이 가하냐 그러므로 이제 나 만군의 여호와가 말하노니 너희는 자기의 소위를 살펴볼지니라 너희가 많이 뿌릴지라도 수입이 적으며 먹을지라도 배부르지 못하며 마실지라도 흡족하지 못하며 입어도 따뜻하지 못하며 일꾼이 삯을 받아도 그것을 구멍 뚫어진 전대에 넣음이 되느니라 나 만군의 여호와가 말하노니 너희는 자기의 소위를 살펴볼지니라 너희는 산에 올라가서 나무를 가져다가 전을 건축하라 그리하면 내가 그로 인하여 기뻐하고 또 영광을 얻으리라 나 여호와가 말하였느니라 너희가 많은 것을 바랐으나 도리어 적었고 너희가 그것을 집으로 가져갔으나 내가 불어 버렸느니라 나 만군의 여호와가 말하노라

이것이 무슨 연고뇨 내 집은 황무하였으되 너희는 각각 자기의 집에 빨랐음이니라 그러므로 너희로 인하여 하늘은 이슬을 그쳤고 땅은 산물을 그쳤으며 내가 한재를 불러 이 땅에, 산에, 곡물에, 새 포도주에, 기름에, 땅의 모든 소산에, 사람에게, 육축에게, 손으로 수고하는 모든 일에 임하게 하였느니라"(학 1:3-11).

학개 선지자의 책망은 추상(秋霜) 같았다.

아마도 학개 선지자는 젊어서 포로되어 갔다가 늙어서 돌아온 것 같다. 그래서 그 옛날 솔로몬 성전의 영광을 알고 있었던 것 같다. 그리고 학개 선지자의 책망을 듣는 백성들 중에서 연장자들은 다 훼파된 옛 성전의 영광을 알고 있었던 것이다.

그 성전에 비하여 사실 지금 스룹바벨이 짓고 있는 성전은 보잘 것이 없는 것이었다. 그래서 성전을 짓다가 낙심되고 손에 맥이 빠져 있는 사람들을 향한 하나님의 말씀이 다시 학개에게 임한 것이다.

그 말씀은 격려의 말씀이었다.

"칠월 곧 그 달 이십 일일에 여호와의 말씀이 선지자 학개에게 임하니라 가라사대 너는 스알디엘의 아들 유다 총독 스룹바벨과 여호사닥의 아들 대제사장 여호수아와 남은 백성에게 고하여 이르라

너희 중에 남아 있는자 곧 이 전의 이전 영광을 본 자가 누구냐 이제 이것이 너희에게 어떻게 보이느냐 이것이 너희 눈에 보잘것이 없지 아니하냐

그러나 여호와가 이르노라 스룹바벨아 스스로 굳세게 할지어다 여호사닥의 아들 대제사장 여호수아야 스스로 굳세게 할지어다 나 여호와의 말이니라 이 땅 모든 백성아 스스로 굳세게 하여 일할지어다 내가 너희와 함께 하노라 만군의 여호와의 말이니라

너희가 애굽에서 나올 때에 내가 너희와 언약한 말과 나의 신이 오히려 너희 중에 머물러 있나니 너희는 두려워하지 말지어다

나 만군의 여호와가 말하노라 조금 있으면 내가 하늘과 땅과 바다와 육지를 진동시킬 것이요 또한 만국을 진동시킬 것이며 만국의 보배가 이르리니 내가 영광으로 이 전에 충만케 하리라 만군의 여호와의 말이니라
    은도 내 것이요 금도 내 것이니라 만군의 여호와의 말이니라
    이 전의 나중 영광이 이전 영광보다 크리라 만군의 여호와의 말이니라 내가 이곳에 평강을 주리라 만군의 여호와의 말이니라"(학 2:1-9).

    그리고 소년 선지자 스가랴를 통해서는 성전 건축이라는 것이 힘으로나 능력이나 수단으로 되는 것이 아니라 성령으로 되어지는 것이며 스룹바벨의 손이 그 전의 지대를 놓았으니 스룹바벨의 손으로 그 전의 공사가 이루어질 것이라고 격려했다.

    여기에 크게 고무된 이스라엘은 일어나서 성전을 건축하였다. 그리고 어려운 중에 성전을 짓고 있음을 하나님이 아신다고 했다. 조금 있으면 천하 만국을 진동시켜서 금, 은, 동, 철, 목, 석(金 銀 銅 鐵 木 石)이 다 하나님의 것이기 때문에 걱정하지 말라고 했다. 이 성전의 나중 영광이 이전 영광보다 클 것이라고 격려를 했다.
    학개 선지자는 이 예언을 한 후 곧 세상을 떠난 것 같다.
    학개 선지자에 임한 세번째 말씀은 다시 한번 지난 날을 돌이켜보라는 것이었다. 역사적인 교훈은 값비싼 대가를 지불하고야 얻게 되는 교훈이다. 사람이 역사의 교훈을 깨닫지 못하고 자기 반성과 개혁이 없으면 발전을 기대할 수 없다.

    "이제 청컨대 너희는 오늘부터 이전 곧 여호와의 전에 돌이 돌위에 첩놓이지 않았던 때를 추억하라
    그 때에는 이십석 곡식더미에 이른즉 십석 뿐이었고 포도즙 틀에 오십 그릇을 길으려 이른즉 이십 그릇 뿐이었었느니라
    나 만군의 여호와가 말하노라 내가 너희 손으로 지은 모든 일에 폭풍과 곰팡과

우박으로 쳤으나 너희가 내게로 돌이키지 아니하였었느니라 너희는 오늘부터 이전을 추억하여보라 구월 이십사일 곧 여호와의 전 지대를 쌓던 날부터 추억하여보라
 곡식 종자가 오히려 창고에 있느냐 포도나무, 무화과나무, 석류나무, 감람나무에 열매가 맺지 못하였었느니라 그러나 오늘부터는 내가 너희에게 복을 주리라
 그 달 이십사일에 여호와의 말씀이 다시 학개에게 임하니라 가라사대 너는 유다 총독 스룹바벨에게 고하여 이르라 내가 하늘과 땅을 진동시킬 것이요
 열국의 보좌를 엎을 것이요 열방의 세력을 멸할 것이요 그 병거들과 그 탄 자를 엎드러뜨리리니 말과 그 탄 자가 각각 그 동무의 칼에 엎드러지리라
 나 만군의 여호와가 말하노라 스알디엘의 아들 내 종 스룹바벨아 나 여호와가 말하노라 그 날에 내가 너를 취하고 너로 인을 삼으리니 이는 내가 너를 택하였음이니라 만군의 여호와의 말이니라"(학 2:15, 2:23).

 이 말씀을 전한 후 학개는 눈을 감은 것 같다. 후에 성전을 봉헌하는 식에도 학개 선지자의 모습은 나타나지 않았다. 성전이 완공된 것은 다리오 왕 제 6년 아달월 3일(BC 516년 3월 3일)이었다.
 돌이켜보면 다리오 왕 2년 6월에 다시 시작하여 제 6년 3월에 완공했으니 약 3년 9개월이 걸린 셈이다(스 6:13-22).

학사겸 제사장인
에스라

에스라는 '도우심'이란 뜻이다. 그는 항상 하나님의 도우심을 힘입어 일을 했던 사람이었다. 성경에는 위대한 학자들이 등장하는데 아마도 그 중에 에스라는 대단한 학식을 가진 인물임에 틀림없다. 사람에게 있어서 신앙의 열정과 학문적인 열정이 함께 뜨거운 사람은 흔하지 않다.

대부분의 사람들이 학문을 하게 되면 경건이 약화되어 주지주의, 이성주의로 흐르고, 반대로 경건으로 가는 사람은 신비주의로 치우치는 것이 보통이다.

그런데 학사겸 제사장인 에스라는 경건과 학문이 잘 조화된 사람이었다. 에스라는 구약의 인물 중에서 큰 비중을 차지하는 인물이다.

성경의 형성을 보면 구약성경이 출애굽 사건과 함께 기록되기 시작하여 수많은 사연과 곡절을 거쳐서 예레미야 애가라는 슬픈 노래로 한 막이 내려지게 되었다.

그리고는 다시 페르시아의 고레스왕의 칙령(에스라서 1:1-4)으로 인하여 바벨론 포로로 있던 이스라엘 사람들이 귀환하는 사건과 함께 중요한 성경들이 기록되었다. 출애굽에서는 모세와 아론이 주축이었다. 반면에 출바벨론에서는 에스라와 느헤미야가 중심 인물이 된다고 할 수 있을 것이다.

"이 일 후 바사 왕 아닥사스다가 위에 있을 때에 에스라 하는 자가 있으니라 저는 스라야의 아들이요 아사랴의 손자요 힐기야의 증손이요 살룸의 현손이요 사독의 오대손이요 아히둡의 육대손이요 아마랴의 칠대손이요 아사랴의 팔대손이요 므라욧의 구대손이요 스라히야의 십대손이요 웃시엘의 십일대손이요 북기의 십이대손이요 아비수아의 십삼대손이요 비느하스의 십사대손이요 엘르아살의 십오대손이요 대제사장 아론의 십육대손이라"(스 7:1-5).

이 에스라가 바벨론에서 올라왔다. 에스라는 이스라엘 하나님 여호와께서 주신 바 모세의 율법에 익숙한 학사로서 그 하나님 여호와의 도우심을 입으므로 왕에게 구하는 것은 다 받는 자였다.

아닥사스다 왕 칠년에 이스라엘 자손과 제사장들과 레위 사람들과 노래하는 자들과 문지기들과 느디님 사람들 중에 몇사람이 예루살렘으로 올라올 때에 이 에스라는 그 인솔자요 책임자였다.

정월 초하루에 바벨론에서 길을 떠났고 하나님의 선한 손의 도우심을 입어 오월 초하루에 예루살렘에 도착하게 되었다. 만 4개월이 걸리는 머나먼 여행이었다.

에스라가 여호와의 율법을 연구하여 준행하며 율례와 규례를 이스라엘에게 가르치기로 결심하였다.

첫번째 귀환은 고레스왕의 칙령에 의하여 진행이 되었고 두번째 귀환령은 아닥사스다 왕의 칙령으로 인하여 진행된 것이다.

여호와의 계명의 말씀과 이스라엘에게 주신 율례의 학사인 학사겸 제사장 에스라에게 아닥사스다 왕이 내린 조서 초본은,

"모든 왕의 왕 아닥사스다는 하늘의 하나님의 율법에 완전한 학사겸 제사장 에스라에게 조서하노니 우리 나라에 있는 이스라엘 백성과 저희 제사장들과 레위 사람들 중에 예루살렘으로 올라갈 뜻이 있는 자는 누구든지 너와 함께 갈지어다

너는 네 손에 있는 네 하나님의 율법을 좇아 유다와 예루살렘의 정형을 살피기 위하여 왕과 일곱 모사의 보냄을 받았으니 왕과 모사들이 예루살렘에 거하신 이스

라엘 하나님께 성심으로 드리는 은금을 가져가고 또 네가 바벨론 온 도에서 얻을 모든 은금과 및 백성과 제사장들이 예루살렘 그 하나님의 전을 위하여 즐거이 드릴 예물을 가져다가 그 돈으로 수송아지와 수양과 어린 양과 그 소제와 그 전제의 물품을 신속히 사서 예루살렘 네 하나님의 전 단 위에 드리고 그 나머지 은금은 너와 너의 형제가 선히 여기는 일에 너희 하나님의 뜻을 좇아 쓸지며 네 하나님의 전에서 섬기는 일을 위하여 네게 준 기명은 예루살렘 하나님 앞에 드리고 그 외에도 네 하나님의 전에 쓰일 것이 있어서 네가 드리고자 하거든 무엇이든지 왕의 내탕고에서 취하여 드릴지니라
　나 곧 나 아닥사스다 왕이 강 서편 모든 고지기에게 조서를 내려 이르기를 하늘의 하나님의 율법의 학사겸 제사장 에스라가 무릇 너희에게 구하는 것은 신속히 시행하되 은은 일백 달란트까지 밀은 일백 고르까지 포도주는 일백 밧까지 기름도 일백 밧까지 하고 소금은 정수 없이 하라 무릇 하늘의 하나님의 전을 위하여 하늘의 하나님의 명하신 것은 삼가 행하라 어찌하여 진노가 왕과 왕자의 나라에 임하게 하랴
　내가 너희에게 이르노니 제사장들이나 레위 사람들이나 노래하는 자들이나 문지기들이나 느디님 사람들이나 혹 하나님의 전에서 일하는 자들에게 조공과 잡세와 부세를 받는 것이 불가하니라 하였노라 에스라여 너는 네 손에 있는 네 하나님의 지혜를 따라 네 하나님의 율법을 아는 자로 유사와 재판관을 삼아 강 서편 모든 백성을 재판하게 하고 그 알지 못하는 자는 너희가 가르치라
　무릇 네 하나님의 명령과 왕의 명령을 준행치 아니하는 자는 속히 그 죄를 정하여 혹 죽이거나 정배하거나 가산을 적몰하거나 옥에 가둘지니라"(스 7:11-26).

　이 조서를 받아든 에스라는 하나님을 송축하였다.

　"우리 열조의 하나님 여호와를 송축할지로다 그가 왕의 마음에 예루살렘 여호와의 전을 아름답게 할 뜻을 두시고 또 나로 왕과 그 모사들의 앞과 왕의 권세 있는 모든 방백의 앞에서 은혜를 얻게 하셨도다 나의 하나님 여호와의 손이 나의 위에 있으므로 내가 힘을 얻어 이스라엘 중에 두목을 모아 나와 함께 올라오게 하였노라"(스 7:27-28).

그는 유대인들이 3대 랍비(에스라, 힐렐, 가말리엘) 중의 한 사람으로 손꼽는 사람이다. 그는 대제사장 아론의 16대손으로서 하나님의 율법에 익숙한 학사겸 제사장이었다. 그는 대역사가로서 역대기상·하를 기록한 역사가였다.

그는 페르시아의 왕들로부터도 깊은 신뢰와 존경을 받던 인물이다.

그는 범사에 하나님의 뜻을 좇아 행하면서 항상 하나님의 도우심을 받으며 살았다. 그는 범사에 사람의 도움에 앞서 하나님의 선한 손의 도우심을 사모하는 사람이었다. 그는 두번째 포로귀환 때의 인솔자였다.

그는 이스라엘 귀환공동체의 지도자로서 초막절 성경통독사경회를 인도한 사람이었다. 그는 느헤미야와 함께 개혁운동의 지도자였다.

그는 하나님의 말씀을 온 세상 그 무엇보다 중히 여긴 사람이다.

그는 기도의 사람이었다. 그는 경건한 사람의 표본이었다.

그는 시편 119 편의 저자이기도 한다.

유대전승에 의하면 율법서 5경(창세기, 출애굽기, 레위기, 민수기, 신명기)이 예루살렘 멸망(BC 586) 당시에 상당 부분이 파손된 것을 에스라가 다시 필사본으로 정성을 기울여 완성시켰다고 기록하고 있다.

에스라는 왕실의 고문으로 있었던 것 같다. 다니엘이 세상을 언제쯤 떠났는지는 확실치 않으나 다니엘 후에 왕의 곁에서 정치와 종교에 관하여 왕에게 조언을 하여온 것으로 보인다. 아닥사스다 왕은 에스라의 가르침을 받아 하나님을 믿게 되었다. 그리고 참으로 믿을 만한 사람은 하나님을 믿는 사람이라는 사실을 알게 되자 그는 그의 술을 책임지는 관원으로 유대인 중에서 느헤미야를 두게 되었을 것으로 본다. 아닥사스다가 에스라에게 내린 조서를 보면 에스라에게 적어도 강 서편(유프라테스강의 서편)에 있는 모든 행정관과 재판관의 임명권을 부여하고 있는 것을 볼 수 있다.

아닥사스다 왕의 조서를 받아 쥔 에스라는 귀향할 희망자를 모집하였다. 제사장, 레위인, 성가대, 문지기 등 성전에서 일할 사람들을 모집했는데 약 1,500여명이 모집되었다. 그러나 거기에 레위인이 없는 것을 알고는 레위인과 느디님 사람을 더 불러모았다.

그리고는 안전한 여행을 위하여 페르시아 왕에게 호위병을 부탁해볼까 하는 생각도 해보았지만 전에 그가 왕에게 전도하기를 "하나님은 자기를 의지하는 진실한 사람을 보호하시는 분이라"고 말했던 것을 생각하니 사람의 도움을 받겠다고 부탁하는 것이 한편 부끄러운 일이라고 여기고는 차라리 하나님께 금식하면서 기도하였다. 장장 4개월이나 걸리는 길을 떠나면서 하나님께 간구하지 않을 수 없었던 것이다. 에스라는 당시 상당량의 은금을 가지고 출발하는 길이라 길에서 강도들을 만나면 낭패를 당할 수도 있는 위험한 길이었다. 그러나 하나님의 선한 손이 도와주셔서 아무런 장애 없이 예루살렘에 도착하였다. 에스라는 큰 감격에 사로잡혀 한동안 말을 못하고 눈물만 흘렸을 것이다.

에스라는 먼저 와 있었던 귀환공동체의 사정을 살펴보았다. 처음으로 귀환한 사람들의 명부를 작성하고 개혁에 착수하려고 하던 에스라는 큰 충격을 받고 또 한번 눈물을 흘리게 되었다. 그것은 스룹바벨과 함께 먼저 올라온 백성들이 가족들을 바벨론에 두고 남자들이 혼자 거하는 것이 좋지 못하였던지 이방여인들을 맞이하여 아내를 삼고 벌써 거기서 자녀들이 태어나기까지 한 것이다. 이를 알게 된 에스라는 자신의 옷을 찢고 머리털과 수염을 뜯으면서 통분의 눈물을 흘렸다.

또한 이 일에 백성의 두령들이 앞장을 섰다는 것을 듣고는 에스라가 하나님 앞에 통회하고 자복하는 기도를 드리고는 사실조사에 착수하되 10월 초하루에 시작하여 이듬해 정월 초하루에 조사를 완료하였다. 그 명단을 작성하고 명하여 이방여인과 헤어지게 하였다. 이러한 일을 할 때는 비장하고 단호한 결단이 없이는 어려운 것이다. 사람에게는 정(情)이라는 것이 있어서 헤어진다는 것은 참으로 쉬운 일이 아니었다.

아사헬의 아들 요나단과 디과의 아들 야스야가 일어나 이 일을 반대하였다. 그러나 에스라의 의지가 단호하였고 또한 하나님의 뜻을 헤아리고 협력하는 사람도 있었다. 엘람자손 중 여히엘의 아들 스가냐가 에스라의 마음을 십분 이해하고 적극적인 협력자로 나서고 하나님의 선하신 손의 도우심을 입어 이 일은 성공적으로 이루어졌다.

그러나 에스라의 업적 중에 가장 높이 평가되어야 할 일은 성경통독사경회를 시작하였다는 사실이다. 에스라 혼자서는 힘에 겨운 개혁운동이 느헤미야의 귀환과 협력으로 가속화되기 시작하여 철저한 개혁으로 접어들게 되었다. 그 시발점이 된 사건이 바로 수문 앞 광장에서 성경을 통독하고 그 뜻을 풀어주던 최초의 성경통독사경회였다. 성경을 읽어가다가 유대력으로 7월에는 초막을 짓고 초막절을 지키라는 명령이 있었다는 사실를 깨닫게 되었고, 그들은 큰 기쁨으로 이 명령을 순종하여 초막절 성경통독사경회를 개최하였는데 이러한 초막절은 모세 이후에 처음으로 지켜진 것이었다. 그리고 그 초막절도 단순히 초막을 짓고 캠핑만 하는 것이 아니라 매 일곱번째 초막절에는 율법을 낭독하여 전 국민이 하나님의 말씀를 통독하면서 배우라는 것을 명하셨다는 것을 깨닫게 되었다.

"모세가 이 율법을 써서 여호와의 언약궤를 메는 레위 자손 제사장들과 이스라엘 모든 장로에게 주고 그들에게 명하여 이르기를 매 칠년 끝 해 곧 정기 면제년의 초막절에 온 이스라엘이 네 하나님 여호와 앞 그 택하신 곳에 모일 때에 이 율법을 낭독하여 온 이스라엘로 듣게 할지니 곧 백성의 남녀와 유치와 네 성 안에 우거하는 타국인을 모으고 그들로 듣고 배우고 네 하나님 여호와를 경외하며 이 율법의 모든 말씀을 지켜 행하게 하고 또 너희가 요단을 건너가서 얻을 땅에 거할 동안에 이 말씀을 알지 못하는 그들의 자녀로 듣고 네 하나님 여호와 경외하기를 배우게 할지니라"(신 31:9-13).

오늘날도 이러한 정신은 계승되어야 할 줄로 믿는다.
과거의 이스라엘뿐만 아니라 오늘의 기독교 선진국의 교회들이 하나님을 등지고 문을 닫게 되는 현상도 다름이 아니라 바로 성경을 통독하지 않기 때문이라고 확신한다. 참된 개혁은 성경을 바르게 통독하고 그 가운데 기록된 대로 믿어 순종하고 그 말씀을 생활로 실천하는 것이어야 한다.

흔들리지 않는 지도자
느헤미야

느헤미야는 그 이름이 '여호와의 위로'라는 뜻이다. 이름의 마지막 글자가 '야'로 되어 있는 것은 여호와 하나님을 경외하는 유다 전통의 경건한 부모 밑에서 태어나고 자라난 것을 증거한다.

느헤미야는 페르시아에 있으면서도 마음은 예루살렘에 있었던 것이 분명한다. 벌써 두차례에 걸쳐서 유대인들이 귀환 길에 올랐다. 처음에는 스룹바벨이 인도하여 약 5만명의 유대인들이 고국 땅 예루살렘으로 돌아갔다. 그리고 그 후에 에스라의 인솔하에 1,754명의 유대인들이 고국으로 돌아갔다. 그런데 간간이 들려오는 고국의 소식은 귀환공동체가 외우내환(外虞內患)으로 심한 곤경에 시달리고 있다는 소식이었다. 페르시아의 왕의 술 맡은 관원장인 느헤미야의 심령은 편안하지 않았다. 그때 예루살렘에서 사람이 왔다. 때는 아닥사스다 왕 제 20년이었다. 이때 느헤미야는 도성 수산에 있었다. 이 소식을 가지고 느헤미야를 찾아온 사람은 하나니라는 사람인데 확실치는 않으나 느헤미야의 동생으로 보인다(느1:2, 7:2).

"나의 한 형제 중 하나니가 두어 사람과 함께 유다에서 이르렀기로 내가 그 사로잡힘을 면하고 남아있는 유다 사람과 예루살렘 형편을 물은즉 저희가 내게 이르되 사로잡힘을 면하고 남은 자가 그 도에서 큰 환난을 만나고 능욕을 받으며 예루살렘성은 훼파되고 성문들은 소화되었다 하는지라"(느 1:2-3).

느헤미야는 이 말을 듣고 앉아서 울고 수일 동안 슬퍼하며 하늘의 하나님 앞에 금식하며 기도하기를,

"하늘의 하나님 여호와 크고 두려우신 하나님이여 주를 사랑하고 주의 계명을 지키는 자에게 언약을 지키시며 긍휼을 베푸시는 주여 간구하나이다
 이제 종이 주의 종 이스라엘 자손을 위하여 주야로 기도하오며 이스라엘 자손의 주 앞에 범죄함을 자복하오니 주는 귀를 기울이시며 눈을 여시사 종의 기도를 들으시옵소서
 나와 나의 아비 집이 범죄하여 주를 향하여 심히 악을 행하여 주의 종 모세에게 주께서 명하신 계명과 율례와 규례를 지키지 아니하였나이다
 옛적에 주께서 주의 종 모세에게 명하여 가라사대 만일 너희가 범죄하면 내가 너희를 열국 중에 흩을 것이요 만일 내게로 돌아와서 내 계명을 지켜 행하면 너희 쫓긴 자가 하늘 끝에 있을지라도 내가 거기서부터 모아 내 이름을 두려고 택한 곳에 돌아오게 하리라 하신 말씀을 이제 청컨대 기억하옵소서
 이들은 주께서 일찍 큰 권능과 강한 손으로 구속하신 주의 종이요 주의 백성이니이다
 주여 구하오니 귀를 기울이사 종의 기도와 주의 이름을 경외하기를 기뻐하는 종들의 기도를 들으시고 오늘날 종으로 형통하여 이 사람 앞에서 은혜를 입게 하옵소서"(느 1:4-11).

보통 사람이라면 남이야 고생을 하든 말든 자기 몸이 편하면 안일함 속에 안주하면서 먼데 일에는 무관심 할 수도 있다. 그러나 느헤미야는 자기의 육신이 편할수록 고생하는 고국의 동포들과 능욕을 당하고 있는 예루살렘성을 향하여 애를 태웠던 사람이다. 느헤미야는 신구약을 망라하여 최고의 애국자라 할 수 있는 사람이다. 그는 자신의 안일함에 안주하지 않고 목숨을 걸고 왕에게 청원한 사람이다.
 느헤미야가 고국으로 돌아가려고 한 것은 이번이 처음 같지가 않다. 여러 차례 돌아가려고 했으나 아닥사스다 왕이 놓아주지 않았던 것 같다. 왕

의 술을 맡은 것은 왕의 생명이 걸려 있는 일이었다. 자기 일가 친척이라도 믿기 어려운 것이 권력의 세계이다. 왕은 느헤미야의 진실과 성실을 믿어 알고 있었다. 이때는 왕도 나이가 많아졌다. 그리고 느헤미야의 청을 들어주는 것이 도리라고 생각했던 것 같다. 이렇게 윤허를 얻기 위하여 느헤미야가 금식하면서 기도한 것을 알 수 있다.

유대인들의 탈무드에서는 에스라서와 느헤미야서가 한권으로 되어 있었던 것이라고 증거하고 있다. 그들의 견해는 에스라가 기록하기를 시작한 것을 느헤미야가 마쳤다고 기록하고 있다. 그렇다고 하더라도 지금의 느헤미야서는 느헤미야의 저작이다(느 1:1).

느헤미야는 페르시아 왕 아닥사스다 1세 롱기마누스(BC 464-424)의 술 맡은 관원이었다. 그는 왕으로부터 두터운 신임을 받고 있었다.

그는 영적으로 아주 성숙하고 신중한 사람이다. 그의 책에는 쉬지 않고 기도하면서 일하고 있는 모습이 보이다. 13장까지 있는 이 책에 13번의 기도가 기록되어 있다. 그는 무시로 기도하는 사람이다. 때로는 금식하면서 기도한다. 때로는 왕의 앞에서 말에 실수가 없기 위하여 입을 열기 전에 잠깐 묵도를 드리고 입을 떼는 사람이었다.

그는 하나님 앞에서 신실하고 사람에게도 신뢰받는 사람이었다. 왕들이 자기의 술이나 음식을 맡길 수 있을 때는 온전히 신임하였다는 것을 웅변적으로 증거하는 것이다.

그는 일을 두고는 쉬지 못하는 사람이었다. 그리고 시작한 일은 끝을 보고야 마는 사람이었다. 그는 하나님의 뜻이라고 확신한 일에는 아무리 방해를 하고 난관에 부딪쳐도 끝까지 밀고 나가는 추진력을 가진 사람이었다. 느헤미야는 실로 심지가 견고한 사람이다.

미국의 청교도들이 황무지를 개척할 때 바로 이 느헤미야서를 항상 읽으면서 개척을 했다고 한다.

그는 검소한 공직자의 표본이 되는 사람이다. 그는 12년 동안 총독의 녹을 요구하지 않았다.

당시에 귀환공동체 내부에 또 어려움이 생겼다. 가진 사람들이 어려운 사람들에게 고리로 대금하여 그 이자를 챙기거나 아니면 종을 삼거나 하는 일이 발생하자 성벽을 수축하던 백성들 사이에 불평과 불만이 가득하게 된 것이다. 이에 느헤미야는 백성의 두령들과 민장들과 가진 자들을 불러 모으고 호되게 책망하였으며 자신의 생활 태도를 밝히면서 형제를 괴롭게 하지 않고 어려운 사람들을 동정할 것을 하나님 앞에서 맹세하게 했다.

느헤미야가 회중 앞에서 이르기를,

"내가 유다 땅 총독으로 세움을 받을 때 곧 아닥사스다 왕 이십년부터 삼십이년까지 십이년 동안은 나와 내 형제가 총독의 녹을 먹지 아니하였느니라 이전 총독들은 백성에게 토색하여 양식과 포도주와 또 은 사십세겔을 취하였고 그 종자들도 백성을 압제하였으나 나는 하나님을 경외하므로 이같이 행치 아니하고 도리어 이 성 역사에 힘을 다하며 땅을 사지 아니하였고 나의 모든 종자도 모여서 역사를 하였으며 또 내 상에는 유다 사람들과 민장들 일백오십인이 있고 그 외에도 우리 사면 이방인 중에서 우리에게 나아온 자들이 있었는데 매일 나를 위하여 소 하나와 살진 양 여섯을 준비하며 닭도 많이 준비하고 열흘에 한번씩은 각종 포도주를 갖추었나니 비록 이같이 하였을지라도 내가 총독의 녹을 요구하지 아니하였음은 백성의 부역이 중함이니라

내 하나님이여 내가 이 백성을 위하여 행한 모든 일을 생각하시고 내게 은혜를 베푸시옵소서"(느 5:14, 5:19).

그는 일을 두고는 쉬지 못하는 사람이었다. 산발랏과 도비야가 집요하게 훼방했지만 거기에 굴하지 않고 줄기차게 백성을 독려하면서 솔선수범하여 마침내 성벽을 다 수축하고 성문을 달고 빗장을 질렀다.

그는 허물어진 예루살렘 성벽을 중수한 애국자이다.

그는 시비를 분명히 해두는 사람이었다. 그는 공과 사를 구별할 줄 아는 사람이었다. 그리고 멸공봉사(滅私奉公)의 자세로 일했다.

그는 위대한 개혁자였다. 그는 불굴의 신념과 투지를 가지고 난관을 극

복하는 인물이었다.
 그는 에스라와 함께 초막절 성경통독사경회 준비위원이었다. 그는 하나님 앞과 사람 앞에서 거리낌이나 부끄러움이 없이 살려고 노력한 사람이다. 그는 모든 그리스도인의 모범이요 표상이 되는 인물이다.

소년 선지자
스가랴

성경에는 스가랴라는 이름을 가진 사람이 약 30명이 넘을 정도로 동명이인인 경우가 많다. 그 이름은 '여호와께서 기억하셨다'는 뜻인데 여호와 하나님은 기억하시는 것은 그야말로 틀림이 없으신 분이시다.

여기서 소개하려는 스가랴는 구약성경의 끝에서 두번째 책을 기록한 사람이다. 그는 잇도의 손자요 베레갸의 아들로 전해진다(슥 1:1-7, 5:1, 6:14).

그는 나이가 어린 선지자였을 것으로 본다. 학개 선지자와 같은 시대를 살았으나 나이는 많이 차이가 났던 것으로 보인다.

스가랴에게 하나님의 말씀이 임한 것은 다리오 왕 2년 8월이었다. 학개 선지자에게 말씀이 임한 것은 동년 6월이었으니까 불과 2개월 간격을 두고 스가랴에게 말씀이 임한 것이다.

스가랴에게 임한 하나님의 말씀은, "너희는 너희 열조를 본받지 말라"는 말씀으로 시작되고 있다(슥 1:4).

좋은 것은 본받아야 할 것이나 잘못된 것은 두번 다시 되풀이하지 않아야 하겠다. 역사적 교훈은 그래서 값이 비싼 것이다.

돌이켜보면 하나님의 말씀하신 것이 다 이루어진 것이었다. 이스라엘 역사 가운데 이루어진 사건들은 좋은 일이건 궂은 일이건 다 신명기에 기록된 대로 거의 문자적으로 이루어졌던 것이다. 또 선지자들이 한 말씀이 거의 문자적으로 이루어진 것을 알 수 있다.

하나님께서 그에게는 천사를 통하여 여러 가지 이상을 보여주시면서 매우 친절하게 가르쳐주었다. 나이가 어린 탓으로 성경을 깊이 알지도 못했을 것이며 역사를 넓게 이해하기도 어려웠을 것이다. 마치 어린아이를 다루듯이 하나님께서는 소년 선지자에게 시청각 교육을 하시듯 여러 차례 이상을 보여주시면서 깨닫게 하시고 있다. 스가랴는 이상을 보고도 깨닫지 못하는 것이 많았다. 스가랴 선지자가 보고도 알지 못하는 사실에 대하여 천사는 귀찮게 여기지 않고 친절히 설명을 해주고 있다(슥 1:9, 4:5, 4:13).

스가랴는 전후 8차례에 걸쳐서 이상(환상)을 보았다.

1. 말을 탄 자들을 보았다.

그들은 땅에 두루 다니면서 되어지는 일들을 하나님께 보고하고 복명하는 천사들이었다.

땅에 사는 사람의 일을 하나님께서 모르고 있는 줄로 생각하는 사람들이 많다. 그러나 땅에서 일어나는 모든 일들을 천사들이 두루 다니면서 살피고 일일이 다 보고하고 복명하는 것을 보여 주신 것이다. 예수님께서도 삼가 어린아이 하나에게라도 함부로 하지 말아야 할 것을 말씀하실 때 그 어린아이의 천사가 날마다 하나님의 얼굴을 뵈옵는다고 하셨다. "삼가 이 소자 중에 하나도 업신여기지 말라 너희에게 말하노니 저희 천사들이 하늘에서 하늘에 계신 내 아버지의 얼굴을 항상 뵈옵느니라"(마 18:10).

2. 네 뿔과 네 공장(工匠, 匠人)의 이상을 보았다.

네 뿔들은 세상의 권세들이요 네 공장은 그 권세를 파쇄할 네 천사들이었다. 세상의 권세가 아무리 강해보여도 하나님께서 쓰실 만큼 쓰시고 나면 하나님께서 파괴의 천사를 보내시어 그 권세의 뿔들을 파쇄하시는 것이다. 우리가 알 것은 우리 주 예수님께서는 하늘에서는 하나님 우편에 앉아 계시지만 땅의 임금들의 머리가 되신다는 것이다.

"요한은 아시아에 있는 일곱 교회에 편지하노니 이제도 계시고 전에도 계시고 장차 오실 이와 그 보좌 앞에 일곱 영과 또 충성된 증인으로 죽은 자들 가운데서 먼저 나시고 땅의 임금들의 머리가 되신 예수 그리스도로 말미암아 은혜와 평강이 너희에게 있기를 원하노라 우리를 사랑하사 그의 피로 우리 죄에서 우리를 해방하시고 그 아버지 하나님을 위하여 우리를 나라와 제사장으로 삼으신 그에게 영광과 능력이 세세토록 있기를 원하노라 아멘"(계 1:4-6).

3. 척량줄을 잡은 자의 이상을 보았다.

이 이상은 예루살렘이 중건되고 회복될 것을 보여주신 것이다. 사람들은 예루살렘의 처량한 모습을 보고 때때로 낙심이 되었다. 그들이 바벨론의 화려한 도시에 살다가 황무한 성읍에 와서 처량한 폐허를 보면서 '과연 예루살렘이 옛날의 영광을 회복 할 수 있을 것인가?' 하고 의심을 했을 것이다. 그러나 하나님의 약속은 확실하다는 것을 보여 주시는 것이었다.

4. 대제사장 여호수아가 하나님의 면전에 소환되고 사탄이 참소하는 이상을 보았다.

이 이상은 여호수아의 허물을 하나님께서 알고 계실 뿐만 아니라 용서하신다는 사실을 보여준다. 사탄은 언제나 사람의 죄와 허물을 파서 헤치고 그 허물을 가지고 떠벌이고 다니기도 하고 참소하곤 한다. 그러나 우리 하나님은 그러한 허물로 인하여 겸손하여진 지도자 여호수아를 용서하시고 이후로 주의 계명을 지켜나가면 하나님의 제사장 직무를 계속하게 될 것이라는 보장을 하여주신 것이다.

5. 등대와 두 감람나무에 관한 이상을 보여준다.

등대와 감람나무는 밀접한 관계를 가지고 있다. 감람나무에서 계속 기름이 나오면 등대 위의 등잔에는 기름이 계속적으로 공급될 것이며 따라서 어둠을 밝히는 등대는 그 구실을 계속할 것을 보여준다. 온 세상의 주 앞에 모셔 서 있는 지도자가 때로는 사람의 눈에 시원찮아 보여도 하나님의 신이 함께 하시면 이루지 못할 일이 없다는 보장의 말씀을 하고 계시는 것이다.
 당시에 사람들은 스룹바벨 총독이 실력이 없고 능력이 없어서 성전이 건축되지 못한다고 수군거리고 있었다. 그러나 실상은 무관심한 사람들, 비협조적이고 부정적이며 지도자의 험담이나 하는 그런 사람들 때문에 하나님의 일이 지연되는 것이다.

 "그가 내게 일러 가로되 여호와께서 스룹바벨에게 하신 말씀이 이러하니라 만군의 여호와께서 말씀하시되 이는 힘으로 되지 아니하며 능으로 되지 아니하고 오직 나의 신으로 되느니라 큰 산아 네가 무엇이냐 네가 스룹바벨 앞에서 평지가 되리라 그가 머릿돌을 내어놓을 때에 무리가 외치기를 은총, 은총이 그에게 있을지어다 하리라 하셨고 여호와의 말씀이 또 내게 임하여 가라사대 스룹바벨의 손이 이 전의 지대를 놓았은즉 그 손이 또한 그것을 마치리라 하셨나니 만군의 여호와께서 나를 너희에게 보내신 줄을 네가 알리라 하셨느니라
 작은 일의 날이라고 멸시하는 자가 누구냐 이 일곱은 온 세상에 두루 행하는 여호와의 눈이라 다림줄이 스룹바벨의 손에 있음을 보고 기뻐하리라"(슥 4:6-10).

6. 날아가는 두루마리의 이상을 보았다.

 저주의 두루마리가 날아다니고 있다. 그 행위대로 저주를 받게 될 것이니 조심하라는 뜻이다. 하나님의 저주는 율법을 선포하시는 날부터 항상 하늘에 두루 날아다니고 있다. 이스라엘 백성이 가나안 땅에 들어왔을 때 그리심산에서는 축복을, 에발산에서는 저주를 스스로 선포한 후에 역사를 시작하였다. 이제는 복 받을 일을 하면 복이 임하고, 저주받을 짓을 하면 그대로 저주가 임하게 되어 있는 것이다.

7. 에바 속에 있는 여인에 대한 이상을 보았다.

 이 이상은 다소 난해한 면이 있다. 그러나 모든 악이 바벨론에서 시작되어 예루살렘까지 오염되었던 것이다. 이를 다시 에바 가운데 담아서 납으로 그 아구를 막아서 바벨론으로 돌려보내는 것을 보여주신 듯하다.

8. 네가지 말을 탄 자들의 이상을 보았다.

이 말탄 자들은 하나님의 섭리의 영들이다. 하나님께서 역사를 주관하시되 그 집행은 언제나 천사들을 통해서 하시는 것이다. 그리고 마침내는 사람을 통하여 성취하시는 것이다.

9. 스가랴는 메시야의 겸손하신 모습을 보았다.

말을 타신 것이 아니라 겸손하셔서 당나귀를 타고 시온에 임하시는 모습을 보았다. 그리고 왕이란 무슨 휘황찬란한 옷을 입고 백마를 타고 거들먹거려야 왕이 아니라 오직 공의를 행하며 구원을 베풀며 그리고도 겸손한 자세를 가지고 임하는 것이 참된 왕의 자세임을 보여주신 것이다(슥 9:9-10). 그리고 이러한 왕이 에브라임과 예루살렘의 무기를 제하여버리고 화평을 이루는 왕으로서 그의 정권이 바다에서 바다까지 이르고 유프라데스 강가에서 땅끝까지 이르게 될 것을 보여주신 것이다.

이스라엘은 그 예수님을 맞이하기 위하여 지금의 대제사장 여호수아(예수)와 총독 스룹바벨을 믿고 따르는 훈련을 해야만 했다. 지도자가 약간 부족하여도 그를 받들어 보좌하는 참모들이 훌륭하면 오히려 강력한 지도자가 독재하는 것보다 나은 것이다. 요아스 임금이 나이 어렸지만 제사장 여호야다가 있었기에 나라는 반석 위에 서 있었다.

스가랴는 재림하실 메시야의 모습도 보았다.

열국은 그 앞에서 심판을 받을 것이고 이스라엘은 회복되어 영광을 누릴 것이 예언되어 있다.

온 세상의 심판이 있은 후에 남은 이방인들은 예루살렘으로 초막절을 지키러 올라오게 되는 날이 온다고 예언한 것이다. 그 날에는 말방울에까지 "여호와께 성결"이라고 기록될 것이다.

다른 성경도 순수하게 기록되었지만 특별히 스가랴서는 심오한 영적인 세계를 꾸밈없이 단순하게 본 대로, 들은 대로 기록하고 있다. 얼른 보기에는 어려운 것 같으나 자세히 보면 유치하도록 쉬운 것이 특징이다.

마지막 선지자
말라기

말라기는 사람의 이름인지 아닌지도 확실치는 않다. 그 뜻은 '나의 사자'라는 뜻인데 이 말이 사람의 이름일 수도 있고 아닐 수도 있다. 누군가가 이 책을 쓴 것은 사실이나 저자의 신상에 대하여 아무런 정보가 없다. 만약 이름이었다고 하면 그는 자기 이름이 바로 이 책의 주제요, 예언이 된다고 할 수 있다.

구약의 많은 사람들이 그렇듯이 자기의 이름이 사역과 성품과도 관계가 있는 사람이 많았음을 기억할 때 바로 말라기가 그의 이름이면서 3장 1절의 "내가 내 사자를 보내겠다" 하신 하나님의 말씀을 전하기 위한 하나님의 종으로 이름까지 처음부터 하나님의 뜻에 따라 지어진 것으로 볼 수 있을 것이다.

신구약 성경 중에서 말라기는 바르게 읽혀지지 않는 책들 중의 한 권이다.

많은 사람들이 말라기에서 3장 10절만을 기억한다.

십일조를 하면 복을 받는다는 것이 마치 이 책의 주제인 줄로 착각을 하고 잘못 가르치는 사람들이 많이 있다.

그러나 이 책의 내용은 전혀 그런 뜻이 아니다. 그렇다고 십일조를 하지 않아도 된다든지, 아니면 하지 말라는 뜻이 아니라 다만 십일조 문제가 이 책의 근본적인 주제가 아니라는 뜻이다.

아브라함을 불러서 시작된 선민교육이 어언간에 약 1,500여년이 지나갔다. 그런데도 이스라엘 백성들과 하나님 사이는 바른 관계가 이루어지지 않고 있다. 에스라, 느헤미야 시대에는 그 훌륭한 지도자들 밑에서 그런대로 기대감을 가지고 신앙생활을 해왔다
　그러나 학개도 하늘나라로 가고 에스라, 느헤미야, 대제사장 여호수아, 스룹바벨이 세상을 떠나고 귀환공동체의 지도자들이 하나 둘씩 하늘나라로 가고 그 후세대는 다시 신앙생활이 해이(解弛)해지기 시작했다.
　모든 종교의식은 형식에 지나지 않았다.
　그것마저도 나중에는 귀찮게 여기게 되었다.
　모양은 있었으나 정성은 없었다.
　입술로는 찬양한다 하면서도 마음은 하나님으로부터 멀어져 갔다.
　이런 때에 하나님의 사자가 나타나 이스라엘 백성에게 경고의 말씀을 전한 것이다.
　하나님께서는 마치 길들이기 어려운 아내와 마주앉아 대화하듯이 말씀하시고 있다.
　그러나 이 고약한 아내는 한마디도 지지 않고 꼬박꼬박 말대꾸를 하고 있다.

　하나님께서 말씀하시기를,
　"내가 너희를 사랑하였노라" 하셨다.
　그러나 그들은 반문하기를,
　"주께서 어떻게 우리를 사랑하셨나이까" 하고 반문하였다.

　가령 어떤 남편이 아내와의 관계가 너무 어려워 이혼을 하든지 아니면 잠시 동안 별거를 하든지 무슨 수가 나야지 도무지 이래 가지고는 살아갈 수가 없다고 생각했다. 그래서 그 여인과 함께 자리를 하고 마주 앉아서 어색한 침묵을 깨뜨리고 하는 말이, "여보! 내가 당신을 사랑한 것만큼은 사실이오!" 하고 말하게 되었다.

이때 여자가 "그래요!? 도대체 어떻게 사랑했는데요!?" 하고 반문한 것이다.
이러한 때 남자는 무슨말로 대답을 할 수 있을는지 모르게 될 것이다.
세상에 이 질문보다 더 어려운 질문은 없을 것 같다. 하나님께서 어떻게 이스라엘을 사랑하셨는지를 설명할 수가 없었던 것 같다. 하나님께서는 이 질문에 대한 답을 준비하시는 데 400년이나 걸린 것 같다.
예수님께서 이 땅에 오신 것은 바로 하나님이 우리를 어떻게 얼마나 사랑하셨는지를 구체적으로 보여주시기 위하여 오신 것이다. 우리는 이 사실을 나중에 요한복음에서 찾을 수 있게 될 것이다. 그리고 요한 1서에서 확인하게 될 것이다.

하나님께서 말씀하시기를 "아들은 아비를 좋은 주인을 공경하는 법인데 너희가 나를 공경함이 어디 있느냐"고 물으셨다.
그러나 그들은 "우리가 어떻게 주를 멸시하였나이까?" 하였다.
하나님께서 말씀하시기를 "너희가 더러운 떡을 내게 드리지 않았느냐" 하고 말씀하셨다.
그러나 그들은 "우리가 어떻게 주를 더럽게 하였나이까?" 하였다.
하나님께서 말씀하시기를 "너희가 말로 여호와를 괴로우시게 하였느니라" 하셨다.
그러나 그들은 이르기를 "우리가 어떻게 주를 괴롭게 하였나?!" 하고 말대꾸를 했다.

하나님께서 말씀하시기를 '너희는 내게로 돌아오라" 하였다.
그러나 그들은 이르기를 "우리가 어떻게 하여야 돌아가리이까?" 하였다.
하나님께서 말씀하시기를 '너희가 나의 것을 도적질하였느니라" 하였다.
그러나 그들은 하나님의 것을 도적질하고도 이르기를, "우리가 어떻게 주의 것을 도적질하였나이까?" 하고 반문하였다.

하나님께서 말씀하시기를 "너희가 완악한 말로 나를 대적하였느니라" 하셨다.

그러나 그들은 하나님을 대적하고도 이르기를, "우리가 무슨 말로 주를 대적하였나이까?" 하였다.

우리가 말라서에 기록된 이 황송한 대화를 바로 볼 수 있어야 하나님의 마음을 읽을 수가 있다. 잘못을 저지르고 잘못을 깨달을 수 있는 사람들이면 회개의 여지가 있는 것이다.

그러나 잘못을 지적해주어도 시인하려고 들지도 않을 정도가 되었다면 거기에는 희망이 없다.

그런 사람이라면 전능하신 하나님이라도 어찌할 수가 없다.

1,500년을 하루같이 은혜와 사랑을 베풀며 참아온 하나님께서도 이제는 더 하실 말씀이 없었다. 온갖 은혜를 받으면서 살아온 이스라엘 백성이 말하기를 "주께서 어떻게 우리를 사랑하셨나이까?" 하고 반문했을 때 하나님의 마음은…

모르긴 해도 십자가에서 손발에 쇠못이 박히는 아픔보다 더 큰 아픔이었을 것이다.

아무도 하나님이 자기들을 사랑하셨다는 것을 깨닫지 못한 것이다.

믿음이란 하나님이 한분인 줄 아는 것이 아니다.

그런 믿음은 귀신들도 믿고 떨고 있다.

예수께서 그리스도인 것을 믿는 정도는 귀신들이 맨 먼저 알았다.

하나님이 전능하신 것을 믿는 정도는 마귀도 다 믿는 것이다.

하나님이 창조하신 것을 믿는 것은 마호멧 교도들도 믿고 있는 것이다.

하나님이 공의로우신 것을 믿는 것은 악령들이 더 잘 안다.

우리의 믿음은 하나님의 사랑을 믿고,
하나님을 사랑하는 믿음이어야 한다.

마음을 다하고 성품을 다하고 힘을 다하고 뜻을 다하고 목숨을 다하여 하나님을 사랑하는 사람이라야 한다. 계명을 가지고 지키는 자라야 주님을 사랑하는 것이다. 할례도 무할례도, 세례도 침례도, 방언도 지식도, 산을 옮길 만한 믿음이 있을지라도 사랑이 없다면 아무 것도 아닌 것이다.

예수님께서 이 세상에 오셔서 보여주신 것이 바로 하나님의 사랑이다.
하나님은 사랑이시라는 것을 보여주신 것이다.
그러나 아무도 그것을 깨닫지 못했다.
12제자들도 알지 못했다. 십자가와 부활 이후에도 하나님의 사랑을 바르게 본 제자들은 없었다.
하나님의 사랑을 깨닫게 된 것은 사도 요한이 쓴 요한복음에 나타나고 있다.
요한은 예수님의 말씀이나 기적도 중요하지만 하나님의 사랑보다 더 중요한 것은 없다고 생각한 것이다. 말씀이나 기적이 무엇을 뜻하는지를 모르면 그것은 의미 없는 구경거리일 뿐이다. 우리는 주님의 말씀 안에 있는 하나님의 사랑과 주님의 기적 속에 있는 하나님의 사랑을 알아야 바로 안 것이다.

"하나님이 세상을 이처럼 사랑하사 독생자를 주셨으니 이는 저를 믿는 자 마다 멸망치 않고 영생을 얻게 하려 하심이라"(요 3:16).
"사람이 친구를 위하여 목숨을 버리면 이에서 더 큰 사랑이 없느니라"(요 15:13).
"그리고 내 계명은 내가 너희를 사랑한 것같이 너희도 서로 사랑하는 것이니라"(요 15:12).
"새 계명을 너희에게 주노니 서로 사랑하라 내가 너희를 사랑한것 같이 서로 사랑하라 너희가 서로 사랑하면 이로써 모든 사람이 너희가 내 제자인줄 알리라"(요 13:34-35).
"너희가 나를 사랑하면 내 계명을 지키리라"(요14:15).
"아버지께서 나를 사랑하신 것같이 나도 너희를 사랑하였으니 나의 사랑 안에 거하라"(요 15:9).

"내가 아버지의 계명을 지켜 그의 사랑 안에 거하는 것같이 너희도 내 계명을 지키면 내 사랑 안에 거하리라"(요 15:10).

"내가 이것을 너희에게 명함은 너희로 서로 사랑하게 하려 함이로라"(요 15:17).

"사람이 나를 사랑하면 내 말을 지키리니 내 아버지께서 저를 사랑하실 것이요 우리가 저에게 와서 거처를 저와 함께 하리라"(요 14:23).

"예수께서 세상에 있는 자기 사람들을 사랑하시되 끝까지 사랑하시니라"(요 13:1).

요한은 모든 것을 하나님의 사랑 안에서 보고 있는 것이다.

창조, 보존, 구속, 천국, 영생, 교제, 교회, 믿음, 소망, 봉사, 희생, 은사, 능력, 말씀, 계명, 율법, 성경, 만물, 시간, 공간, 이 모든 것을 볼 때 하나님의 사랑 안에서 보면 너무나도 쉽고 은혜롭고 또 바르게 보인다.

사랑이란 무엇인가?

1. 관심이다.

따뜻한 관심, 깊은 관심이다. 사랑은 끊임없이 계속되는 관심이다. 사랑하면 계속해서 관심을 가지게 된다. 사랑이 없으면 무관심하다. 하나님께서는 우리를 향하여 깊은 관심을 기울이고 계신다. 암탉이 날개 아래 자기 새끼를 모으려 함같이 우리를 품으려 하시는 것을 알 수 있다. 우리의 크고 작은 일에 지대한 관심을 기울이시고 계신 것이다. 사랑은 바로 관심을 기울이는 것이다. 우리가 사랑하면 끊임없이 관심이 기울어지는 것이다. 하나님께서는 우리의 머리카락을 다 헤아리시고 계실 정도로 깊은 관심과 세밀한신 관심을 가지고 계신다.

2. 이해하는 것이다.

이해는 이치에 맞게 풀어나가는 것이다. 사람마다 개성이 다르기 때문에 사람과 사람 사이에는 이해가 필요하다. 이해하기 위하여서는 대화가 필요한다. 대화는 서로 이야기하는 것이다. 대화에 앞서 대청(對聽)이 있어야한다. 서로 말하는 것이 중요한 것이지만 서로 듣는 것이 중요하다. 대화는 혼자 하는 것이 아니라 마주하는 것이다. 상대방의 음성만 듣는 것이 아니라 서로의 마음을 들어야 한다.

대화는 Dialogue이다. $\delta\iota\alpha$ +$\lambda o\gamma o\varsigma$ 이다. 함께 이야기하는 것이다. 우리나라 사람들은 대화를 잘 못하는 편이다. 하나님께서 우리와 대화하고 싶어하신다는 것을 알아야 한다. 하나님께서는 성경 말씀으로 말씀하시고 계신다. 우리는 기도와 찬양과 우리의 삶으로 응답하는 것이다. 주님은 우리의 입장을 이해하시기 위하여 인간의 몸을 입고 이 세상에 오신 것이다.

대통령이 안전모를 쓰고 탄광의 막장에까지 친히 들어가보는 것과 같이, 혹은 밀짚모자를 쓰고 모를 심어보거나 벼를 베보는 것은 그들의 자리에 서보는 것이다. 그것은 그 자리에 서봄으로써 이해하려고 하는 것이다. 다른 사람을 사랑한다는 것은 다른 사람의 입장을 이해하는 데서 출발하는 것이다. 만약 우리가 하나님을 사랑하려면 먼저 하나님의 말씀을 깊이 관심을 기울여 듣고 이해를 해야 한다. 하나님께서는 말씀하시기를 "오라 우리가 서로 이야기 해 보자"(서로 변론하자) 하고 말씀하시고 계신다.

3. 책임이다.

사랑한다는 것은 책임을 지려고 하는 것이다. 사랑이 없으면 무책임한 것이다. 사랑은 신탁이요, 신탁에 대한 책임이 사랑이다. 하나님께서는 우리의 모든 문제를 책임지려고 하시는 것을 알 수 있다. 분명히 죄는 우리가 범했는데 하나님께서는 우리의 문제를 책임지시려고 하시는 것이다. 그러나 바리새인들과 사두개인, 율법학자, 대제사장 등이 사랑이 없다는 것을 발견하게 된다. 우리의 먹을 것, 입을 것, 마실 것, 필요한 모든 것과 우리의 죄와 허물과 영원한 미래까지 전적으로 책임을 지려 하시는 것이다.

"때에 예수를 판 유다가 그의 정죄됨을 보고 스스로 뉘우쳐 은 삼십을 대제사장들과 장로들에게 도로 갖다주며 가로되 내가 무죄한 피를 팔고 죄를 범하였도다 하니 저희가 가로되 그것이 우리에게 무슨 상관이 있느냐 네가 당하라 하거늘"(마 27:3-4).

그들은 이용할 때는 돈을 주면서 이용하였지만 곤경에 처하여 고민하는 가룟 유다에게 "그것이 우리에게 무슨 상관이 있느냐 네가 당하라" 하고 무책임하게 외면해버렸다. 가룟 유다도 책임을 느끼는데 바리새인들, 서기관들, 제사장들이 무책임한 자세로 나오고 있다. 이는 바로 그들에게 사랑이 없다는 증거이다.

본디오 빌라도 역시 마찬가지였다. 자기가 십자가에 못박도록 재판을 해 놓고는 손을 씻고 발을 빼기에 급급한 것을 보게 된다. "빌라도가 아무 효험도 없이 도리어 민란이 나려는 것을 보고 물을 가져다가 무리 앞에서 손을 씻으며 가로되 이 사람의 피에 대하여 나는 무죄하니 너희가 당하라" (마 27:24).

예수님께서는 우리 모든 사람들의 죄를 짊어지시고 십자가 앞으로 가고 계시는데 인간들은 하나같이 말하기를 "나는 상관 없으니 네가 당하라" 하고 발뺌을 하고 있었다. 그러나 우리를 사랑하시는 우리 주 예수님께서는 십자가에 달려서도 죄인들을 위하여 용서를 기도하셨던 것이다. 우리가 주님을 믿는 것도 주님께서는 끝까지 책임을 지시는 분이심을 믿는 것이다. 주님은 자신이 죽는 한이 있어도 끝까지 책임을 지시는 분이시기 때문에 우리가 또한 믿는 것이다.

"내가 저희와 함께 있을 때에 내게 주신 아버지의 이름으로 저희를 보전하와 지키었나이다 그 중에 하나도 멸망치 않고 오직 멸망의 자식뿐이오니 이는 성경을 응하게 함이니이다"(요 17:12).

4. 존중히 여기는 것이다.
사랑한다는 것은 대상을 한없이 귀중하게, 소중하게 여기는 마음이다.

하나님께서 우리를 얼마나 소중하게 여기시는가를 알려고 하면 하나님께서 우리를 위하여 어떤 희생을 치루셨는지를 보면 알 수 있다. 그리스도께서 우리를 얼마나 소중하게 여기시는지를 알고자 하면 그리스도께서 어떤 고난을 치루셨는지를 보면 알 수 있을 것이다. "땅에 있는 성도는 존귀한 자니 나의 모든 즐거움이 저희에게 있도다"(시 16:3).

이 넓고 큰 우주 안에서 하나님께서 계획하신 모든 일들 중에 땅에 있는 성도들 보다 더 소중한 것은 아무 것도 없다. 하나님께서 어떤 천사들의 죄를 속량하시기 위하여 독생자를 주셨다는 기사를 읽어본 적이 없다. 천사들은 한번 타락하자마자 그대로 마귀가 되었다. 타락한 천사들 중 누구에게도 하나님께서 "돌아오라 마귀들아!"하고 애타게 부르는 소리를 우리는 들을 수가 없다. 그러나 인간들이 타락한 후 하나님께서는 끊임없이 하나님의 종들을 파송하시고 "돌아오라! 돌아오라"고 부르시고 또 부르시다가 마침내는 독생자를 직접 보내시기까지 하신 것이다.

5. 사랑은 희생이다.

사랑은 자기 자신을 희생하여 하나가 되는 것이다. 우리는 하나님께서 어떻게 우리를 사랑하셨는지를 달리도 알 수 있지만 십자가에서 그의 사랑을 확증하게 된다.

"소망이 부끄럽게 아니함은 우리에게 주신 성령으로 말미암아 하나님의 사랑이 우리 마음에 부은 바 됨이니 우리가 아직 연약할 때에 기약대로 그리스도께서 경건치 않은 자를 위하여 죽으셨도다 의인을 위하여 죽는 자가 쉽지 않고 선인을 위하여 용감히 죽는 자가 혹 있거니와 우리가 아직 죄인 되었을 때에 그리스도께서 우리를 위하여 죽으심으로 하나님께서 우리에게 대한 자기의 사랑을 확증하셨느니라"(롬 5:5-8).

주님께서 또한 친히 말씀하시기를 "사람이 친구를 위하여 목숨을 버리면 이에서 더 큰 사랑은 없느니라"하고 말씀하셨던 것이다.

6. 사랑은 함께 있고 싶은 마음이다.

자주 만나고 싶은 마음이 사랑이다. 사랑하면 언제까지나 함께 있고 싶은 것이다. 반대로 미워하면 함께 있기를 싫어하고 가까이 오는 것이 귀찮고 싫고 두렵거나 부담스럽다. 그러나 사랑하면 한없이 그립고 보고 싶은 것이다. 사랑하는 사람의 기쁨은 곧 나의 기쁨이 되고 그의 슬픔은 곧 나의 슬픔이 되는 것이다.

사랑은 그래서 동참하는 것이다. 자주 만나는 데서 더 나아가 함께 있고 싶고 더 나아가 한 몸을 이루고 싶은 것이다. "너희가 내 안에 내가 너희 안에" 있고 싶은 것이 곧 사랑이다. 사랑은 함께 사는 것이다. 서로가 상대의 안에 있고 싶은 것이다. 또한 대상을 자기 안에 두고 싶어하는 것이다.

7. 사랑은 주는 것이다.

가장 귀한 것과 가장 소중한 것을 주고싶은 마음이다. 애(愛) 자는 마음을 주는 것이다. 수(受) 안에 심(心) 자가 들어 있는 것이다. 자기 자신의 몸과 마음까지 다 주고 바치는 마음이다. 하나님께서는 이 세상을 만들어 인간에게 다 주셨다. 그리고 우리가 죄에 빠졌을 때에 당신의 독생자를 주셨다. 그보다 더 귀한 것은 없을 것이다. 그리고 그리스도께서는 우리를 위하여 당신의 몸을 주시고 피를 주셨던 것이다. 그리고 하나님의 성령을 주셨다.

8. 사랑은 끝까지 믿는 마음이다.

사랑은 바라고 믿고 참고 견디는 것이다. 사랑은 언제까지라도 믿고 기다리는 것이다. 우리는 전혀 미쁨이 없을지라도 하나님께서는 우리를 계속하여 의롭다 하시고 믿어주시고 계신다. 그리고는 끝내 믿음을 가지고 기다리신 하나님의 사랑이 우리를 하나님 품으로 인도하신다. 이렇게 해서 사랑은 승리를 하는 것이다. 끊임없이 믿는 마음, 변함없이 믿는 마음이 사랑이요, 결국은 승리를 하게 되는 것이다.

9. 사랑은 온유한 것이다.

사랑은 온유하고, 친절하고, 한없이 부드러운 것이다. 하나님께서 어떠한 사랑으로 우리를 사랑하셨는지, 하나님께서 안계신 곳이 없지만 마치 하나님께서 안계신 것같이 포근한 것이다. 옷이 몸에 잘 맞으면 마치 옷을 입지 않은 것 같다. 신발이나 양말이나 허리띠나 그 무엇이 가장 잘 맞을 때는 있는 것 같지가 않다. 하나님은 잠든 아기 앞에서 조심하는 엄마처럼 조용히 숨어계시는 하나님이시다. "구원자 이스라엘의 하나님이여 진실로 주는 스스로 숨어 계시는 하나님 이시니이다"(사 45:15).

10. 사랑은 함께 즐거워하는 것이다.

사랑은 기쁨이다. 사랑은 진리와 함께 기뻐하는 것이다. 사랑은 상대방을 기뻐하는 것이다. 또한 상대방이 기뻐해야만 내가 기쁜 것이 사랑이다. 사랑은 대상을 기쁘게 하고 그 기쁨 때문에 나도 기쁜 것이 곧 사랑이다. 하나님께서는 우리가 기뻐하는 것을 보고 싶어하신다. 예수님께서는 우리를 기쁘게 하시려고 기도하시고 애를 쓰신 것을 볼 수 있다.

"내가 이것을 너희에게 이름은 내 기쁨이 너희 안에 있어 너희 기쁨을 충만하게 하려 함이니라… 지금은 너희가 근심하나 내가 다시 너희를 보리니 너희 마음이 기쁠 것이요 너희 기쁨을 빼앗을 자가 없느니라… 지금까지는 너희가 내 이름으로 아무 것도 구하지 아니하였으나 구하라 그리하면 받으리니 너희 기쁨이 충만하리라"(요 15:11, 16:22, 16:24).

"지금 내가 아버지께로 가오니 내가 세상에서 이 말을 하옵는 것은 저희로 내 기쁨을 저희 안에 충만히 가지게 하려 함이니이다"(요 17:13).

11. 사랑은 섬기는 마음이다.

사랑은 영원히 섬기고 싶은 마음이다. 사랑은 상대를 편안하게 해주는 것이다. "인자가 온 것은 섬김을 받으려 함이 아니라 도리어 섬기려 하고 자기 목숨을 많은 사람의 대속물로 주려 함이니라"(마 20:28).

주님께서는 당신의 섬김을 통하여 다른 사람들 편안하게, 기쁘게, 즐겁게 하려고 하신 것이다. 이것이 곧 사랑이다. 우리는 단 한번이라도 이 섬김의 정신이 무엇인지를 바르게 배워야 할 것이다. 섬긴다고 하는 것은 섬기는 사람의 입장에서가 아니라 섬김을 받는 사람의 입장에서 편안하게 해 주어야 하는 것이다. 하나님께서는 온갖 정성을 다하여 인간을 편하게 해 주시려고 하셨다. "수고하고 무거운 짐진 자들아 다 내게로 오라 내가 너희를 쉬게 하리라"(마 11:28).

12. 사랑은 죽음보다 강하고 피보다도 진한 것이다.

사랑은 두려움도 부끄러움도 없는 것이다. 사랑은 모든 것의 시작이요, 모든 것의 완성이다.

지식은 교만하게 하는 것이요, 사랑은 덕을 세우는 것이다. 사람이 지식을 가지기도 쉬운 것은 아니지만 사랑은 더욱 어려운 것이다. 사랑은 아무리 하고도 부족하게 느끼는 것이다. 사랑은 항상 겸손하게 될 수밖에 없다. 예수님께서 보여주신 삶은 바로 사랑의 실천이었다. 우리에게 가르치신 것이 바로 주님의 온유와 겸손이며 주님의 섬김과 희생이었다. 예수님께서는 우리에게 많은 지식을 가르치신 것이 아니라 삶을 보여주신 것이다.

아무리 많은 지식을 가지고 있다고 해도 사랑이 없다면 아무 것도 아니기 때문이다. 우리는 하나님의 사랑의 대상으로 지음 받았다. 그리고 사랑을 배우기 위하여 천사가 되지 않고 인간이 되었다는 것을 기억해야 한다. 우리는 하나님과의 관계를 믿음으로 시작한다. 그리고 우리와 하나님과의 관계는 사랑으로 완성되는 것이다.

헬레니즘의 전도자
알렉산더

알렉산더라는 이름은 성경에 나오는 알렉산더와는 다른 사람이다. 일반적으로는 알렉산더 대왕이라고 불려지는 마케도니아의 필립의 아들이요, 아리스토텔레스의 제자였던 희대의 영웅이요 정복자이다. 이 알렉산더에 대하여 우리가 어느 정도 알아야 한다. 그의 이름이 성경에 직접 나오지는 않지만 다니엘의 예언 속에서 '헬라왕' 이라는 이름으로 등장하고 있는 것이다. 그의 일생은 매우 짧은 기간이었지만 역사적으로 미친 영향은 대단한 것이었다.

페르시아의 아하수에로(크세르크세스)가 다스리던 시대 이후에도 여전히 페르시아는 대제국으로서의 면모를 유지하고 있었다. 그러나 그 시대부터 페르시아는 점점 쇠약해지고 있었다. 큰 일을 치르고 나면 언제나 그렇듯이 논공을 하게 되고 불만이 표출된다. 권력을 추구하는 사람들의 암투는 계속 되고 병사들은 군기가 빠지고 사기는 떨어지고 내부는 부패하게 되는 것이다.

페르시아도 각처에서 일어나는 독립운동이며 반역들을 인하여 잔뜩 치쳐 있었다. 이때 마케도니아에서는 필립(Philip) 왕이 일어나 그리스의 도시국가들을 처음으로 연합시키는 데 성공했던 시대였다. 그러나 필립은 BC 336년에 모살되어서 큰 뜻을 이루지는 못했다. 그리고 그의 젊은 아들 알렉산더(Alexander = '인간의 수호자')가 뒤를 이어 왕이 되었다.

그는 철학자 아리스토텔레스의 제자로 자라나서 헬레니즘에 온전히 사로잡힌 사람이 되었다. 그리하여 그는 헬레니즘의 전도자가 되기로 마음을 먹은 것이다. 그는 원정길에 오르면서도 일리아드와 오딧세이를 지니고 있었다고 한다.

그는 처음에는 그리스 사람들의 지지를 받지도 못했다고 한다. 그를 따라 나선 사람들은 주로 마케도니아 사람들이었다. 그를 따라나선 사람들은 역사가, 식물학자, 지리학자 등의 참모진이 작은 군대와 함께 나섰지만 초라한 정복자들이었다.

알렉산더가 맨처음 정복한 곳은 트로이였다. 그는 트로이를 점령한 후 그곳에서 그리스의 영웅들의 영혼들에게 제사를 드렸다고 한다. 이렇게 한 것은 선전포고를 한 것이나 다름이 없다.

페르시아의 다리우스 3세는 알렉산더의 반란 정도는 대수롭게 여기지 않았다. 그는 약간의 군사들을 시켜서 평정될 것으로 알았다. 그래서 그는 병사들에게 알렉산더를 사로잡아서 수사로 끌고 오라고 명령했다. 기병대와 보병대, 그리고 해군까지 갖추어서 보냈다. 간단히 승리할 것으로 알고 가벼운 마음으로 장도에 오른 페르시아 군대는 그라니쿠스강에서 알렉산더와 충돌하였다.

알렉산더가 목숨을 잃을뻔 했지만 결과는 알렉산더의 승리로 끝났다. 그리고는 패잔병을 추격하지는 않았다. 그라니쿠스의 승리로 알렉산더가 아시아로 가는 길이 열리게 된 것이다. 그는 소아시아의 여러 도시들을 차례로 정복하여 해방과 자유라는 이름으로 관대하게 하였다. 잔인무도한 살육의 전쟁이 아니라 페르시아로부터 해방시켜준다는 명분으로 전쟁을 하게 되자 페르시아에 대한 불만이 있던 도시들은 알렉산더를 해방자로 받아들였다.

알렉산더 앞에 저항을 한 지역은 할리카르나수스뿐이었다. 그 성은 페르시아에 끝까지 충성할 것을 고집하다가 마침내 불사름을 당하고 말았다.

알렉산더가 길리기아까지 점령하는 것을 보고는 다리우스가 다급하게 느끼고 정벌에 나섰다. 그러나 이번에도 페르시아의 군대가 알렉산더 앞에서 후퇴를 하고 말았다. 다리우스의 황족까지 다 사로잡은 알렉산더는 여유있게 행동했다. 다리우스는 패주하였고 알렉산더는 추격하지도 않다.

다마스커스도 기습당하였고 페니키아의 도시들이 차례로 정복되었다.

다리우스는 두번씩이나 알렉산더에게 협상을 요청했으나 알렉산더는 무시해버렸다. 다리우스의 협상조건은 황족들을 돌려보내주면 후한 대가를 지불할 것과 또 영토의 일부와 자기의 딸을 아내로 주겠다는 것이었다. 그러나 세계정복을 계획한 알렉산더의 마음을 끌 수는 없었다.

두로는 7개월 간이나 버티다가 끝내 함락되어 에스겔의 예언이 성취되고 말았다(겔 28:1-26). 영웅들이 다 그렇듯이 알렉산더도 그 고집, 그 집념은 말릴 사람이 없었다고 한다. 알렉산더는 두로를 고립시키기 위해서라면 그리스 본토에서 두로까지 방파제를 쌓으려고까지 했다. 마침내 세계의 무역 항구도시 두로가 함락되자 페니키아의 운명이 새로운 국면을 맞이하게 되었다.

가자(Gaza)는 포위된 지 두달만에 함락되었다. 이때는 알렉산더도 부상을 당했다. 그리고는 여세를 몰아 애굽을 향하여 진군했다. 놀랍게도 애굽 사람들은 페르시아를 미워하고 있던 참이라서 그랬던지 알렉산더를 해방자로 환영했다. 알렉산더는 애굽에서 애굽의 정식 파라오(왕)로 등극하였다. 애굽의 행정을 재편성하되 가급적이면 애굽 사람으로 관료를 삼았고 군대만 그리스 군대로 편성하였다.

애굽인들은 알렉산더를 크게 환영하여 알렉산드리아를 건설하였다. 이 새로운 도시는 활기에 넘쳐 있었다. 그리고 함락된 두로를 대신하는 무역도시로 준비되고 있었다. 이집트의 고센 삼각주의 서편에 마레오티스 호수와 지중해 사이에 건설된 이 도시는 파로스라는 섬이 천연 방파제 역할을 해줌으로써 세계적인 항구로서의 조건을 갖추고 있었다. 도시는 장방형으로 설계되었는데, 설계는 당시 세계적으로 이름을 날렸던 데이노크라테스 (Deinocrates)가 맡았다. 그는 세계 7대 불가사의 중의 하나인 에베소의 아테미신전을 건축한 희대의 명건축가였다.

　알렉산더의 관대한 정치는 애굽인들의 환영을 받아 알렉산드리아는 여러 민족이 어우러져 살았는데, 그 중에 유대인들이 상당수가 있었다. 유대인들은 신도시가 건설되는 곳이면 필수적으로 있어야 할 사람들로 알려졌다. 유대인들이 가는 곳이면 어디든지 상권이 형성되고 주민들의 일용품이 공급되며 무역에 활기가 일어나는 것으로 알려지고 있다. 그리고 유대인들은 하나님 한분만을 섬기면서 고상한 도덕률을 지켜나가는 사람들로 알려졌다.

　뿐만 아니라 이들은 교육에 힘쓰는 민족으로 알려지고 있다.

　매 안식일마다 회당에 모여서 성경을 읽고 강론함으로 지혜가 많고 지식이 있어서 어디서든지 천대받지 않고 살았으며, 이방인 중에서도 수다한 사람들이 유대인들의 하나님을 따라서 믿는 사람들이 생기게 되었다.

　알렉산드리아는 마침내 이집트인 헬라인, 유대인, 마케도니아인, 페르시아인들이 함께 어울려 사는 도시가 되었다. 이곳의 인구는 약 30만으로 보나 노예를 합하면 약 50만명 정도는 되었다고 본다. 고대로부터 이집트는 유럽의 곡창이라는 정평이 나 있었다.

　알렉산드리아에서 가장 유명한 것은 도서관이었다. 세계의 석학들은 다 알렉산드리아에 와서 공부를 하고 연구를 했다고 한다. 세계의 상업도시이면서 학문의 도시였다. 알렉산드리아는 도시계획을 처음부터 완벽하게 시도했던 도시였다. 이집트의 힘과 부가 헬라의 문화를 받아들여 조화를 이룬 계획도시였다.

　알렉산드리아는 지금도 이집트의 제 2의 도시요 제 1의 항구도시이다.

　후에 이루어진 일이지만, 알렉산드리아에서 이루어진 일 중에 특기할 만한 일은 유대인 학자 70인이 구약성경을 헬라어로 번역한 일이라 할 수 있다. 이른바 70인역(LXX)이라는 성경이 바로 알렉산드리아에서 번역된 것이다. 유대인들에 의하여 이루어진 일이기는 하지만 프톨레미 필라델푸스의 배려가 있었던 것으로 전한다. 알렉산드리아 도서관에 비치하기 위하여 번역된 것인데 구약성경을 헬라어로 번역했다는 것은 역사적으로 큰 의미가 있는 일이었다.

　이로 인하여 알렉산드리아의 신학이 발전하게 된 것인데 그 이후로 알렉산드리아가 배출한 학자들은 필로(Philo)를 비롯하여 아리스토불루스(Aristobulus), 오리게네스(Origenes) 등의 대가들이 있다.

　이들은 성경의 교훈과 헬라철학을 한데 조화시켜서 이해하고 가르치려고 노력했다. 그리고 성경을 단순히 문자적으로 보는 방법과 역사적으로 보는 방법과 영적으로 보는 방법이 있는데, 그들이 말하는 영적인 해석은 언제나 비유적인 해석 방법을 두고 하는 말이었다. 그래서 그들은 정통 유대인이면서 또한 진보된 헬레니스트라고 자부하고 있었다. 신약성경의 인용은 대개가 이 70인역에서 인용한 것이 많다. 또 사도행전과 고린도전서에 나오는 아볼로가 바로 이 알렉산드리아 출신이었다.

　알렉산더는 이집트를 정복한 후 페르시아 본토를 정복하고 바벨론을 해방시켰다. 메소포타미아 지방의 가우가멜라 전투에서 페르시아군을 무찔렀으나 다리우스는 도주하였다. 알렉산더는 별 저항을 받지 않고 진군하여 페르시아 본토의 도시들을 차례로 점령하여 마침내 바벨론, 수사, 페르세폴리스, 엑바타나 등의 도시들을 점령하였다. 바벨론에서는 알렉산더를 환영하였는데 그것은 고레스를 연상케 했다. 알렉산더를 환영하기 위하여 거리를 꽃으로 장식했다. 그리고 왕관을 준비하였다. 그 다음은 다시 바벨론을 출발하여 20일만에 수사에 입성했다.

　그리고 다리우스의 궁중 보화를 차지하였다. 거기서 머물지 않고 가장 부유한 도시 페르세폴리스를 향하여 진군하였다. 남자들은 죽이고 여자들은 노비로 삼았다.

　330년경에는 다리우스는 세상을 떠나고 알렉산더는 바실레우스(대왕)라는 칭호를 받았다. 그 후 알렉산더는 동방 정복을 감행했으나 병사들은 벌써 지치고 향수병에 걸려 있었다. 그러나 알렉산더의 고집은 꺾을 수가 없었다.

이어서 박트리아 소그디아나를 정복하였다. 이 전투는 상당히 치열하기도 했지만 알렉산더의 군사들이 지쳐서 전쟁이 난항이었다. 결국은 화해를 하는 쪽으로 결말이 났는데 박트리아의 공주 록사나를 알렉산더의 아내로 삼기로 하여 협상이 되었다. 그 후 인도의 편잡지방을 공격하려고 했을 때 군사들은 진군하기를 거부하였다. 알렉산더의 말년은 비극으로 장식되었다.

그는 헬레니즘의 전도자로 출발하여 때로는 죽을 고비를 넘기면서 진군하였고 때로는 환영받았다. 그러나 그리스 본국의 가족들은 너무 오랜 전투로 원망이 높아갔으며 군사들은 불평과 불만으로 배신하기 시작하였다. 일부는 배를 만들어 본국으로 회군하기도 하였다. 알렉산더는 술로 세월을 보냈다고 한다. 이러한 국면에 접어들자 알렉산더는 인더스 강가에서는 목 놓아 울었다고도 한다. 세계 정복이 눈 앞에 있는데 병사들이 진군하기를 거부하기 때문이었을 것이다. 324년 수사에 돌아와보니 그 성중에는 부패가 가득하였다. 그는 자기의 조카인 역사가 칼리스데네스를 처형했다. 이 소식이 그리스 본토에 전해지자 그리스 사람들은 분개하였다. 이듬해 323년에 아라비아를 정복할 계획을 세웠으나 뜻을 이루지 못하고 술과 열병으로 세상을 떠나고 말았다.

그는 실로 영웅이었다. 한번도 뒤를 돌아보지 않고 일생 동안 전진만 하다가 고국에도 돌아가 보지 못하고 세상을 떠났다.

그의 나이는 겨우 33세였다. 그가 다르다넬즈강을 건너서 불과 11년만에 거의 전 세계를 정복하였던 것이다. 그러나 그가 전파한 헬레니즘은 그 후에도 지속적으로 영향력있게 확산되고, 지속되고 발전하였다.

그가 죽은 후에 왕비 록사나의 몸에서 독자요, 왕자가 태어났다

알렉산더가 죽은 후에는 후계자들의 경쟁이 치열하였다.

그들 중에서 카산더(Cassander)라는 사람이 알렉산더의 이부매의 남편이었는데, 그는 마침내 알렉사더의 아내 록사나와 그의 아들 곧 왕자를 살해하였다.

처음에는 카산더 (알렉산더의 異父妹의 남편)가 마케도니아와 헬라를 통치하였고, 리시마커스가 트라키아와 비두니아를 통치하였으며 애굽과 시리아를 프톨레미가 통치하게 되었으며, 아시아를 안티고누스가 통치하였다.

프톨레미의 총사령관은 셀류크스(Seleucus)였다. 셀류크스는 315년에는 프톨레미, 카산더, 리시마커스와 함께 안티고누스의 세력을 저지하였다. 당시 안티고누스는 당연히 알렉산더의 후계자가 되려고 했기 때문에 견제하게 된 것이다.

프톨레미가 총사령관으로 믿었던 셀류크스가 마침내 독자적인 자세를 취하게 되자 프톨레미의 입장은 난처하게 되었다. 셀류크스는 311년에 바벨론을 정복하여 차지하게 되었으나 안티고누스는 이를 저지할 힘이 없었다. 그러나 안티고누스 역시 호락호락하지는 않았다. 팔레스틴에서 프톨레미 세력을 밀어내고 시리아를 장악한 안티고누스는 여전히 위협적인 존재였다.

이번에는 셀류크스와 카산더와 리시마커스가 연합하여 안티고누스를 제압하기로 결의하고는 프리기아의 입수스(Ipsus)에서 전쟁이 벌어졌는데 이 전쟁에서 안티고누스가 전사함으로 세계는 4인 천하가 되었다. 이 입수스 전쟁 때 프톨레미는 방관하고 있었다. 이 전쟁이 치러지는 동안에 프톨레미는 오히려 다시 페니키아에 슬그머니 진주해 들어가서 점령하고 있었다. 이에 대하여 셀류크스가 감정을 가졌지만 직접적인 충돌없이 넘어가고, 셀류크스는 북시리아의 안디옥을 건설하고 그곳을 수도로 삼았다. 프톨레미 라기의 왕위는 283년에 그의 아들 프톨레미 필라델프스에게 계승되었다.

시리아의 셀류크스는 281년에 살해되고 그의 아들인 안티오커스 I세가 뒤를 이어 왕이 되었다. 이 후의 세계는 이 두 세력이 이스라엘 땅을 오르내리면서 150년 전쟁을 치르게 되었다. 이 시대의 전쟁은 다니엘서에 복잡하게 예언되어 있다(단 11:1-45).